나남출판 원고지

상상력의 불꽃

문학과 칼럼

NANAM
나남출판

상상력의 불꽃

문학과 칼럼

2026년 1월 5일 초판 발행
2026년 1월 5일 초판 1쇄

지은이 송호근
발행자 조완희
발행처 나남출판사
기획 한림대학교 도헌학술원 R&D 기획단
주소 10881 경기도 파주시 회동길 193, 4층(문발동)
대표전화 (031) 955-4601
FAX (031) 955-4555
등록 제406-2020-000055호(2020.5.15.)
홈페이지 http://www.nanam.net
전자우편 post@nanam.net

ISBN 979-11-92275-32-1
979-11-971279-4-6 (세트)

책값은 뒤표지에 있습니다.

한림대학교
한림지성총서
01

상상력의 불꽃

문학과 칼럼

송호근 지음

NANAM
나남출판

내 인생의 변주

젊은 교수 시절, 퇴직 교수들은 뭘 하면서 노년을 보내는지 궁금해 한 적이 있다. 가끔 교직원 식당에서 명예교수들을 조우하고 문안 인사를 드릴 때 특히 그러했다. 뭘 하고 지내시나? 물어볼 수는 없었다. 이 궁금증은 필자의 퇴직이 가까워오면서 더 짙어졌다.

동료 교수들과 그런 얘기를 나누면서 답은 조금 분명해졌다. 세 유형이다. 대학 외부에 별도 연구실을 마련해 연구를 계속해 가는 것, 퇴직 후 몇 년간 쓰고 싶은 책을 두어 권 내고 절필을 선언하는 것, 퇴직과 함께 낙향하거나 학문을 떠나는 것. 첫 유형이 가장 어렵고 원로 학자의 이념형에 근접한다는 것은 누구나 안다.

막상 퇴직해 보니 학자 정체성을 유지하고 연구를 계속한다는 것이 정말 어렵다는 사실을 뼈저리게 느낀다. 둘째 유형이나 셋째 유형처럼, 결단을 내려 학문과 작별할 수 있다면 가슴 후련하겠건만 필자는 그것도 못 한다. 어정쩡한 채로 몇 년이 흘러갔다. 그동안 책을 몇 권 상재했지만 학계는 물론 세간의 관심도 별로 없다. 접어야 하나? 접은 후에 내 속에서 계속 분출되는 궁금증과 글쓰기 욕망이 필자를 여전히 괴롭힐 텐데, 접는다고 해결되지 않을 것임을 내 스스로 잘 안다.

학문 연구는 너무나 어렵다. 젊은 시절에도 그러했는데, 나이 든 후라고 쉽겠는가? 물론 성숙도는 다르겠지만 노년의 열정과 문제의식은 젊은 시절을 따라가지 못한다. 감각과 열정, 집중도는 절반 이하로 뚝 떨어진다. 그래도 다른 일에 손을 대지 못한다. 평생 해온 일인 연구, 그것이 다른 대大학자들에 비해 초라한 것일지라도 연구 외엔 없다.

본캐와 부캐

퇴직은 속된 말로 본캐(본 캐릭터)의 종언을 뜻한다. 여러 가지 의미에서 그렇다. 퇴직 교수들이 쓴 논문과 연구서는 학계나 세간의 관심을 끌지 못한다. 가끔 화려한 조명을 받는 경우가 없지는 않으나 극히 드물다. 더욱이 현역 시절 대작大作을 쓴 학자의 경우 노년의 저작들이 그것을 넘지 못하는 사례는 얼마든지 있다. 역으로, 현역 시절 대작을 쓰지 못한 교수 중 퇴직 후 초대작超大作을 내는 경우는 전혀 없다. 그러니 아예 절필을 선언하는 것이 인생 가성비를 높이는 일일 텐데 웬만해서는 결단을 내리지 못한다. '본캐의 퇴조'에 겸손해질 일이다.

필자가 잠시 겸손을 유보하는 것은 부캐(부 캐릭터) 때문이다. 퇴직 즈음에 본캐에 대한 회의懷疑가 커지는 그 틈새를 비집고 부캐가 스멀스멀 살아났다. 40년간 덮어 뒀던 문학이, 마치 잊었던 사랑이 찾아오듯 인식의 공간에 발을 성큼 내디뎠다. 내심 반가웠다. 너무 오래 버려뒀다는 일종의 죄의식과 함께 문학을 반갑게 맞이했다. 2017년부터 작년까지 네 권의 소설을 펴냈다. 지금도 또 다른 작품 구상에 시간을 보내는 나를 발견한다. '1970년대 세대'라고 명명한 6070 연령집단이 보냈던 시대를 사회학적 관점에서 형상화하는 소설이 그것이다.

또 다른 부캐가 있다. 사회비평, 즉 칼럼 쓰기다. 필자는 교수가 된 1989년부터 칼럼을 써왔다. 1년을 빼고 거의 35년의 세월 동안 지속한 부캐다. 일이 이렇게 된 데에는 여러 이유가 있는데, 무엇보다 사회학이라는 본캐의 후원이 가장 크다. 이론적 체계와 사상에 대한 사회학적 지식이 없었더라면 칼럼 오래 쓰기는 불가능했을 것이다. 칼럼을 쓰는 그 긴 세월에 세상은 좋아질 것임을 믿었다. 그러나 좋아지기는커녕 더 깊은 수렁에 빠지고 있으니 부캐를 놓기에는 애당초 틀렸음을 직감한다.

본캐의 종언 앞에 부캐가 얼굴을 내밀었다. 내 인생의 변주다. 이 변주가 어떻게 시작됐고 어떻게 전개되었는지를 돌이켜 보려 한다.

나이 드니 더 아프다

작년 봄, 서울대 김난도 교수가 춘천 한림대에 강연을 왔다. 바쁜 일정에도 불원천리 달려왔다. '춘천이 좋아서'가 변辯이었는데, 은근히 필자의 근황이 궁금하기도 했다고 덧붙였다. 김난도 교수는 늙음이 어울리지 않는 용모에 잘 다듬어진 언변이 일품이다. 인품도 그저 그만이다. 세간의 베스트셀러인《트렌드 코리아》시리즈를 16년간 냈다. 그 저력도 그렇거니와 세상 풍조를 읽어 내는 그의 눈을 따라갈 사람이 없다. 사회학자들이 부러워할 예리한 시선과 지성을 가졌다. 그가 제조하는 신개념은 뭇사람들이 의식적·무의식적으로 행하는 습관들과, 여러 요인들의 복합체인 세상 현실의 요체를 포획해 주는 신기한 도구다. 언어로 행동양식의 핵심을 담아내는 지적 분석력이 곧 지성이다.

예를 들어, 2024년 트렌드 중 하나로 내놓은 '분초사회'는 시간이 행동양식의 중대한 잣대가 된 사회적 추세를 나타내는 개념이다. 동영상도 긴 것은 보지 않는다. 그래서 '숏폼'이 나왔다. 영화는 결론을 미리 알고 입장권을 산다. 영화관에서 2시간을 투자했는데 결론이 시시한 것을 용납하지 못한다. 돈보다 '시간 아깝다'는 평을 듣기 일쑤다. 분초를 다툰다. 스마트폰 앱 역시 그렇다. 앱을 구동해서 원하는 것이 나오지 않으면 즉시 떠난다. 나이 든 사람에겐 여간 낯선 풍경이 아니다. 맛집 식당 앞에 긴 줄을 서는 것은 어떻게 이해해야 하나? 미적 경험을 위해선 시간을 아낌없이 투자한다. 이미 정평이 난 식당이기에 특별한 경험을 위해 시간을 투자할 만하다. 돈보다 경험을 중시한단다.

이제 육십을 넘긴 김난도 교수(그는 82학번이다)는 어떻게 MZ세대의 취향과 세상 흐름을 잡아내는 감각을 유지할 수 있을까? 원래 그런 자질을 타고났다고 하면 말하지 않느니만 못하다. 칠십 중반에 들어선 가수 나훈아와 조용필은 어떻게 한창때 음성은 물론 감성마저 유지하는가? 이보다 더, 팔십 중반에 이른 패티킴은 어떤가? 필자는 얼마 전 '불후의 명곡'에서 패티킴이 부른 〈이별〉을 듣고 눈물이 나왔다. 조금 쇠약해진 고음高音이 그렇게 감동적일 수가 없었다. 얇아진 고음에 실린 여전한 감성이 예전 젊은 시절과 대비돼 나온 눈물이었을 거다. 끊임없는 노력이다. 젊음과 끊임없는 대화다. 젊음은 저물어도 그 열정과 감각을 붙잡는 노력이 그런 감동을 준다.

김난도 교수는 연구실 젊은 연구원들과 끊임없이 대화를 이어가고, 세상 풍경을 분해하는 예민하고 섬세한 시선을 갈고닦는다. 그래서 물어봤다. '아프니까 청춘'인데 늙으면 어떤가? 답은 의외로 간단했다. "나이 드니 더 아프다."

저문다는 의미

젊은 시절엔 저무는 풍경을 그렇게 좋아했다. 저문 해, 저문 달은 물론 저문 꽃, 저문 잎, 저문 인연 등등. 활짝 피었다가 시드는 현상을 품은 고즈넉한 언어다. 큰소리치지 않고, 억울하다고 하소연하지 않고, 항의하지 않고 소멸하는 현상을 조용히 껴안는 말이다. 젊은 시절, 박재삼 시인의 〈울음이 타는 가을 강〉을 줄줄 외웠던 이유를 이제 알겠다. 세상 물정 모르는 청년이 무슨 청승이었을까마는, "이제는 미칠 일 하나로 바다에 다 와가는, 소리 죽은 가을 강을 처음 보것네"라 읊조리고 한잔하기 일쑤였다. 바다에 이르러 흐름을 멈출 수밖에 없는 강, 그것도 해 저물기 직전의 가을 강엔 시인 자신의 울음을 얹은 몇 가지 중의重意가 적재된다. 이 시를 1959년에 썼으니 시인의 나이 26세 때다. 저무는 것들에 대한 울음을 그 이른 나이에 깨달았으니 시인답다. 그런데 나 같은 범인凡人은 다르다. 저문다는 뜻이 육체의 현실이 된 나이에 이르러도 서운하고 섭섭하고 아쉬운 생각이 앞선다.

젊음은 저문다는 뜻을 즐길 자격이 있지만, 어지간히 수양이 된 사람이 아니고는 나이 들어 저문다는 표현을 반기는 사람은 드물다. 수양의 문제일까 아니면 관조의 결핍일까. 십여 년 전, 50대 중반의 인생에 관한 책을 쓰던 당시 소멸, 퇴장, 죽음, 고립 등의 단어를 쓰면서도 그 참뜻을 절실하게 감지하지는 못했다.[1] 그 책의 주인공들, 여러 인터뷰이들 역시 그런 개념들과 친숙하지 않았다. 끝나지 않은 인생의 책무가 여전히 많았고, 회복해야 할 관계가 많았다. 하고 싶은 일들도 떠올렸다. 마치 금세 할 수 있을 것 같이 말이다.

필자는? 50대를 후딱 지나 60대 초반에 들어설 때만 해도 그런 단어들이 멀리 있었음을 고백한다. 먼 산처럼 아련했다. 지금은 어느덧 눈앞에 와 있다. 먼 산이 아니다. 나와 더불어 친해야 하는 산이고, 익숙해져야 하는 풍경이다. 그러나 여전히 밀어낸다. 먼 쪽으로 밀쳐 내는 어리석은 내가 내 안에 있다. 저물지 않으려고 안간힘을 쓰나 보다. 그 어리석은 내가 저물자고 설득하는 또 다른 나에게 굴복할 날이 곧 다가온다. 한계가 현실로 발현되기 때문이다.

조금 서글프지만 예를 들어 보자. 나는 산책을 좋아한다. 글 쓰고 피곤할 때, 생각이 막힐 때, 감정이 상할 때, 일이 엉킬 때 무조건 거리로, 산길로, 강변으로 나간다. 무작정 걷는다. 걷는 것이 생각을 비우거나 가지런히 하는 데 특효다. 섬진강 변을 하루 종일 걸었다. 북한강과 소양강 변은 필자에겐 특혜다. 거기엔 하루 종일 낚싯대를 드리운 중년들도 있고, 플라잉 낚싯대를 무한정 휘두르는 건장한 사람들도 있다. 변함없는 물결은 특별한 위안이다. 저렇게 끊임없이 흐르다니. 걷다가 주점에 들러 술 한잔하고 다시 걷곤 하던 때가 엊그제다. 이제는 무릎이 오랜 산보를 허락하지 않는다. 끊임없이 흐르지 못한다. 어쩌랴, 저물고 있는데.

글 쓰는 시간과 속도가 현저히 줄었다. 필자는 일에는 모질어서 집중력이 남달랐던 것 같다. 장기전에 대비해야 한다는 어느 인기 작가의 말을 나는 이해하지 못했다. 그 작가는 새벽에 일어나 점심까지 글을 쓰고 오후에는 체력 관리와 취미생활을 한다고 했다. 체력 관리는 그렇다 해도 취미생활? 필자는 글 읽기와 글쓰기가 취미다. 아니 생활 그 자체다. 강의와 모임으로 토막 난 시간에도 글을 쓰고 읽었다. 여타 일상 업무가 없는 날에는 깨어 있는 12시간이 온전히 글 쓰는 시간이었다. 하루 종일이란 말이 딱 맞았다.

지금은 불가능하다. 어깨가 결리고 손등이 아프다. 눈이 흐릿하다. 관절염이란 걸 처음 앓았다. 그렇게 아플 수가 없었다. 처음 가본 정형외과 병원에서 나와 연배가 비슷한 환자들이 같은 질병에 시달리는 광경을 보았다. 뼈가 노동을 견디지 못한 결과였다. 관절염은 나의 시달린 육체가 보낸 첫 시그널이었다. 이어 적신호가 여기저기 울렸다. 내장, 혈관은 말할 것도 없고, 콜레스테롤도 문제를 일으킨다는 것을 처음 알았다. 육체가 나이 듦을 알려 주고 있는데, 정신은 아직 준비가 덜 되었다. 늙기를 거부하는 정신의 치기稚氣.

스마트폰이 전혀 울리지 않는 날이 있다. 전화가 끊긴 것이다. 전화가 끊겼다기보다 나의 사회적 유용성이 소멸했다는 증거다. 혹시 안 받은 전화가? 저녁 무렵 문득 그 생각에 미쳐 스마트폰을 켜보았지만 수신, 발신 전화는 제로였다. 고립된다는 느낌과 함께 허전함이 엄습했다. 필자가 퇴직자의 일상을 분석한 그 책에서 파악한 트랩에 나 자신이 걸린 것이 분명했다. 네 가지 유형의 관계망 중에 사회적 관계망은 거의 소멸하고 친지와 친구 관계망이 겨우 남아 작동하고 있는 연령대에 도달한 것이다.

글을 쓰고 있는 현재 내 폰엔 연락처가 2,935개 저장되어 있다. 아마 1천 개 정도는 전화번호를 바꿨거나 영업 정지한 곳일 것이고, 나머지 2천여 개가 평생 모종의 관계를 맺었던 사회적 관계망이다. 그런데 하루 종일 전혀 찾지 않다니! 2천여 개의 관계도 나이 듦과 더불어 용도가 빠르게 소멸하고 있을 터다. 저문다는 의미다.

춘천 필자의 집은 시내를 벗어나 산촌에 있다. 가로등이 드문드문한 밤길은 칠흑과도 같다. 그 어두운 길을 조심스레 운전하는 대리기사와 대화할 소재가 궁하다. 가끔 커브 길에서 고라니 가족과 마주치면 대화가 활발해지지만 위험하다. 기사의 정신을 빼앗았다간 고라니와 충돌할지 모른다. 술기운이 서먹함을 낮춰 주기는 하는데 공유 경험이 없다. 정치 얘기는 금물이다. 잘못하다간 차가 논두렁에 빠진다. 어디를 가도 연장자가 된 요즘 현실이 낯설지만 받아들이려고 노력하는 자신이 안쓰럽다. 저문다는 것과 친해질 나이다.

그리움은 저물지 않는다

육체는 저물어도 정신은 동동걸음을 치니 문제다. 뭔가 못 잡아내서 안달이다. 어디엔가 등불이 항상 깜빡인다. 그것은 가끔 횃불이 된다. 달음박질치지 못하는 육체를 놀리기라도 하듯 정신은 그리움을 붙잡느라 운다. 그리워 우는 게 아니라 그리움을 못 잡아 운다. 세상사에서 새로움을 발견하는 일, 누추한 현실을 뒤엎는 일, 지루한 일상에 환희를 일구는 일이 그리움인데, 그러려면 시선을 탁마琢磨하고 감성의 예각을 날카롭게 해야 한다. 감각이 무뎌지면 저무는 육체에 굴복할 것이다.

감정 연습은 끝이 없다. 영국의 경제학자 애덤 스미스A. Smith는 《국부론》을 쓰기 전에 《도덕감정론》을 썼다. 스미스 자신도 그것이 자랑스러웠는지, 영국의 에든버러시 광장에 서 있는 그의 동상에 '《도덕감정론》의 저자'라고 써어 있다. 그가 언급한 인간의 감정은 백 가지가 넘는다. 그중 공감sympathy과 동정compassion을 제일로 꼽았다. 공동체를 이루는 인간의 자산이다. 나이 듦은 공감과 동정을 저절로 높인다. 자신의 한계를 알면 욕망이 소멸하고 해탈한다. 욕망으로부터 공감과 동정의 영역으로 나아가는 것이다. 나가고 싶어서가 아니라 능력 소멸과 함께 저절로 그렇게 된다. 일종의 체념일까, 약한 자와 동일시하고 가엾은 자의 내면이 절로 보인다.

공감과 동정은 나이 듦의 부산물이다. 그러나 그리움은 나이 듦과 더불어 쇠잔해지기 십상이다. 그리움은 소망이다. 자신의 삶에 불을 지피는 일, 지루한 일상에도 흥겨워하는 심리적 기운이다. 미지의 문을 열고 들어가고 싶은 호기심, 미뤄 뒀던 일을 다시 시작하는 궁금증이다. 젊은 시절, 생계와 사회적 지위를 위해 일단 덮어뒀던 '가지 못한 길'을 가고 싶은 소망이다. 그 문을 열려면, 그 문 안에 들어가려면 감정이 살아 있어야 한다. 어떤 것에도 반응하지 못하는 더듬이로 뭘 찾을 수 있겠는가. 나이 듦에도 시들지 않는 감성의 더듬이가 필요하다. 그리움이라는 감정 말이다.

베이비부머 세대에는 작가 지망생이 많았다. 소설가, 시인 지망생이 그득했다. 영상 세대가 아니었고, 그럴듯한 직업들도 출현하지 않은 시대였다. 필자도 그랬다. 그런데 가족을 먹여 살릴 자신이 없었다. 사회학으로 복귀했다. 사회학 공부 45년, 글쎄 허전했다. 세상을 바꿔보겠다는 신념은 덧없어 보였고, 저서와 논문들도 빛을 잃는 듯 보였다. 세상은 훨씬 더 단단했다. 투입한 지식과 노력에 비해 성과는 적었다. 다시 말해 가성비가 형편없었다.

가성비를 따지는 나는 막스 베버의 정의에 의하면 학자가 아니다. 학자란 어떤 사람인가? 1917년 뮌헨대학 강연에서 학생의 질문에 베버가 말했다. "적군이 쳐들어와도 고문서를 잡고 해독하는 데에 열중하는 사람." 내가 아니면 몇십 년 더 걸릴 것이기에. 학문은 소명Beruf이다. 신의 명령이다. 그런데 가성비라니? 문제는 명령을 내린 신의 얼굴을 보지 못한다는 사실이다. 진리 탐구란 신을 향한 끝없는 여행이다. 신의 얼굴은 끝내 보지 못한다. 이런 각오를 일찍이 다지지 못한 나를 탓할 수밖에.

베이비부머 교수들이 대거 퇴직하고 있다. 퇴직은 여행이 끝났다는 뜻, 아니면 끝내라는 뜻? 더러는 계속하지만 대다수는 단톡방을 출입한다. 미뤘던 취미생활로 진입하는 사람도 많다. 그리움을 안고서 말이다.

필자는 내버려뒀던 문학의 문을 열었다. 잠시 복귀인지 아닌지는 모르겠다. 그리움을 생성하는, 미뤄 뒀던 그리움을 복원하는 영역이다. 예전에 출간한《나타샤와 자작나무》(하늘연못, 2004)가 필자의 문학 이력이다.[2] 주로 1970년대 대학 시절에 읽고 간직해 뒀던 작가들에 대한 미련이다. 대학 시절 평론상을 받았던 기억을 되살려 문학에 대한 그리움을 그렇게 표현했다. 서문은 사뭇 비장하다.

> 나는 어느 날 문학과 결별했다. … (문학은) 여전히 떠도는 혼백처럼 귀환을 강요했다. 모든 잠들지 못하는 영혼과 더불어 잠들기를.

그렇게 바랐는데 잠들지 않았다. 결국 꽃과의 대화를 썼다. 춘천 집필실 마당에 핀 꽃나무들과의 대화다. 목련, 산벚꽃, 동자꽃, 능소화, 감자꽃, 매화꽃. 꽃들마다 스토리가 피었다 졌다. 청년 시절 관계를 맺었던 사람들, 그랬으면 싶었던 이미지의 재현을 꽃에 투영했다. 나의 인생을 언어로 조각한 감각의 벽화다. 출판사에는 안 된 말이지만, 소설집은 팔리지 않아 좋았다. 나의 내면의 그림이 서가에 걸리는 것으로 족했다. 반면 사회과학 저술은 사람들이 많이 사보기를 바라는 조바심이 가득했다. 안 팔렸다. 또 썼다.

가장 많이 팔린 책이 중년의 삶을 다룬 책이다 —《그들은 소리 내 울지 않는다》. 사회과학과 르포의 중간 형태를 문학적 터치로 썼다. 나의 인생 경로는 물론, 베이비부머 세대의 삶을 고스란히 담았다. 공감과 동정. 그러나 정작 필자는 그렇지 못했음을 고백한다. 이제 깨닫는다. 내가 그렸던 12년 전 베이비부머의 초상肖像이 곧 나의 현실임을. 그런 글을 계속 쓸 것이다. 그리움이 저물지 않는 한.

최초의 부르주아, 유신세대

필자가 쓴 저술에 3부작이 있다. '탄생 시리즈'로서, 인민·시민·국민의 탄생 과정을 역사학과 사회학의 연구 성과와 이론을 융합해 추적했다. 탄생 경로와 시각에 대해 이론異論과 비판이 많지만, 어쨌든 필자는 밀고 나갔다.

부르주아는 시민계급을 일컫는다. 한국에서 '현대적' 의미의 부르주아가 언제 탄생했는가? 이 복잡한 질문을 단순화하면 산업화 시대 시민이 누구냐는 것이다(논쟁거리지만 일단 넘어가자). 최초의 현대적 부르주아는? 베이비부머 세대다. 이들은 우연히도 본격적인 산업화 공간에 던져졌다. 매년 100만 명가량 태어났다. 1955~1963년생에 해당하는 베이비부머 세대는 탄생이 거의 900만 명, 현재로서는 약 700만 명에 달한다. 1970년대에 청춘을 맞은 이들은 '유신 세대'로도 불린다. 대학가를 중심으로 유신 성권 반대에 앞장선 세대이기 때문이다. 이 세대는 전문가 그룹을 제외하고 대부분 퇴직했거나 퇴직을 앞두고 있다. 이들의 생애가 최초의 부르주아다.

베이비부머는 거의 농촌에서 태어나 도시와 공단으로 이동했다. 공단으로 이동한 사람들은 최초의 본격적 노동계급을 형성했고, 도시로 이동한 고학력 그룹은 중간층, 즉 부르주아가 됐다. 청년기에는 단칸방과 판잣집에 살다가 결혼 이후에는 아파트로 삶의 터를 옮겼다. 기존과는 매우 다른 생활양식을 가꿨다. 자녀에게 독자 공간을 마련해 줬고, 피아노와 음악 학원, 태권도 학원을 보냈다. 독자적 공간과 예술은 부르주아의 징표다.

자녀들에게 전문가로 성장하는 데 필요한 일련의 교육과 환경을 제공하면서, 스스로도 부르주아적 생활양식을 배양하고 누렸다. 연극, 영화는 물론 시민적 교양에 필요한 문화 자원을 공급하고 스스로 그 소비자가 됐다. 1980년대 초 마이카시대가 열렸고, 스포츠에 대한 열광도 본격화됐다. 1980년대 중반 1인당 국민소득은 5천 달러대로 뛰었고, 1994년에는 드디어 전 국민의 희망이던 1만 달러대에 도달했다. 교수, 교사, 예술가, 공무원, 과학자, 엔지니어 등 전문가 그룹이 교양시민Bildungsbürgertum을 형성했고, 산업전선에 나섰던 기업가들이 경제시민Wirtschaftsbürgertum이 됐다. 양자는 부르주아의 쌍두마차다.

그와 동시에 민주주의 시대가 열렸다. 개인 주권과 개성이 중시되는 사회로 접어든 것이다. 계급 분화와 시민 교양의 분화가 진행됐다. 최초의 본격적 노동계급이 태어났듯이, 최초의 부르주아가 태어났다. 이 두 계급의 세계관은 민주화 38년간 뚜렷하게 분화해서 지금은 접합이 불가능한 상태에 이르렀다.

그런데 양 계급을 감싸는 공유 경험이 있다. 바로 생성生成과 가교架橋다. 이 세대는 전쟁의 잔인함도 겪지 않았고 기아와 기근도 피해갔다. 전쟁을 겪지 않았음은 정말 축복받은 일이다. 이들 바로 윗세대, 1930~1940년대 세대는 전쟁의 참화를 겪었고 월남과 월북의 희비가 교차했다. 배가 고팠다. 현대적 교육 시설도 부족했고 문화적 환경은 더욱 열악했다. 문학과 영화가 성행한 이유다. 그 외에는 즐길 것이 없었다. 스스로 개척해야 했다. 그 개척의 자산을 베이비부머가 물려받았는데, 평화와 풍요를 함께 받았다. 전쟁의 트라우마가 없었고, 빈곤 속에 헤매지 않았다. 도시와 공단에 가면 일자리가 넘쳤으니까.

그런 환경 속에서 평생 자산을 만들고 일에 매진했으며 가족을 돌봤다. 경제는 날로 좋아졌다. 생성의 결과를 자산 증식과 풍요하고 안락한 생활에 쏟았다. 전쟁과 내란의 파괴적 충격 없이 평생 생성에 몰두하고 매진한 최초의 세대가 베이비부머다. 지금은 생성의 결과를 독점하게 되었다는 것이 사회적 쟁점으로 부각될 정도다.

가교는? 필자가 베이비부머를 '가교 세대bridging generation'라 칭했을 때, '그렇지 않은 세대가 어디 있는가'라는 비판을 들었다. 본래 모든 세대는 가교 기능을 하지만, 그렇지 않은 사례도 있다. 저항과 반란. 이른바 유럽의 1914년 세대. 부모 세대를 죽이는 역사적 운명을 타고난 세대다. '아버지 살해'의 방식은 혁명이었다. 유럽에서 1920년대와 1930년대는 혁명 물결로 소용돌이쳤다. 베이비부머는 혁명을 하지 않았다. 유신 반대데모를 주동했어도 혁명은 아니었다. 전경에 돌을 던지고, 페퍼포그차를 맨몸으로 막아서긴 했어도 사회주의 혁명을 내장하지는 않았다. 그것은 1980년대 세대(586세대)에 양보해야 했다.

부모를 어떻게 죽일 수 있을까? 성리학의 나라에서 그런 생각은 떠올릴 수도 없었다. 제사를 물려받으면서 자녀들에겐 제사 폐지를 약속해야 하는 세대다. 부드러운 가교 역할이 이런 것이다. 노후보장이 없는 부모를 어쨌든 모셔야 했다. 민간보험이 없고, 공공보험도 취약한 시대에 부모의 노후를 돌볼 의무를 스스로 규정하고 스스로 짊어졌다. 전통의 짐을 스스로 지지만 자녀 세대에겐 책임면제를 결단하는 세대다. 스스로 일군 자산을 반쯤 잘라 자녀들에게 주저 없이 내주는 세대다.

'가교'란 앞세대와 뒷세대의 사회적, 경제적 짐을 자진해 둘러메고 당대에서 마무리하려는 헌신적 세대 정서를 뜻한다. 그만큼 혜택을 받았기에 그만큼 어려운 역할을 떠맡은 것이다. 이런 관점에서 '가교의 유형론'이 나옴 직하다.

베이비부머는 농촌공동체에서 직업전선의 동료집단을 거쳐 개별사회와 맞닥뜨렸다. 이들은 개인 중심, 개인 취향으로 개별화된 사회가 낯설다. 1970년대 중반 가황歌皇 나훈아가 부르는 〈명자!〉

에 더 마음이 쏠린다. "자야 자야 명자야- 찾아샀던 어머니, 청소해라, 동생 업어 줘라"에 눈물짓는 세대다. 그 시절에 대한 그리움에 오늘도 트로트를 부른다.

공동체를 해체한 사회적 책임이 이 세대에게 있다. 생성과 생산에 몰두하느라, 재산을 축적하느라 사회적 연대와 공공의식에는 무관심했던 세대다. 누군가 해줄 것으로 기대했는데 정치권은 어느덧 계급적 대립에 쏠린 운동권이 지배했고, 정치인들은 유별난 가치에 아부하느라 시대의 향방과 미래에는 관심이 없었다.

베이비부머 세대는 스스로 교양시민을 자처했건만 교양 없는 지도층, 시사적 쟁점을 부각해 권력을 탐한 정치인의 약진을 허용했을 뿐이다. 경제시민들은 부를 축적한 계급에 대한 불신과 통념 때문에 개혁의 주도권을 양여讓與했다. 경제에는 성공한 세대가 정치 규제의 대상이 됐다. 6070세대가 세대적 직무 유기를 책임지고 시정해 나갈 방법과 시간이 있을까. 사회학자의 그리움이 또다시 발동한다.

이 책은 이런 구상 끝에 나왔다. 나의 부캐 상상력 속에는 유類가 비슷한 두 개의 불꽃이 타고 있었다. 문학과 칼럼.

문학은 출발점이자 수업 시대의 텍스트였다. 호기심을 유발할 별다른 유혹이 없었던 당시에 문학은 젊은 청년의 혼을 앗아갔다.

문학으로의 투항만큼 안전하고 즐거운 행위도 없었다. 동시대 세대원 중 더러는 저항운동에 투신했고, 더러는 관료 세계와 경제 전선으로 뛰어들었는데, 그런 영역이 나의 흥미를 북돋우지는 못했다. 문학과 글쓰기가 인생에 어떤 의미를 갖는지 알지 못했다. 그냥 홀린 듯이 빠져들어 갔을 뿐이다. 그 매혹이 인생의 직업을 결정할 줄이야 예상이라도 했을까마는, 이제는 깨닫는다. 그 매혹 속에 인생 경로가 예정되어 있었다.

글쓰기의 동력은 상상력이다. 상상력의 바다에서 유영했던 경험이 나의 수업 시대에 가득 차 있는데, 그것이 어떻게 진화되고 궁극적으로 사회학과 연결됐는지 살피고자 한 것이 1부의 글이다.

2부는 소설 3부작이 나오게 된 배경과 의미에 관한 얘기다. 2016년 겨울이었다. 박근혜 전 대통령의 탄핵안이 통과되고 정치적 위기가 극에 달했을 때다. 미국이 서해안에 함대를 파견했다. 신문에 칼빈슨호가 인천항을 향해 북진하는 사진이 게재됐다. 필자는 한참 그 사진을 바라봤다. 1876년 1월 일본 메이지정부가 파견한 구로다 기요타카 함대의 북진과 겹쳤다. 140년이 지나도 한반도의 운명은 그다지 변하지 않은 채였음을 실감했다.

또 다른 한편, 이는 그토록 목이 터지게 주장했던 사회과학적 진단과 처방이 무효라는 현실을 일깨웠다. 무작정 문학으로 건너

가고 싶었다. 함대와 대적하라며 파견된 접견대관 신헌 장군의 일대기를 소설로 썼다. 《강화도》(2017)가 그것이다. 한번 부캐의 세례를 받은 상상력은 계속 나의 인식 공간을 점령했다. 그 결과 《다시, 빛 속으로》(2018), 《연해주》(2024)와 함께 3부작이 탄생했다. 이 소설 3부작이 필자의 본캐 연구서인 인민·시민·국민 탄생 시리즈 3부작과 어떻게 연계되는지를 살피고자 했다.

3부는 필자의 또 다른 부캐, 저널리즘 글쓰기다. 사회과학적 지식과 관찰을 현실 세계에 적용하여 얻는 비판적 지혜라고 할까. 학부 시절 방학 때 필자는 영국의 사회학자가 쓴 책을 들고 무작정 강릉행 버스를 탔다. 누이가 소개한 선교장 문을 두드렸다. 그곳에 한 달을 머물면서 보토모어T. Bottomore가 쓴 《사회비평으로서 사회학*Sociology as Social Criticism*》이란 책을 번역했다. 왜 그랬는지 모르겠는데, '사회비평'이란 개념이 마음에 들었을 것이다. 번역 책은 다른 사람의 이름으로 출간돼 나왔지만, 아무래도 상관없었다. 사회비평이란 세계를 마음껏 유영했으니까.

그런 기질이 신문 칼럼에 투입됐다. 필자가 교수가 된 1989년부터 신문은 필자가 즐겨 찾는 글쓰기 마당이 됐다. 신문사의 청탁에 필자는 나름 심혈을 기울였다. 논지를 갈고닦았고, 문장에도 공을 들였다. 그 후 오늘날까지 르포 형식의 글을 포함해서 약

700편에 달하는 칼럼을 썼다. 칼럼은 상상력만으로 쓰는 글이 아니다. 세상 현실의 흐름과 독자의 취향, 입맛을 생각하지 않을 수 없다. 학술 논문은 필자의 논리와 시선이 주된 동력이라고 한다면, 칼럼은 독자와의 대화가 더 중요하다. 필자의 주관을 최대한 억제하지 않으면 독자는 욕설을 남기고 다른 곳으로 떠나 버린다. 욕설을 뒤집어쓰면서도 독자를 묶어 둘 수 있는 칼럼니스트는 대단한 기량을 가진 작가다. 그런 작가는 쉽게 발견되지 않는다. 필자의 경험을 바탕으로 칼럼과 르포 글쓰기에 관한 나름의 견해를 피력했다.

문학과 칼럼은 내 인생의 변주變奏다. 원곡元曲이 잦아드는 나이에 들어 변주가 성화를 부릴 줄 상상하지 못했는데 당분간은 지켜볼 요량이다. 상상력의 불꽃을 지켜보는 일은 즐겁다.

2025년 가을

춘천 집필실에서

송호근

차례

1부

문학적 상상력을 좇다

1975년 봄, 대학 입학식에 낯선 동기들과 함께 줄을 선 내가 당시 대학과 대학생에게 주어진 시대적 사명 같은 것을 알 수는 없었다. 대학에 들어왔다는 사실 하나만으로도 충만했다. 동기들은 낯설었지만 곧 친숙해질 것이고 청춘을 같이 보낼 것이라는 생각에 뜬금없는 친밀감이 발동했다. 유신 정권에 대한 저항감은 그 전해에 전격적으로 시행된 국민 찬반 투표로 인해 다소 수그러들었던 것으로 기억한다.

바람은 찼으나 가슴은 뜨거웠다. 지금은 안다. 당시 대학 신입생 필자가 어떤 시대적 상황에 놓여 있었는지를, 어떤 청춘을 맞을 것이었는지를.

20대 초입에 나는 근거 없는 자신감으로 한껏 포효했다. 그해 문을 연 관악캠퍼스 여기저기 꽂힌 어린 나무들처럼 말이다.

문학은 시대의 신경망이었다. 인문대는 의당 캠퍼스의 중심이어서 열정을 주체하지 못하거나 시대앓이를 일찍 시작한 학생들이 늘 모여들었다. 사회과학이 겨우 자리를 잡고 기지개를 켜고 있는 때여서 문학이 시대의 전선을 맡았다. 문학인은 사회적 관심과 존경을 듬뿍 받았다. 시대의 지성인이었다.

사회과학대에 속했던 필자는 법학과 경제학을 제외하고 다른 분과 학문에는 거의 문외한이었다. 법학과 경제학도 직업과 관련해

들은풍월 정도였지, 어떤 성격인지는 정확히 알지 못했다. 다행히 2학년 1학기까지 각 학과의 개론을 두루 수강할 기회가 주어졌기에 자유롭게 '학과 쇼핑'을 다녔다. 매혹적인 학과는 나타나지 않았다. 학과 선택이 의외로 어려웠다. 그래서 가고 싶지 않은 학과를 지워 나갔다. 남은 것은 정치학과와 사회학과.

그럼 사회학과에 가서 정치학을 두루 섭렵하면 되지 않을까, 이런 요량으로 결국 사회학과에 정착했다. 사회학이 무엇을 하는 학문인가? 아버지의 이런 질문에 물론 답을 못했다. 나도 몰랐기에. 사회학과에는 이런 기질의 학생들이 모인다는 것을 나중에 알았다.

사회학과에 적을 둔 채 필자는 인문대에서 강의를 듣고 놀았다. 말하자면 인문대 명예학생? 문학 강의가 생리적으로 좋았고 끌렸다. 문학이 시대와 대적하는 최고의 무기여서 그랬을까, 생각의 은신처를 제공한다는 점에서 더욱 매력적이었다. 사회과학은 행동과 실천을 강조하는 반면, 문학은 비판과 상상력을 생명으로 여긴다. 생각을 언어로 표현하면 실천의 위험을 피해갈 수 있었다.

문제의식이 왕성한 친구들은 학회(요즘의 동아리)로 몰려갔다. 학회는 저항운동의 기지였는데, 이들이 대부분 1980년대 운동권을 길러 낸 원조가 됐다. 물론 1970년대식 낭만주의를 떨쳐 내지 못한 원조들은 1980년대 후배들의 엄청난 비판에 직면해야 했다. 광주민주화 항쟁이 이른바 '586세대'의 혁명적 운명을 결정지었다. 나는 1970년대에 발을 디딘 채 급진화된 586세대의 과격한 질주를 바라봐야 했다. 데모와 연행이 상시적으로 일어났다.

나는 신문기자 지망을 포기하고 학교에 남았다. 은연중 신문사 주필이 꿈이었는데 접어야 했다. 학부를 졸업하고 대학원에 남아 문학과 사회학 사이를 오고 갔다. 여전히 상상력의 힘을 믿었다. 그러는 동안 10·26 사태와 광주 항쟁이 일어났다. 사회 정의의 방향은 알았지만 실천의 길은 묘연했다.

1980년 봄, 대학본부 앞에 펼쳐진 저항운동 텐트촌을 오락가락했다. 1980년 5월 2일로 기억한다. 대학원생 출정 선언문을 써달라는 후배의 청을 물리칠 수 없었다. 밤새 썼다. 그 선언문은 다음 날 1만 명이 운집한 도서관 앞 광장에서 울려 퍼졌다. 서울역 광장으로 진격하는 학생데모대를 따라 한강교를 건넜다. 서울역 광장은 인산인해였다. 그러나 아무 일도 일어나지 않았다.

5월 17일, 계엄령이 발동되고 365명 시국사범 체포령이 내려졌다. 내 이름이 그 속에 있었다. 단 한 번의 작은 실천이 내 청춘에 시련을 몰고 왔다.

보름을 도피한 끝에 몸과 마음이 지쳐 자수했다. 수경사의 조사를 받았는데 주동자가 아니라 '부화뇌동자'로 풀려났다. 선언문을 낭독한 친구는 구속돼 어디론가 사라졌다. 그해 말, 석사 논문을 끝내고 결혼했다. 어둠의 시대에 스스로 결정할 수 있는 일이 결혼이었다. 군대를 가야 했는데, 마침 육군사관학교 교수 요원 공채에 선발됐다. 그곳에도 지성이 있었다. 어둠의 시대엔 극과 극이 통했다.

1983년 봄, 동기들과 대전교도소에 갔다. 김대중 반란 사건으로 구속된 친구가 만기 출소했다. 나는 육군 중위 복장을 한 채로 형무소 문을 열고 나오는 그를 맞았다. 우리는 새벽어둠에 그냥 웃었다. 나는 유학을 준비했다. 떠나고 싶었다. 친구들은 힘겨운 시간을 예비하고 있을 때였다. 미국 동부에서 입학허가서가 날아왔다. 1984년 초여름, 나는 아내와 갓 태어난 딸과 함께 생애 최초로 비행기에 올랐다. 한국 땅이 아스라이 멀어졌다.

1

글쓰기의 시원, 욕망

전화가 울렸다. 모 일간신문사 문학담당 기자였다. 문학기자가 나에게 전화할 일은 없을 터여서 호기심이 일었다. 용건을 듣고 보니 원고 청탁이었는데, 그는 진지하게 요지를 설명했다.

2025년 6월 3일 대선 이후 한국 사회의 쟁점을 다루는 일련의 엽편소설[1]을 연재하는 기획으로, 이름만 들어도 알 만한 쟁쟁한 대가들을 열거했다. 정중하게 거절하는 내 마음 한편에서 즐거운 비명이 울리는 듯도 했다.

"제가 낄 자리는 아닌 듯한데요."

기자들은 쉽게 물러나지 않는다.

"소설을 몇 권 내셨잖아요."

내 목소리가 약간 잦아들었다.

"그건 그렇지만…. 그래도 인기 작가들 틈에서 어찌 목숨을 부지하라고요."

잦아드는 말투에서 기자는 목적을 달성할 낌새를 알아차렸다.

"소설을 몇 권 내셨으면 이미 중견작가지요. 신문 한 면 정도야 가볍게 쓰시겠지요."

기자의 목소리는 명랑했고 자신에 차 있었다. 이쯤 되면 더 거절할 명분은 슬며시 물러가고 한번 도전해 볼까 하는 위험한 마음이 부쩍 자라난다. 위험한 마음이란 다름 아닌 욕망이다. 이미 장편長篇 소설을 몇 권 낸 터에 신문 한 면 정도야 못 채우겠나 하는 오만한 생각과, 기자가 호명한 이 시대의 대가들 틈에 끼고 싶다는 헛된 욕망에 나는 결국 승복했다.

기자가 이겼고, 대가급에 걸맞은 글을 써야 한다는 엄청난 부담과 시도 때도 없이 전개될 글 구상이 나의 몫으로 남았다.

나는 인정한다, 저 무모한 수락이 나의 욕망에서 비롯되었음을. 욕망을 다스렸다면 정중한 거절로 전화를 끝냈을 것이었다. 아쉽다는 말과 함께 다음을 기약하자는 기자의 인사말에 잠시 섭섭했겠지만, 긴 시간 중압감에 시달릴 일은 없을 터였다. 그러나 수락했다.

기자의 청을 접하는 순간 뭔가 의욕이 꿈틀댔는데 언젠가 마음 한편에 간직했던 장면 때문이었다. 그 장면에는 마치 동영상처럼 한국 사회가 겪는 애환과 사람과 언어들이 녹화되어 있었다. 그걸 틀면 그대로 소품이 될 수 있다는 막연한 믿음, 그걸 언어의 세계로 형상화하고 싶다는 욕구가 "해보지요"라는 어리석은 답변으로 몰고 갔던 것이다.

욕망에 굴복했다. 기자가 언급한 데드라인까지 나의 일상은 저 장면의 형상화에 매몰되리라는 것을 각오해야 한다. 글이란 정작 쓰는 사람을 못살게 군다. 자신이 자초한 일이기는 하지만 일단 욕망의 호출을 받으면 일상은 글쓰기의 규칙에 헌납된 상태로 돌변한다. 비상사태가 발생했다고나 할까. 글쓰기로 돌아선 신경망 때문에 남의 얘기가 잘 들리지 않고 대화 상대의 표정이 읽히지 않는다. 가끔 헛걸음도 내딛어 상대방을 곤혹스럽게 만들기도 한다. 흔히 하는 말로 정신줄을 놓고 있는 듯 보이지만 사실은 글 욕망에 화답하느라 모든 신경이 글에 가 있다.

마감 시간이 지정된 신문 칼럼은 집필자를 몰아붙인다. 데드라인을 지키려 허둥대는 칼럼니스트 근처에는 얼씬거리지 않는 것이 좋다. 그에게 말을 걸어 봤자 답은 돌아오지 않는다. 화장실에서도, 식탁에서도, 중요한 회의석상에서도 오직 칼럼 글을 완성하려고 바둥대는 사람을 여러 번 목격했다.

버스 안에서 우연히 목격한 장면, 매장에서 물건을 고르는 고객들, 식당에서 떠드는 식객들의 잡담에서 번개처럼 떠오르는 적격의 아이디어와 개념을 놓칠 수 없다. 욕망에 화답하느라 정신이 없는 것이다.

봄날의 화초처럼 글 싹을 땅에서 지상으로 밀어내는 힘은 무엇일까. 어수선한 마음 밭에서 뭔가를 가지런히 가꿔 표상表象을 만들고 그것을 언어로 표현하는 심상心想 에너지는 무엇일까. 필자는 지난 몇 년 동안 포항과 춘천에서 일반 시민들이 참여하는 '시민강좌'를 매년 열었다. 특히 춘천에서는 저녁 시간대에 '문화와 글쓰기 강좌Culture and Writing School'를 주관했는데 참여자는 대학생에서 중년, 고령자까지 나이를 가리지 않았다. 대체로 글쓰기에 목말라했다.

50대 중반의 어느 남성이 강연 작가에게 던진 질문은 모든 수강생이 품고 있는 공통 관심사였다.

"이제 곧 퇴직자 대열에 끼게 되는데 글쓰기를 시작하고 싶습니다. 그게 가능할까요?"

이 질문 앞에 평생 글쓰기를 업으로 살아온 강연자는 숙연해질 수밖에 없다. 동지 한 사람을 얻는다는 뿌듯함과 글쓰기 늦깎이에게 뭔가를 가르치고 싶다는 욕구가 자신이 걸어온 힘겨운 작가 인생과 겹쳐 말이 제대로 나오지 않는다. 글쓰기 전업專業이 불가능한 시대로 접어든 오늘날, 그 전업 작가는 그래도 격려의 끈을 놓을 순 없다.

"시작이 중요하지요. 잘 쓰려고 하지 마시고 일단 쓰는 습관을 길러 보세요."

너무도 당연한 조언이지만 그걸 실행하기가 얼마나 어려운가를 그 늦깎이 중년은 곧 알아차릴 것이다. 마음속에 욕망이 꿈틀거려야 하고 그 욕망을 충족해야 한다. 마음에서 항시 발생하는 아시랑이 같은 생각과 순간 스치는 단상을 언어로 포획하고 싶은 욕망이 넘쳐야 한다. 그 작가는 답변이 조금 밋밋하게 느껴졌는지 약간 덧붙였다.

"나는 계속 쓸 겁니다. 이 나이에도 쓰고 싶은 욕망이 고입니다. 그리고 스포츠 같은 분야와 달리 글쓰기는 비교적 오래 지속될 수 있습니다. 항상 절정을 향해 갈 수 있거든요."

그렇다. 스포츠 선수는 절정의 시기를 일찍 맞는다. 회화는 조금 다르지만, 연주자와 성악가는 나이가 들면 손이 떨리고 목소리가 제대로 나오지 않는다. 드럼 연주자는 힘이 달리면 박자를 못 맞춘다. 이에 비해 글쓰기는 날로 성숙해진다. 다만 감성感性이 문제다. 감성이 살아 있어야 글을 쓴다. 감성은 글의 엔진이다. 어디로 갈 것인가, 어떤 속도로 갈 것인가는 이성의 힘이며, 사유와 논리가 방향과 속도를 지시한다. 이 문제는 뒤에서 논의하기로 하자.

아무튼 예술혼魂은 누구나 다 갖고 있는데 그걸 기질에 맞게 선택해 표현해 내는 사람은 많지 않다. 누구나 음악가와 미술가가 될 수 없는 이치다. 저 50대 중반 남성처럼 직장 생활에서 조금 자유로워지면 팍팍한 현실에 억눌렸던 예술혼이 슬며시 고개를 든다. 쓰고 싶다는 욕망 말이다.

누구나 다 그런 것은 아니다. 나와 평소에 친하게 지내 온 전직 대기업 CEO는 자유를 만끽하고 있다고 나에게 고했다. 자유! 그의 말이 아직 현직에 남은 필자에게는 엄청나게 크게 들렸다. 모든 시간이 자기 것이고, 모든 사물과 풍경이 자기 것이 됐다는 말 같았다. 누구의 눈치를 보지 않아도 되는 삶, 오직 자신의 욕망대로 꾸려 가는 삶은 자유 그 자체다. 오직 그의 시선으로 감지하는 사물과 풍경을 언어로 표현하고 싶다면 글쓰기가 된다. 그런데 그의 시선은 다른 곳을 향해 열려 있다. 뛰어난 건강 덕분에 그는 등산과 여행을 즐긴다. 운동도 결국 희열을 주는 것 중 하나이기에 어느 것이 낫다고 가치 평가를 할 수는 없다.

글쓰기라면 마음속에 파도처럼 일렁이는 욕망을 결국 언어로 퍼내야 편안해지는 기질氣質에 맞는 영역이다. 우물에 항상 솟아나는 샘물을 언어라는 두레박으로 퍼내는 기질이 그것이다. 샘물이 그냥 넘치도록 놔둘 수 있는 사람이라면 다른 것을 알아보는 것이 좋다.

그런데 그 욕망이 문제다. 욕망은 형상을 갖추지 않는 욕구이자 갈증이다. 아지랑이처럼 가물거리는 무엇, 자신의 현실을 냉소하거나 비난하는 내면의 소리, 현실에서 떨어져 나와 그것을 들여다보는 시선이다. 사물과 현상의 본질에 닿고 싶은 욕망도 그렇지만 그것과 떨어져 외부에서 말을 거는 심리다. 내면의 소리와 외부 시선을 언어로 걸러 내는 작업이 글쓰기이고, 양자가 부딪히고 얽히는 접점의 불꽃을 언어로 포착하는 작업도 글쓰기다. 마치 어부가 쳐놓은 그물망에 은빛 고기떼가 걸려 올라오듯 말이다. 어부는 평상시에 그물망을 손질한다. 작가가 어떤 빛깔, 어떤 크기의 물고기를 잡을지를 구상하며 그물코를 촘촘하게 조이는 것과 같다.

소설가 박기동은 그물코를 촘촘하게 조이다가 결국엔 느슨하게 풀어 잡은 고기들을 모두 바다로 돌려보내는 작가다. 어둡고 초라했던 어린 시절의 기억은 누구나 있는 법, 그로부터 자유롭고 싶은 사람을 더욱 혹독한 공간으로 몰아 기어이 대면하도록 만든다. 트라우마 속으로 파고들어 옛 시간 속의 소년과 소녀를 언어로 포박하는 것이다. 그 상징 세계는 아프고 찬란하다. 그의 소설집 첫 작품에 매혈賣血하면서 살아가는 소녀 얘기가 나온다.

"네 팔을 보고 있노라면 나두 아프단다, 얘야."[2]

마음이 편치 않은 남자 매혈 상인은 작가의 분신이다. 소설집 제목으로 쓰인 단편 〈아버지의 바다에 은빛 고기 떼〉에서 작가는 조폭 부두목 정도 되는 아버지를 둔 불량소년으로 체화한다. 아버지가 가끔 들르는 소년의 가정엔 술집 작부 출신으로 짐작되는 어머니가 있다. 결코 정상적 관계가 아닌 부자父子는 바다로 나가는 낚싯배에서 지극히 정상적인 얘기를 나눈다. 그러자 고기 떼가 그들을 둘러싼다.

"순식간에 바다는 끝에서 끝까지 반짝이는 고기 떼들의 천지였다."

작가의 욕망이 은빛 고기 떼로 표출되었다. 그것도 결코 가정을 건사할 것 같지 않은 아버지의 바다에서. 언어로 표현된 욕망이 어두운 기억을 점멸시키는 글쓰기다.[3]

조선 시대 세종은 이미 580년 전에 이런 욕망을 글과 결부시켰다. 《훈민정음》 '반포문'과 정인지가 쓴 해례본 '서문'이 그러하다.

나라 말씀이 중국과 달라 / 문자로 서로 사맛디 아니할새 / 이런 전차로 / 어린 백성이 이르고저 할 바 있어도 / 제 뜻을 실어 펴지 못하는 놈이 하니라

— '반포문' 중

어리석은 백성이 마음속의 뜻을 말하거나 표현하고자 할 때 문자를 몰라 뜻을 펴지 못하는 것을 가엾게 여겨 글자를 만들었다! 여기서 '이르고저 할 바'가 특히 우리의 관심사다. 한문으로 '유소욕언有所欲言'인데 욕언, 즉 말하고자 하는 욕심, 문자로 표현하고자 하는 욕심이다. 내면의 소리를 표현하거나 사물과 현상의 본질을 문자로 건져 올리는 능력을 길러 주려고 훈민정음을 반포했다는 것이다. 인민은 이제 문자를 소유함으로써 아지랑이 같던 세상의 이치와 가물거리기만 했던 우주의 신비를 포착할 수 있게 되었다.

성인지는 한 걸음 더 나아갔다. 이 글자로써 "바람 소리, 학 울음소리, 닭 울음소리, 개 짖는 소리까지도 능히 표기할 만하다"고 했다. 내면의 소리는 물론 자연의 소리를 표기하는 것이 바로 글쓰기다. 인간과 자연의 본질을 파악하는 작업을 의미한다.

성리학에서는 음音은 인심人心에서 생기고 정情은 마음속에서 우러나는 성聲에 실리는바, 성운聲韻이 조화를 이루는 상태가 세종의 지향점이었다. 문자를 통한 성운의 조화를 위해 세종은 백성들에게 이 능력을 기르는 방법을 일렀다. 백성은 문자로 세상의 이치

를 깨친다. 훈민정음 창제는 역사의 객체이면서 통치 권력의 대상인 인민을 역사의 주체로 변조하는 중대한 계기이자, 인민을 통치 권력의 중앙 무대로 진입케 하는 수단이었다.

세상 통치의 관점에서 그러하듯, 문해력과 글쓰기는 자신에 대한 나의 주체적 통치에도 정확히 적용된다. 내면의 소리를 듣지 못하면 나를 알 수 없다. 마음속에 일어나는 욕망의 본질을 파악하지 못하면 주체와 자아의 모습을 알지 못한다. 인간은 욕망의 덩어리다. 불쑥불쑥 튀어나오는 욕망의 정체를 모르고서야 어찌 세상을 온전히 살아갈 수 있을까. 시인들이 자신의 얼굴을 자주 들여다보는 이유이기도 하다.

나는 무엇을 욕망하고 욕망하는 나는 누구인가? 온 길을 돌아보고 갈 길을 가늠하는 순간이다. 돌아보는 시선에 나의 욕망이, 나의 정체가 어렴풋하게나마 잡힌다.

> 우물 속에는 달이 밝고 구름이 흐르고 하늘이 펼치고 파아란 바람이 불고 가을이 있습니다.
>
> 그리고 한 사나이가 있습니다.
> 어쩐지 그 사나이가 미워져 돌아갑니다.
>
> — 윤동주, 〈자화상〉

문해력을 기른 인민들이 제 이름 석 자를 겨우 쓰는 동안 삶의 이치를 엿본 시대의 시인들은 언어로 자기 마음의 형상을 그려 냈다. 아른거리는 욕망을 언어로 분해해서 욕망하는 주체主體와 그것을 들여다보는 자아自我를 가려내는 것이다. 생물학적 주체와 이상적 자아의 접점에서 시가 잉태된다.

이상적 자아는 현실의 주체를 '미워'한다. 그러나 '돌아가다 생각하니 그 사나이가 그리워'져 주저앉았다. 시인은 그 사나이를 '추억'으로 일단 개념화함으로써 자아의 여정을 자유롭게 만들고 싶었던 거다.

> 스물세 해 동안 나를 키운 건 팔 할이 바람이다.
> 세상은 가도 가도 부끄럽기만 하더라
> 어떤 이는 내 눈에서 죄인罪人을 읽고 가고
> 어떤 이는 내 입에서 천치天癡를 읽고 가나
> 나는 아무 것도 뉘우치진 않을란다.
>
> — 서정주, 〈자화상〉

서정주 시인의 시선도 흡사하다. 스물세 해 동안 바람에 흔들린 부끄러운 나, 형체가 없는 바람에 자신을 내맡겼던 나, 죄인이거나 천치에 불과한 나를 뉘우치면서 시인은 타협한다. '뉘우치진 않을란다'라고. 그는 누추한 현실의 주체를 그렇게 붙잡아 두고 동경의 세계로 망명하고자 하는 것이다.

현실적 주체를 단속하는 것으로 글쓰기만 한 것이 없다. 글쓰기는 무엇보다 '자기와의 대면'이기 때문이다. 글쓰기가 예술혼의 지령을 따르는 행위라면 그것은 누추한 자신, 온갖 미망에 사로잡힌 현실적 주체를 세속적 오염에서 건져 올려 푸른 햇빛의 영역으로 이주시키는 오솔길이다. 현실적 주체를 단속하는 예는 한국 근대시에서 무수히 발견된다. 단속은 결박, 이탈, 귀환, 상승의 변화무쌍한 이미지로 변주되어 나타난다. 주체의 '구제'이거나 '단념적 변신'이다.

> 나 보기가 역겨워
> 가실 때에는
> 말없이 고이 보내 드리우리다
> …
> 나 보기가 역겨워
> 가실 때에는
> 죽어도 아니 눈물 흘리우리다

— 김소월, 〈진달래꽃〉

1922년에 발표된 김소월의 시다. 근대의 태동기에 들어서야 비로소 주체와 자아의 분리가 이뤄졌다고 하면, 김소월의 이 시야말로 '주체에서 이탈한 자아'의 효시라고 할 것이다. 정과리는 《한국 근대시의 묘상 연구》(2023)에서 김소월의 〈진달래꽃〉을 만해의 〈님의 침묵〉과 함께 전통적 심연 속에 침잠된 주체의 전복을 시도한 첫 작품이라고 평가했다.

근대가 밝을 때까지 주체는 복종, 체념 속에 머무르거나 그 상황을 벗어나는 대신 원한과 증오를 표출했다고 한다면, 근대의 자아는 님을 이해하고 주체를 다독여 무한정 기다리는 상태로 전환했나. 주체로부터 이탈한 '자아의 탄생'은 곧 자율성을 내면화한 '개인의 탄생'이다. 내가 뿌린 진달래꽃을 사뿐히 즈려밟고 가시더라도, 나는 보내지 않았으니 죽어도 눈물 흘리지 않겠다는 자의식은 눈물 흘리는 현실의 주체를 다독인다. 기다림의 세계가 열리는 것이다.

이 기다림은 〈개여울〉에서 한결 구체화된다.

날마다 개여울에
나와 앉아서
하염없이 무엇을 생각합니다

가도 아주 가지는

않노라심은

굳이 잊지 말라는 부탁인지요

— 김소월, 〈개여울〉

가버린 님을 하염없이 기다리는 나(주체)에게 자아가 말을 건다. 아주 가지는 않는다는 말은 '굳이 잊지 말라는 부탁'이라고. 아직 확신은 못 해서 '부탁인지요'라고 묻고 있지만, 날마다 개여울에 나와 앉아서 묻다 보면 '굳이 잊지 말라는 부탁'이 된다. 자아가 주체를 끌어당겨 기다림의 세계, 동경의 세계로 데리고 가는 것이다. 정과리는 개인의 탄생을 이렇게 말한다.

"바로 단절을 자신의 상황으로 받아들이는 사람이자 동시에 그 단절을 극복하기 위해 자신의 행동을 개입시키는 사람"이다.[4]

글쓰기는 가망 없는 주체를 가망 있는 주체로 변신하도록 하는 인식의 교각橋脚이다. 현실에 포박돼 꼼짝달싹하지 못하는 욕망에 희미하게나마 실현 가능성을 부여하는 영혼의 유희가 글쓰기다.

영혼은 상상력 속에 터를 잡고 산다. 상상력이 영혼의 집이다. 현실의 존재를 두고 가볍게 상승한 상상력이 자아를 데리고 어디든지 날아다닌다. 어린 시절로 데리고 가기도 하고, 옛 연인의 형상을 불러오기도 한다. 주체를 위안하고 꾸짖고 힐난하고 때로는 같이 눈물짓는 자아의 비행을 언어가 만들어 나간다. 그 언어가 현실적 주체를 쳐다보면서 내어 준 말들, 개념들, 스토리가 글이다.

'언어는 존재의 집'이라는 하이데거의 명제를 필자는 그렇게 이해한다. 언어로 포획되지 않은 실체는 아직 존재 이전의 무엇이다. 언어로 포획될 때 비로소 그 실체는 존재로서 빛을 발한다. 상상력 속에 잉태된 언어가 현존의 모습을 다른 것으로 바꾸거나 소망하는 것과 흡사한 형태로 변형시킬 때 욕망은 본래의 갈퀴를 감추고 미학의 영역으로 승화한다. 상상력의 미학이 현실에서 구체적 형태를 갖추는 것이 예술이다. 회화, 음악, 무용, 문학이 그러하다.

영혼의 언어는 반드시 문자가 아니어도 좋다. 그림은 상상력을 형상화하는 아주 보편적인 방식이었다. 압록강 북쪽에 위치한 고구려 두 번째 도읍지 집안集安에 고분 벽화가 있다. 지하 십여 미터 땅 밑에 위치한 왕의 무덤, 이를 둘러싼 벽과 천장에 그림이 있는데, 거의 1,800년 세월을 견뎠다. 벽 상단부에는 방위에 맞춰 청룡, 백호, 주작, 현무가 그려져 있고 천장부에는 해와 달, 선인仙人과 상상 속 동물들이 여전히 선명한 형상과 색채를 띠고 있다. 힘든 현실의 삶을 마감하고 저세상으로 건너간 왕이 풍요롭고 상서로운 세계에 살기를 바라는 소망의 표현이다.

선녀는 붉은 적삼에 긴 치마를 휘날리며 하늘을 날고 동물들은 영원한 삶을 약속하며 초원을 순진하게 뛰노는 그런 질서가 당시 사람들의 욕망이었을 것이다. 문자로는 압축적으로 표현할 수 없는 그들의 염원을 그림이 담아냈다. 벽화에 표현된 형상과 색채, 표정과 동작은 영혼의 형식이었다.

필자가 주관하는 시민강좌에 작가와 예술가들이 자주 초청된다. '나의 삶, 나의 길'이란 주제에 맞춰 자신이 왜 이 길을 걸어왔는지를 담담하게 고백하는 강연자들의 표정은 진지하다.[5] 그들이 각각 문학, 미술, 음악이란 다른 길을 택한 이유는 비교적 명료하다. 기질에 맞았다. 어느 원로 미술가는 극장 간판에 끌려 간판장이 조수로 일했던 어린 시절 경험을 털어놨고, 어느 성악가는 피아노와 성악을 동시에 시작했는데 성악콩쿠르에서만 수상해서 피아니스트의 길을 접었다고 했다.

강릉 변두리 농촌 출신 이순원 작가는 시골에서 소년기를 보내고 도시에서 상업학교를 나와 은행에 취직했다가 느닷없이 글쓰기를 시작했다고 고백했다. 왜 그랬는지, 그냥 끌렸다는 것이다. 그냥 끌렸다가 평생을 전업 작가로 살았다. 욕망에 화답한 대가는 그야말로 가시밭길이었다. 돌아보니 성공의 길이기도 하지만 고생길이기도 했다.

이 글의 독자들이 모두 전업 작가를 꿈꾸지는 않을 것이다. 글쓰기 욕망에 언젠가 화답하려는 소박한 꿈을 갖고 있을 뿐이리라. 어디선가 샘솟는 욕망, 기원을 알 수 없는 욕망이 글쓰기를 요구한다. 그것은 강박이 아니라 자신을 대면하고자 하는 실존적 욕구다. '나와의 대면'이다. 대체 이렇게 살고 있고 이렇게 살아온 나는 누구인가? 다른 삶은 없었을까, 지금도 다른 삶은 불가능한가를 스스로에게 묻고 있는 것이다. 눌러도 눌러도 고개를 드는 불가항력적인 질문에 답을 내리고 싶은 것은 자연스런 이치다.

그런 나의 상태를 가만히 들여다보면 현실적 주체와 이상적 자아가 맞붙어 치열한 접전을 벌이고 있음을 인지하게 된다. 그것을 언어로 표현해 내는 것이 글쓰기의 첫 단계다. 이상적 자아의 행선지는 정해진 것이 없거나 끝이 보이지 않는다. '신神을 향한 영원한 여행' 혹은 '신의 얼굴을 보려는 무모한 도전'일 터인데 이 문제는 뒤에서 다루기로 한다. 다만, 내가 누구인지 알고자 하는 욕망이 독자들을 글쓰기라는 드넓은 세계로 데리고 들어간다는 것을 기억해 두자.*

* 그 엽편소설은 〈문화일보〉 2025년 7월 7일 자에 게재됐다. 제목은 '하늘에는 영광, 땅엔 평화'.

2

상상력의 미학

청소년 시절, 나는 한강 근처에 살았다. 천변이 개발되기 이전 강둑에 올라서면 유유히 흐르는 강물이 마음을 달랬다. 막연히 피어오르는 동경 비슷한 감정이었을 게다. 강물을 한참 보고 있노라면 사춘기 소년의 설렘은 진정되고, 발길을 돌릴 준비가 되었음을 알아차린다.

그때 강 건너편 산등성이 너머로 나타나는 은빛 물체가 돌아서는 발길을 잡는다. 비행기였다. 서서히 고도를 낮추는 비행기는 일직선으로 하강해서 서쪽 능선으로 사라졌다. 그리고 몇 분 후 다른 비행기가 나타나 서쪽 하늘로 사라짐을 반복한다. 어린 나는 비행기에 매료되었다. 저렇게 육중한 비행체가 하늘을 나는 게 어떻게 가능할까? 나의 눈길이 따라갈 만큼 저렇게 서서히 하강해도 떨어지지 않을까? 그 시절에 추락하는 비행기는 한 번도 본 일이 없다.

삼십 년 후, 필자는 공대 교수에게 물었다. 그랬더니 기본적인 과학 법칙을 모르는 문과 교수가 이상하다는 듯 답이 돌아왔다.

"베르누이 법칙이지."

그가 베르누이의 법칙을 간단명료하게 설명하는 동안 내 시선은 다른 곳에 가 있었다. 상상력에도 베르누이의 법칙이 작용할까? 기류가 빨라지면 진공이 생긴다, 그래서 밑부분이 들어 올려진다는 이 법칙이 상상력도 들어 올릴까? 상상력은 무게가 없다. 그것은 자유의지로 날아다니는데 현실의 주체도 멈추거나 정지시킬 수 없다. 억지로 의식의 끈을 자른다 해도 상상력은 제멋대로 피어나고 날아다니기 마련이다. 그러니… 이 질문엔 아직도 답을 찾지 못했다.

비행기는 나의 상상력의 기원이었다. 대지를 박차고 상승하는 그 멋진 이륙은 어쩌면 현실을 박차고 피어오르는 상상력 그 자체였다. 현실을 가볍게 벗어나 창공을 향해 솟구치는 상승의 힘은 경이로움이고, 상공에서 내려다보이는 대지 위의 작은 점들은 아등바등 부대끼는 삶의 본질이 사소한 것임을 일깨워 주었다.

공항은 상승과 하강의 곡선이 겹치는 곳, 이별과 재회가 삶을 구성하는 불가피한 체험임을 일깨우는 곳이다. 유학 시절, 보스턴 공항 라운지에서 뜨고 내리는 비행기를 한참 보고 있거나, 학회 참석차 들른 외국 공항 카페에서 글을 썼던 그 젊은 교수는 한강 둑에 서 있던 어린 시절의 소년이었다. 필자의 수첩에서 발견된 글, 1990년 6월 26일로 기록된 메모가 그렇다.

> 비행장에는 언제나 가벼운 흥분이 있다. 비행기는 살고 있는 터를 쉽게 떠나는 수상한 괴물이다. 그것은 불안과 애욕과 애증, 갈등, 연민 등으로 얽히고설켜 있는 나의 생활공간으로부터 나를 쉽게 구출한다. 짐을 싸고 여행을 준비하는 동안 느껴지는 가벼운 기대와, 다른 한편으로는 다시 주저앉고 싶은 무거운 견인의 혼동을, 그러나 비행기는 용납하지 않는다. 탈출과 애착(또는 영어囹圄) 사이에서 우왕좌왕하는 사람들을 싣고 대지를 박차고 미지의 세계로 무작정 뜨는 것이다.
>
> 보스턴 에어포트에서 마주친 향수鄕愁, 비행기의 냉정한 이륙과 무심한 착륙이 겹치고, 비행기 너머로 펼쳐진 바다.

비행기에 대한 신비와 경이의 감성을 30년간 변함없이 간직해 온 거다. 베르누이의 법칙을 익히 알아도 이륙과 착륙에 동행하는 교차된 경험과 언어, 인식의 공간을 한없이 확장해 주는 비행에 여전히 감동하는 이유는 나의 상상력의 근원과 힘을 제대로 알지 못해서일 것이다.

상상력이 가장 극대화되는 글쓰기가 시詩 분야임은 잘 알려진 사실이다. 시인들은 상상력의 연금술사다. 상상력이 빚어낸 이미지와 연관들로 채워진 시구詩句는 시인도 예상하지 않았던 미지의 세계를 형상화하기 때문이다. 독자들에게 여러 형태의 감성을 촉발하는 시 세계에서는 비평가들마저 상상력 공간을 따라가기 급급하거나 길을 잃기 십상이다.

모더니스트 시인 김수영金洙暎(1921~1968)은 아예 상상력의 헬리콥터를 띄웠다. 아니, 헬리콥터에서 내려다본 자신의 비참함을 읊거나 헬리콥터에 자신을 이입했다. 대지를 박차고 간단히 상승하는 헬리콥터에 대한 경이, 자신의 초라함, 그리고 헬리콥터처럼 비상하는 상상력에 시대적 모순이 밴 복합적 정서다.

> 헬리콥터가 풍선보다도 가벼웁게 상승하는 것을 보고
> 놀랄 수 있는 사람은 설움을 아는 사람이지만
> 또한 이것을 보고 놀라지 않는 것도 설움을 아는 사람일 것이다.
>
> — 김수영, 〈헬리콥터〉

'설움'은 김수영의 정서의 중심 개념이다. 시대적 모순을 의식하며 살아가는 사람들도 서럽지만, 그것을 알면서 비상하지 못하는 사람도 설움이다. 헬리콥터는 시인에게 문득 그런 사실을 일깨운다.

비애悲哀의 수직선을 그리면서 날아가는 그의 설운 모양을
우리는 좁은 뜰 안에서뿐만 아니라
심지어는 항아리 속에서부터라도 내어다 볼 수 있고
이러한 우리의 순수한 치정癡情을
헬리콥터에서도 내려다볼 수 있을 것을 짐작하기 때문에
"헬리콥터여 너는 설운 동물이다"

– 자유
– 비애

— 김수영, 〈헬리콥터〉

대지에 속박된 나, 온갖 치정에 구속돼 꼼짝달싹 못 하는 나는 서러운 동물이고, 그런 나의 서러움을 알면서 수직 비행하는 너의 모습도 서럽기는 마찬가지여서, 자유와 비애는 동반자 관계다. 헬리콥터는 곧 '나와의 대면'이 만들어 낸 상징체다.

자유를 갈구할수록 비애를 겪어야 하는 1960년대 당시 시인의 상상력은 '자유의 정신의 아름다운 원형'을 가진 비행체에 모순 속 나를 실어 날려 보냈는데, 그것이 되돌아와 누추한 주체의 자각을 일깨운다. 삶의 저변을 파고들어 그 본질을 내보이는 상상력이 현실과 접선하는 경계선에서 비극적 미학이 싹튼다. 비극이 희극 다음에 오는 찬란한 승화의 단계라고 한다면, 그것을 '상상력의 미학美學'이라 할 것이다.

상상력 하나로 시베리아 자작나무 숲과 벌판을 돌아다닌 사람으로 백석(본명 백기행, 1912~1996?)만 한 시인이 없을 것이다. 평안남도 정주 출생이어서 만주와 시베리아에 대한 얘기를 익히 듣고 자란 탓이겠는데 그의 시적 상상력은 대체로 정주 산골의 토속적 삶에 가 있다. 제삿날 슬그머니 찾아드는 할배 귀신, 오지항아리의 술을 채어먹는 삼촌, 더부살이 아이, 바느질하는 어미, 나그네, 붓 장사, 청배를 팔러 오는 늙은이, 자작나무와 여우가 시심詩心의 원형이다.

그의 상상력 공간에 무작정 걸어 들어온 여자가 있었다. 22세 기생 자야子夜(본명 김진향). 생활고 때문에 권번券番으로 들어가 예인의 길을 걸었던 신여성이었다. 자야는 독립운동 혐의로 감옥에 갇힌 그녀의 후원자를 만나러 함흥으로 갔었다. 거기서 〈조선일보〉 기자를 그만두고 함흥 영생고보 교사로 취직한 백석을 우연히 만났다. 불꽃이 튀었다. 사랑은 독했고, 독한 만큼 괴로웠다. 2년 후 영생고보를 사직하고 서울로 올라와 백수로 지내면서 쓴 시가 그 유명한 〈나와 나타샤와 흰 당나귀〉다.

함흥을 떠나 경성 청진동에 은거하던 자야를 찾아온 백석이 불쑥 봉투를 내밀었는데 그 속에 원고가 들어 있었다. 소주로 사랑을 달랬던 그의 상상력은 자야와 함께 멀리 정주 산골 혹은 러시아 벌판에 가 있었던 것이다.

> 소주를 마시며 생각한다
> 나타샤와 나는
> 눈이 푹푹 쌓이는 밤 흰 당나귀를 타고
> 산골로 가자 출출이 우는 깊은 산골로 가 마가리에 살자
>
> — 백석, 〈나와 나타샤와 흰 당나귀〉

그는 현실 세계의 자신을 두고 토속 세계로 이주하는 망명객이었다. 역으로, 토속인이 어쩌다 동경 유학을 다녀왔고, 경성 〈조선일보〉 기자를 억지로 하면서 일제 치하의 치욕적 삶을 살아냈다. 그러니 다시 토속으로 귀환할밖에. 정주에서의 삶과 어린 시절의 경험은 현실을 버텨 내는 자원이자 원시적 상상력의 원천이

었다. 그 상상력이 빚어낸 말과 개념들이 현실과 타협한 누추한 자신을 데리고 몽환의 세계로 가는 데 저항할 도리는 없었다. 그는 몽환의 시인이자 모더니즘의 허위 가능성을 때려 부순 망명의 시인이었다.

또 다른 시.

> 집에는 언제나 센개 같은 게사니가 벅작궁 고아내고 말 같은 개들이 떠들썩 짖어대고 그리고 소거름 내음새 구수한 속에 엇송아지 히물쩍 너들씨는데
>
> — 백석, 〈넘언집 범 같은 노큰마니〉

산 너머 범같이 무서운 큰할머니 집 마당에서 벌어지는 시끌벅적한 장면이다. 거위, 개, 송아지가 한데 어울려 소란을 피우는 큰할머니 댁에 대한 기억과 상상이 토속적 언어로 쏟아져 나오는 세계에서 현실은 맥을 못 춘다. 망명적 상상은 현실 도피의 무책임한 희열을 주기도 한다.

80여 권의 작품을 남긴 나림那林 이병주(1921~1992)의 작가 인생은 정말 우연한 사건으로 시작되었다. 심지어 작가 자신도 예상치 못한 일이었다. 나림은 동경 유학을 중도에 그만두고 돌아와 진

주 농과대학과 해인대학에서 교편을 잡았으며, 후에는 부산 〈국제신보〉 주필 겸 편집국장을 지낸 지식인이다. 문학적 소양을 갖추고 있기는 했지만 전업 작가가 되리라는 생각은 꿈에도 없었다.

그에게 운명이 찾아왔다. 평소 친하게 지냈던 박정희 장군의 5·16 쿠데타가 성공하자 〈국제신보〉에 5·16을 비판하는 칼럼을 게재한 것이 화근이 됐다. 그 유명한 "조국은 없고 산하만 있다"라는 제목의 논설이었다. 그는 혁명재판소 판결을 받고 2년 7개월을 복역했다.

출소 직후, 그의 옛 동료가 그간의 경험을 소설로 써보라며 수차례 권유했다. 처음에는 흘려듣다가 결국 작품을 썼다. 《소설·알렉산드리아》(1965)라는 다소 이국적인 제목의 장편이었다. 그는 이 작품을 계기로 전업 작가의 길로 들어섰다. 자신도 어찌할 수 없는 상상력이 발동하고 있음을 인정해야 했다.

그의 작품은 일제 치하 체험기(《관부연락선》), 해방정국의 혼란과 전쟁(《남부군》, 《지리산》), 전후 정치적 파행과 세태(《산하》)가 주류를 이룬다. 실제 일어난 역사적 사실과 개인적 체험이 '소설적 진실' 속으로 편입되고 있는 가운데 첫 작품만은 완전한 상상력의 소산이라는 점이 특기할 만하다.

2년 7개월을 감옥에 갇힌 채 보내면서 그는 울분과 분노에 치를 떨었다. 망가질 대로 망가진 마음과 육체에 생기를 불어넣는 유일한 수단이 상상력에 올라타는 것이었다. 그는 시동을 걸었다. 감옥 속에 내팽개쳐진 자신을 형兄으로 바꾸고 자신은 알렉산드리아라는 상상의 도시로 이주해 자유롭게 사는 것. 이름이 '프린스 김'이고, 형은 자칭 '황제'다. 소설은 수인囚人이 된 형에게서 온 편지로 시작한다.

> 진짜의 나는 너와 더불어 알렉산드리아에 있고, 여기에 이렇게 웅크리고 있는 나는 나의 그림자, 나의 분신에 불과하다는 환각을 키우려는 것이다.
>
> — 이병주,《소설·알렉산드리아》

화자인 '나'와 형은 서로 다른 두 인물로 표상되지만 하나의 인물이다. 상상력으로 만들어진 프린스 김은 자유롭고, 이성적 판단력을 소유하고 있다. 알렉산드리아에서 만난 두 친구 한스와 사라의 비극적 이야기를 전면에 내세워 프린스 김 자신(또는 형)은 고국에서 저지른 반역죄가 진정 죄에 해당되는지를 따져 든다. 그것은 역사의 횡포였다. 형을 수인으로 만든 운명적 현실에 대해 형은 비로소 자각적 수긍에 이른다.

> 나는 비로소 이곳에 내가 있어야 할 이유를 알았다. … 이 세상에 나지 않았으면 좋았을 사람이 본연적으로 지닌 죄, 원죄라고 해도 좋다. … 그래서 이제야 나는 나의 죄를 찾았다. 섭리란 묘한 작용을 한다. 갑의 죄에 대해서 을의 죄명을 씌워 처벌하는 교묘한 작용을 하는 것이다.
>
> — 이병주, 《소설 · 알렉산드리아》

현실에서 발생하는 이 '교묘한 작용'은 이성의 눈을 치켜뜨고 있는 자신을 감옥에 가뒀다. 알렉산드리아에 거주하는 상상의 내가 도달한 결론을 형이 말한다. 그것은 역사의 횡포와 그 횡포에 희생된 주체에 대한 이성적 자아의 위로였다.

상상력은 이렇게 누추해진 존재를 위엄 있는 존재로 치환한다. 현실에서 이탈한 상상력은 현실구속성을 벗어던짐으로써 새로운 존재생성의 힘을 부여하고 궁극적으로는 우리 내부에서 존재의 전환을 이루게 하는 힘이다. 이병주의 첫 작품은 상상력의 미학으로 존재의 전복을 실현하는 글쓰기의 전형이라고 할 수 있다.

사물로부터 반사된 상상력은 대체 현실 존재에 어떤 영향을 미치는가? 상상력의 생성과 작동 기제에 대한 분석의 도달점에서 가스통 바슐라르G. Bachelard(1884~1962)를 만난다. 《공간의 시학》, 《물과 꿈》, 《불의 정신분석》 등의 저자로 알려진 이 철학자의 이론을 따라가기는 쉽지 않다. 다만 우리가 이 장에서 주목했던 상상력의 투시透視와 전복顚覆에 초점을 맞추면 어느 정도 이해 가능하다.[1]

바슐라르가 상상력에 주목한 것은 인간의 정신 현상에 내재된 어떤 힘 때문이었다. 현실 존재 혹은 사물로부터 발생하는 인식이 그에 상응하는 상상력을 자극하고, 그 상상력이 다시 사물과 현상을 감싸안는 형태로 작동할 때 어떤 일이 일어나는가. 상상력은 정신의 줄기, 잎, 가지와 같아서 대상에 대한 지각을 형성하는 인식 덩어리다. 항시 유동하는 이 인식 덩어리는 대상에 대한 이미지에 들러붙어 그것을 변형시키는 역동적 힘으로 작용한다.

변형의 과정을 매개하는 것이 언어다. 대상 이미지 혹은 그 이미지를 투사한 언어의 상호 작용이 시詩로 표출된다고 할 때, 상상력을 품은 시적 이미지는 존재로부터 이탈해 무한의 여행을 떠난다. 존재가 확장되는 과정이자 새로운 존재가 생성되는 과정이기도 하다. 상상력은 존재가 설정한 경계를 넘는 여행의 안내자이고, 새로운 존재를 설계하는 창조자다.

바슐라르의 상상력에 관한 연구에서 곽광수는 이와 같이 집약한다.[2]

> 실현의 기능인 상상력은 의지력이나 생의 도약보다도 더 정신적 창조의 힘 그 자체다. 정신적으로 우리는 우리의 몽상夢想에 의해

창조되는 것이다. 상상한다는 것은 현실을 떠나는 것이며, 새로운 삶을 향해 돌진突進하는 것이기 때문이다.

'상상력은 의지력이나 생의 도약보다도 더 격렬한 정신적 창조의 힘 그 자체'라는 것, 그리하여 새로운 삶을 향해 돌진하는 역동적 힘을 통해 상상력을 실은 시적 이미지는 그 자체로 낯선 존재를 획득하게 된다. 이 낯선 존재를 만날 때 글 쓰는 작가는 해방과 이탈의 희열을 느낀다.

1935년에 이상李相이 쓴 수필 〈산촌여정山村旅情〉은 이에 대응하는 적절한 문장이다. 결핵 요양차 평안도 성천에 머물렀던 이상은 지루하기 짝이 없던 나머지, 한여름 산골 풍경을 온통 문명적 모더니즘 개념으로 바꿔 놓았다. 김기림과 정지용을 필두로 모더니즘이 한국 문단에 새로운 바람을 일으킨 배경도 있겠지만 이상 자신이 모더니즘과 초현실주의를 결합하는 초병哨兵이었기에 가능한 일이었다.

성천이라는 두메산골에 근대적, 도시적 이미지를 한가득 쏟아 놓자 시골 풍경은 곧 문명적 이미지로 돌변했다. 몽상, 즉 상상력을 타고 새로운 인식세계로 돌진하는 것이다. 그 지루하고 스산하기 짝이 없는 옥수수밭이 근대식 군대의 관병식 이미지로 채색되고, 베짱이 울음소리가 도회의 여차장이 차표 찍는 소리로 바뀐다. 이상의 의지력은 포착되는 모든 사물과 현상의 본질을 뒤바꿔서 새로운 존재로 만들어 놓는데, 이것이 바슐라르가 말하는 '존재의 전환'이다.

> 수수깡 울타리에 오렌지빛 여주가 열렸습니다. 당콩 넝쿨과 어우러져서 세피아 빛을 배경으로 하는 일폭의 병풍입니다. 이 끝으로는 호박 넝쿨 그 소박하면서도 대담한 호박꽃에 스파르타식 꿀벌이 한 마리 앉아 있습니다. 농황색에 반영되어 세실 B. 데밀의 영화처럼 화려하며 황금색으로 치사侈奢합니다. 귀를 기울이면 르네상스 응접실에서 들리는 선풍기 소리가 납니다.
>
> — 이상, 〈산촌여정〉

여주와 콩 넝쿨 담장이 한 폭의 병풍으로 변하고, 윙윙거리는 꿀벌의 비행이 스파르타 군인처럼 용감무쌍한데 호박꽃과 넝쿨, 꿀벌이 어우러진 광경이 마치 경성 문인들의 단골 카페인 르네상스 다방 분위기를 연상시킨다. 이쯤 되면 시인의 상상력은 자신을 산골에서 도시로 이주시키기에 충분하다. 자신은 시골에 있고, 상상력을 발동한 나는 도시에 가 있다. 이 분리는 상상력 이론의 기본 골격이다.

바슐라르의 상상력 이론은 이원론적 가정, 즉 현실과 자아, 세계와 정신, 정신과 현상 간 분리에 기초하는 것이다. 분리와 이탈이 없으면 무한의 여행이 불가능하고, 현실의 나를 객관적으로 바라보는 시선도 상정할 수 없다. 상상력은 현실 주체로부터 이륙해서 무한의 세계를 떠돌다가 새로운 형태로 주체에 내려앉는다. 무한의 여행 과정에서 획득한 변형의 힘으로 현상을 뚫고 전복하는 에너지를 행사한다. 바슐라르는 대상을 인지하는 이미지의 힘을 '물질적 상상력'이라 불렀고, 무한 여행 끝에 대상에 내려앉는 이미지를 '역동적 상상력'으로 개념화했다. 역동적 상상력이 바로 대상을 변형시키는 의지력이다. 다시 곽광수의 분석을 빌리면,[3]

> 물질적 상상력은 다른 하나의 상상력 ― 하나의 힘으로 스스로를 확립시키는 규정하기 힘든 어떤 욕망에 의해 표현되는, 상상력을 감추고 있음을 우리는 알게 된다. 이 힘 ― 욕망으로서의 상상력, 한마디로 의지로서의 상상력, 이것이 바슐라르가 역동적 상상력이라 부르는 것이다. … 역동적 상상력은 정확히 말하자면 의지력의 꿈이다. 그것은 꿈을 꾸는 의지력인 것이다.

물질적 상상력에서 역동적 상상력으로 나아가는 과정은 언어가 매개한다. 매개한다기보다 언어가 그 일련의 과정을 떠맡는다.

개념화와 추상화를 거쳐 이미지로 변화하지 않으면 상상력의 실체를 잡아낼 수 없다. 상상력은 증기蒸氣와 같아서 햇볕에 증발하고 기억 속에서 소멸한다. 언표화言表化된 상상력이 곧 문학적 상상력l'imagination littéraire이고, 상상력을 언어로 포집하는 작업이 글쓰기다.[4]

상상력의 미학은 언어의 공간에서 실현되며 글쓰기는 상상력을 언어적 행위로 전환하는 과정이다. 그리하여 글쓰기는 '존재의 전환'을 이뤄 내는, 신이 우리 인간에게 허락한 지극히 예술적인 행위인 것이다. 그렇다면 문학적 상상력 공간은 어떠한가? 그 속을 유영하는 언어는 어떤 의미를 싣고 있으며, 세속적 현실을 어떻게 표상하고 있는가? 그 언어들의 체계가 우리의 삶에 어떤 힘을 발휘하고 있는가?

3

문학적 상상력

'신神이 우리에게 허락했다'는 말은 행복과 불행, 희극과 비극의 이중적 의미를 갖는다. 신을 향한 무한한 여행을 가능하게 해준 반면, 그 여행은 결코 신에게 닿을 수 없는 운명이기 때문이다. 신의 얼굴을 보고자 하는 열망은 결국 헛된 꿈이다.

'비극의 탄생', 니체는 근대의 본질을 그렇게 정의했다. 신의 품에서 떨어져 나와 개인으로 홀로 서는 것이 근대라고 한다면, 개인은 자기 자신 외에 기댈 곳이 없다. 이성의 힘이 어디까지 작동할 수 있을까. 인간은 이성의 힘에 기대어 살아갈 수 있을까. 시시때때로 이성을 물리치고 솟구치는 감성의 세계를 내다 버릴 수도, 무시할 수도 없는데 행위에 미치는 감정의 동력을 어떻게 이해해야 하는가.

이성적 인간의 방황은 시원한 답을 주지 못하기에 결국 신을 찾는 내면의 외침을 들어야 한다. 이렇게 신과 다시 접속하려는 몸부림이 음악으로 먼저 터져 나왔다면 음악이야말로 가장 전형적인 비극의 형식이다. 문학이라고 다를까. 신으로의 여행, 신과의 접속을 향한 꿈의 환상을 좇는 것이 문학적 상상력이고, 좇는 궤적을 언표화하는 행위가 글쓰기다. 음악과 마찬가지로 문학은 '비극의 탄생'을 언어로 연주한다. 신의 얼굴을 볼 수 없더라도 상상력이 존재의 전환을, 창조적 변형을 선사하기를 기대하는 것이다. 바슐라르가 역동적 상상력에 희망을 걸었던 것처럼 말이다.

필자가 대학 시절을 보냈던 그 시대에는 오직 문학적 상상력만이 허용된 공간이었다. 그곳을 출입하는 데에 아무도 제지하지 않았고 자격증을 요구하지도 않았다. 1970년대 초반에 출범한 유신정권은 1970년대 중반을 가로질러 후반으로 치달았는데, 필자의 대학 시절은 그 한가운데에 놓여 있었다. 물리적 폭력이 경제 성장과 산업화 완수라는 대명제 앞에 정당화되던 시절, 문인들과 지식인들은 꽁꽁 얼어붙은 현실을 문학적 상상력으로 녹여 내려 하거나, 그것조차 불가능하면 아예 상상력의 공간으로 망명해 버리기 일쑤였다. 어두운 시대에 오직 문학과 예술만이 위태로운 불꽃을 켜고 있었다. 김춘수의 시처럼, "바다가 왼종일 / 새앙쥐 같은 눈을 뜨고" 있는 그런 회화적 이미지로 망명할 수밖에 다른 도리가 없었다.

그런 와중에서도 황석영, 이문구, 이문열, 이청준, 박태순, 조해일, 조세희, 서정인, 최인호와 같은 걸출한 작가들이 비유와 상징과 이미지를 주조해 시대의 모순을 때리고 항거했다. 문학적 상상력은 저항적, 비판적, 대안적 피안彼岸이었다. 그 피안을 향해 노젓는 일이 일상이었던 시절, 문학이 사회과학보다 더 전율적으로 청춘을 어루만졌던 것은 당연한 이치였다.

문학의 시대가 저물 무렵

필자의 대학 시절은 문학에서 시작해 문학으로 막을 내렸다. 그런 과정에서 문학적 상상력 공간은 자연스레 풍요해졌고, 그것을 실어 날랐던 언어가 다층적으로 쌓였다. 시대가 허용한 독학의 예기치 않은 선물이었다.

내 청춘을 점령했던 문학 훈련이 한국 지성사적으로 보면 '문학 쇠퇴의 시간'과 겹쳤다는 것은 일종의 아이러니다. 우리가 흔히 문사철文史哲의 시대라고 부르는 지성사적 시간대는 1970년대와 더불어 저물기 시작했다.

산업화와 경제 성장은 개발계획을 요청했고, 계획은 정확한 예측과 측정, 기계문명의 합리성과 계산성에 부응해야 했다. 공단을 건설하고 공장을 짓고 생산 설비를 설치하는 데에 문사철은 거추장스러울 뿐이었다. 기계 앞에 선 생산직 노동자에게 요하는 것은 정확하고 반복적인 동작인 반면, 문학과 예술적 기량은 불량률을 올리는 데에 더 유효하다. 물론 기능공에게 문학과 예술적 상상력은 어느 정도 필요한 자질이겠는데, 거대한 생산 설비의 기계적 효율성에 맞추는 능력에 더 높은 가격이 책정됐다.

이런 사정은 대학도 마찬가지였다. 문사철과 자연과학을 한 울타리 안에서 가족처럼 대했던 문리대文理大가 인문학과 사회과학, 자연과학으로 각각 분화됐고, 인문학마저 인문'과학'대학이란 간판을 달았다. 인문학이 과학임은 누구나 인정하는 바이지만, 기존의 인문학적 사유 공간에 과학적 방법과 인식론을 한층 강조하는 전반적 추세를 좇지 않으면 불량한 궤설이나 주관적 망상으로 낙인찍힐 위험이 증대했다. 대학이 교양인 내지 인문학도를 길러내기보다 전문가를 배양하는 시대로 접어들었던 것이다.

그런 상황을 인지하지 못한 것은 아니었지만, 필자는 능숙한 전문가보다 고뇌하는 교양인이 되기를 선택했다. 문학의 시대가 저물어 가는 시기에 그 끝자락을 붙들고 죽어 가는 사물과 현상에 생기를 불어넣는 사유 세계에 매달렸다고나 할까.

인문대학에는 필자와 비슷한 생각과 공상을 좇는 문우文友들이 몰려들었다. 상상력을 공유하는 집단, 혹은 망상을 좇아 언어 여행을 감행하는 집단이었다. 미래의 시인, 미래의 소설가, 그리고 판소리와 전통무용, 전통극을 가꿀 예술의 전사들이었다. 그들이 지금 한국 문단과 예술계에서 나름대로의 독자적 위상을 만들어 낸 만큼 그 시절의 모험이 무모했다고만 평가할 수 없다.

1970년대에는 무엇보다 문학작품과 전문 저널, 대중잡지가 독서계를 넓히고 있었다. 일부 대기업에서는 사보社報를 발행했다. 산업화가 본격적 궤도에 오르자 일반 독자들은 각 방면의 다양한 전문지식을 요구했고 출판계는 이런 수요에 빠르게 부응하고자 동분서주했다. 각 신문사와 출판사가 쏟아 낸 주간지는 대중적 취향의 저변을 넓혔다. 연예계 소식부터 패션, 요리, 꽃꽂이, 등산, 여행, 낚시 등 대중적 관심을 사로잡는 일상생활의 흥미와 취미가 글로 표현됐나. 요즘 TV를 수놓는 온갖 유형의 생활양식과 취향이 영상으로 나타나는 것과 유사하다고 할까.

문학은 이런 대중적 취향의 정점에 놓인 예술 영역이었다. 일간신문의 연재소설이 인기를 끌었다. 신문사는 인기 작가를 섭외하느라 정신이 없었다. 연재소설이 신문 판매 부수를 좌우할 정도로 대중적 관심을 사로잡았기 때문이다. 1950년대 정비석의《자유부인》이 개척한 독서계의 판로를 더욱 확대하려고 1970년대 신문과 잡지가 서로 치열한 경쟁을 벌였다. 출판사는 문학전집의 시대를 열었다. 식민 시대로부터 전쟁을 거쳐 1960년대까지 대부분 작가들의 작품이 집대성되고 전집 형태를 갖췄다. 도시 중산층 가정의 거실에는 전집류가 일종의 장식품이 되어 진열되기 시작했다.

문학 서적의 열기가 서점가를 점령했다. 1950년대 창간된 〈현대문학〉을 필두로, 〈창작과비평〉, 〈문학과지성〉, 〈심상〉, 〈세계의 문학〉 등 문학 전문지들의 전성시대가 열렸다. 이들 전문지들은 문학 신인을 발굴하고, 기성작가들의 중요 작품을 게재하고, 작가들의 시대적 목소리를 대변하는, 어찌 보면 사회비평의 유일한 통로였다.

이런 시대적 풍토에서 사회학과에 적을 둔 필자는 〈대학신문〉 기자를 자원했다. 사회의 시대적 조류를 접하고 사회비평의 은밀한 숨결을 느끼고 결국 나의 목소리를 내고 싶었던 필자의 시선에 잡혔던 것이 〈대학신문〉이었다. 원고 청탁을 구실로 혹은 기획 기사를 준비하면서 많은 작가들을 만날 수 있었다.

이어령 선생을 만난 것도 그때였다. 〈조선일보〉 연재 에세이 《흙 속에 저 바람 속에》와 소설 《장군의 수염》을 쓴 작가 정도로만 알고 있었던 나의 무지 탓에, 선생의 찬란한 언변과 끝없이 이어지는 연상 작용에 속수무책이었던 좌담을 기억한다. 녹취록을 작성하던 필자는 좌담에 참석한 다른 세 분의 목소리가 전혀 없다는 사실에 좌절하고 감탄했다.

작가들은 데드라인을 못 지키는 습관이 있음도 그때 알았다. 원고 마감일까지 구상이 끝나지 않았다는 사실을 당시에는 이해할 수 없었기에 무작정 집에 찾아가 눌러앉기를 반복했다.

당시 독산동에 살았던 황석영은 툇마루에 앉아 무작정 기다리던 필자에게 원고를 넘겨주면서 근성이 있다고 칭찬을 아끼지 않았다. 근성이 아니라 그 원고를 제일 먼저 읽는 최초 독자이기를 갈망한 탓이었음을 작가가 알 리 없었다.

강남구청 부근 해청아파트에 거주했던 김승옥은 늦은 밤 원고를 들고 나오면서 미안하다는 말을 연발했다. 사실 필자는 그때 김승옥의 부인이 내준 음식을 아껴 먹으면서 얘기에 열중했던 탓에 작가가 원고를 끝내지 않아도 좋다고 생각하던 터였다. 〈4·19와 나〉라는 제목의 단편소설이었던 것으로 기억한다. 돌아오는 버스 안에서 그 원고를 읽어 내려갔던 필자는 〈무진기행〉과 같은 또 하나의 걸작이 탄생할 것을 내심 기대하고 있었다.

〈대학신문〉 자문위원 김현 교수는 학생 기자였던 나를 반포치킨에 자주 데리고 갔다. 〈문학과지성〉 편집위원이자 문학평론가로 부지런하기 소문났던 김현 교수는 술 마시는 일에도 빠지지 않았다. 주로 작가들을 만나는 자리였는데 대학생인 내가 할 일은 없었다. 그저 맥주를 마시고 치킨을 뜯는 일, 그리고 김 교수와 작가들이 나누는 얘기를 귀담아듣는 것이 좋았을 뿐이었다. 시인이자 연세대 교수인 정현종이 치킨을 그렇게 좋아하는 줄은 처음 알았다. 김광규 시인도 그랬다. 치킨을 먹는 시인이라니…. 도무지 내 상상 속에는 어울리지 않았지만 말이다.

담화 자리가 늦어지면 나는 김현 교수 서재에서 잤다. 하릴없이 쫓아다니는 대학생에게 그의 소중한 서재를 덜컥 내주는 교수가 만형처럼 느껴졌다. 문학 서적과 프랑스어 원서가 빽빽이 둘러친 그의 서재에서 잠은 의외로 잘 왔다.

소중한 문학 훈련이었다. 시대의 작가들이 고뇌하는 모습을 얼핏 엿볼 수 있었다. 그 속에 '이상적 자아'가 '못난 주체'를 질책하며 위로하는 풍경과 그 고뇌를 넘어서는 문학적 문법을 발견하는 것이 나의 주된 관심이었다.

영혼과 형식

그러한 관심이 철학적 논고에 녹아든 작품이 있다. 루카치G. Lukács (1885~1971)의 《영혼과 형식》이다. 이른바 유럽의 '1914년 세대'에 속하는 사상가로서 루카치만큼 주목받은 사람도 드물다. 일련의 청년 사상가들은 20세기 초 유럽의 쇠락이 19세기 후반의 실증주의에서 비롯됐다고 진단했다. 그리하여 경박한 실증주의를 버린 빈자리에 역사의 절대성을 상정하고 그것을 현실 세계에 실현해 내려는 관념론을 새롭게 구축함으로써 유럽 문명을 구제하고자 했다.

헤겔로부터 출발한 이 관념론은 현실 세계를 플라톤적 이데아로 나아가는 미완의 과정으로 보고 인간의 궁극적 가치 실현의 등대로서 절대적 진리를 상정했다. 이데아의 강림이야말로 피폐해진 유럽 문명을 구제할 수 있는 유일한 길이라 믿었다. '영혼과 형식'이라는 제목에서 유추할 수 있듯이, 정신의 길잡이로서 영혼은 세상의 구체적 형식을 결정한다는 것이다.

그는 젊은 나이에 《영혼과 형식》(1910), 《소설의 이론》(1916)을 연달아 발표하고 이후 사회주의 혁명의 당위성을 설파한 《역사와 계급의식》(1923)을 출간해 지성계의 이목을 집중시켰다. 초기 저작들은 관념론이 지향하는 절대성의 미학적 사유로 가득 차 있기에 매우 정교하지만 난해하기 짝이 없고, 상징과 이미지의 공간에서 유영하느라 논리적 비약이 두드러지는 문맥들이 자주 발견된다.

청년 시절 필자는 이 책을 이해하려고 무진 애를 썼지만 거의 독해가 난망해 좌절감을 금치 못했던 기억이 있다. 50년이 지난 오늘날에도 사정은 비슷하지만, 그가 왜 이 문제에 집착하면서 글쓰기 행위의 의미를 파고들었는지는 짐작이 간다.

바슐라르는 주체와 자아의 이분법에 근거한 이원론자이지만, 루카치는 처음부터 주체와 자아의 합일을 지향했다. 주체가 이상적 자아의 지시를 받아 절대성의 영역으로 옮아가는 궤적을 그린 것이 문학이고 예술이다. 바슐라르는 역동적 상상력이 주체의 변형 혹은 존재의 구원에 '관여한다'는 논리로 이원론의 분리 상태, 평행 상태를 해결하고자 했다. 루카치는 이데아(영혼)를 좇는 인간의 상상력이 예술을 낳고, 상상력의 유형에 따라 예술의 형식이 결정된다고 보는 논리적 구성으로 일원론 내지 합일론을 구축하려 했다.

소설은 이데아를 잃어버린, 결코 되찾을 수 없는 근대인의 운명적 형식이다. 그 운명을 뚫고 이데아로의 여행을 시도해야 한다는 것. "별이 총총한 하늘이 갈 수 있고 또 가야만 하는 길들의 지도

인 시대, 별빛이 그 길들을 훤히 밝혀주는 시대는 복되도다"[1]라는 유명한 구절로 시작하는 《소설의 이론》은 역사의 총체성totality에서 분리해 나온 근대인의 운명을 빗댄 문장이다. 총체성이란 궁극과 현실이, 이데아와 세속이, 본질과 현상이 합일된 상태라고 볼 수 있다. 불교의 수양을 통한 성불成佛 개념이 이와 유사하다.

루카치의 정신적 기원은 헤겔이다. "국가는 역사 이성의 구현체다"로 시작하는 헤겔의 《역사철학 강의》는 '인간의 역사는 총체성을 향한 운동'이라는 흔들리지 않은 가정에 기초하고 있다. 이 명제를 1920년대 유럽의 혁명운동에 적용한 것이 《역사와 계급의식》이다. 매우 사회과학적인 분위기를 풍기는 이 저술은 사실상 관념론을 역사 발전, 특히 유물론적 계급관에 미학적으로 적용해 보려는 시도였다. "프롤레타리아 계급의식이 역사의 절대성을 실현한다"는 마르크스적 명제의 관념론적, 미학적 증명이다.

마르크스가 《경제 철학 수고》(1844)에서 헤겔의 관념론 비판을 통해 실증주의로의 전환을 꾀했다면, 루카치는 그런 마르크스를 다시 헤겔의 사유체계로 끌어들여 정신과학의 출발점을 만들려 했다. 《영혼과 형식》은 이런 일련의 저작을 가능하게 만든 미학적 체계의 출발점이다.

바슐라르와 달리 루카치는 애초부터 일원론을 택함으로써 합일 상태로 나아가는 길에 놓인 모든 장애물을 처음부터 제거한다.

영혼은 곧 형식이다, 또는 영혼은 형식에서 구현된다는 선험적 가정이 그것이다. 관념론의 특성을 눈치챈 독자는 금시 이런 논리 구성을 알아차릴 것이다. 형식이 바로 영혼에 닿고자 하는 투혼의 과정이 문학이며, 문학과 글쓰기는 따라서 영혼을 담지한 행위이거나 결과물이라는 사실을.

이해를 돕기 위해 약간의 부연 설명이 필요하다. 인간의 생명은 '삶'과 '살아감'으로 구성된다. '삶'은 보편적 본질에 관여하는 개념, '살아감'은 구체적 현실, 즉 현상의 바다를 떠도는 개념이다. 삶과 살아감이라는 이중성에서 인간은 삶의 보편성을 지배하는 이데아를 좇는 한편, 현실적 세계에서 고통받는 살아감을 동시에 체험한다. 보편적 영역의 삶과 특수한 영역의 살아감이 분리된 이후 인간은 행복의 근원을 체득할 수 없다. 별빛이 그들의 길을 훤히 밝혀 주던 시대, 별빛을 따라가기만 하면 행복했던 그 시대의 합일 상태는 실증주의적 사유로서는 영원히 불가능하다고 판단한 것이다. 실증주의적, 과학주의적 사고는 '이미지'로서의 이데아와 '의미'로서의 주체를 분리시켜 대립항을 만들어 놓았기 때문이다.

이 지점에서 바슐라르는 역동적 상상력으로서의 시적 이미지가 현실적 자아에 창조적으로 작용함으로써 '존재의 전환'을 이루게 된다는 해답을 내놓았다. 존재의 전환 역시 관념적이고 난해한 개념이다. 그것을 존재가 새로운 지평을 획득한다고 말해도 그렇다. 루카치는 처음부터 양자의 합일 상태에서 시작했다.

바슐라르는 인간 내면의 '울림'을 통해 전환이 이뤄진다고 했다. 문학적 상상력이 마치 전류처럼 울림을 생성하고 현실 존재는 그 울림에 감전된 듯한 상태, 즉 일종의 해탈을 경험한다는 뜻이다. 그렇다면 루카치의 경우, 현실의 구체성이 보편성 영역으로 승화되는 길, 구체성이 보편성의 축복을 받아 합일의 별빛을 쏟아내는 상태는 어떻게 가능한가?

뾰족한 답은 그의 난해한 문장 속에서 쉽사리 발견되지 않는다. 다만, 삶과 살아감의 이원적 분리에 대한 인식을 부정할 뿐이다. 인간의 보편성과 구체성은 서로 구분되는 성격의 것이 아니라 동시에 느끼거나 체험하는 감성과 지성의 혼합적 영역에서 발현된다 따라서 인간의 생이란 "영혼적 사건과 삶의 원동력으로서의 적나라하고 순수한 성격을 띤 세계관"의 동시적 체험이다. 바슐라르가 분리한 이데아와 주체를 루카치는 처음부터 혼합된 상태로 보고 영혼의 지시를 듣는 것에 주목했다. 여기서 글쓰기는 영혼(이데아)의 지시를 표현하고 담아내는 행위이고 문학은 그 구체적 형식으로서 의미를 갖는다. 그래서 다음과 같은 언명이 가능해진다.[2]

> 무릇 글쓰기 행위는 세계를 어떤 운명적 관계의 상징 속에서 표현한다. 운명의 문제가 어디서나 형식의 문제를 결정하는 것이다. … 문학은 운명으로부터 자신의 프로필과 형식을 획득하게 되고 또 형식은 언제나 운명으로만 나타난다. … 즉 운명은 사물들의 세계로부터 사물들을 끄집어 올려서, 그중에서도 중요한 사물들을 강조하고 비본질적인 것들을 사상해 버린다.

운명과 형식이 하나이고, 하나의 근원을 갖는다는 루카치의 역설에서 문학이 다음과 같이 정의되는 것은 자연스럽다.[3]

> 문학은 인간과 운명 및 세계 사이의 궁극적 상관관계를 나타내고 또 문학은 그러한 상관관계를 어떻게 생각하느냐 하는 태도로부터(그것의 근원을 잘 알지 못하면서도) 생겨나고 있음이 분명하다.

문학이 운명과 세계의 상관관계로부터 생겨난다는 사실, 문학이 삶의 보편성과 살아감의 구체성을 분간하고 다시 결합해 낸다는 사실, 나아가서 이미지와 의미, 영혼과 형식의 합일을 구현한다는 사실에 젊은 시절 필자는 환호했다. 문학은 위대한 행위였던 것이다. 문학은 영혼과 형식의 합일 속에 유영하는 자유로운 행위였다.

바슐라르와 루카치의 이런 미묘한 차이는 어찌 보면 프랑스와 독일을 구분하는 지성사적 전통만큼이나 크다. 프랑스의 실증주의와 과학주의는 독일의 역사적, 이상주의적 전통과 영원한 대립항이다. 프랑스에 실증주의의 시조 오귀스트 콩트A. Comte가 있다면 독일엔 헤겔이 있고, 국가권력을 부정하는 무정부주의가 프랑스 것이라면 독일에서는 국가를 절대화하는 관념론이 화려하게 펼쳐졌으며, 19세기 후반 에밀 뒤르켐E. Durkheim이 실증 연구를 쌓아 올리는 동안 독일에서는 딜타이W. Dilthey가 삶의 체험을 근거로 한 해석학과 정신과학의 탑을 쌓았다. 이런 정신적 차이가 사회과학에서 서로 다른 계통을 만들어 냈는데, 문학과 예술에서야 말할 것도 없다.

〈문학과지성〉의 동인 중 김현과 김주연의 사유체계가 다른 것도 그런 까닭이다. 두 사람은 문학의 본질과 글쓰기의 의미를 두고 자주 논쟁을 벌였는데 바슐라르식 전통에 매혹된 불문학자 김현과 노발리스적 낭만주의와 이상주의적 전통을 수용했지만 약간의 거리를 둔 독문학자 김주연 사이에는 건널 수 없는 강이 흘렀다. 토마스 만T. Mann의 작품 세계에서 보듯이 독문학은 신비와 파멸의 존재 데몬demon(귀신)을 좇는 행위인 반면, 불문학에는 데몬이 없다. 존재의 전환은 이미지와 상징의 세계를 스스로 만들어 냄으로써 가능하다.

그렇다면 문학은 구원의 기능을 내장하고 있는가? 문학은 현실을 구제할 수 있는가? 김현과 김주연은 가능하다는 데에 합의했지만 그 합의의 내부 구조는 다르다. 김현은 바슐라르처럼 역동적 이미지를 창조하는 문학의 힘, 즉 현실의 자신을 초월하는 힘을 믿었고, 김주연은 초월 자체가 아니라 초월을 좇는 행위로 한정했다. 사소한 것처럼 보이지만, 이런 세계관의 차이는 평생 문학하는 업業의 차별적 무늬로 나타난다. 동인 활동을 회고하는 글에서 김주연은 그 차이를 이렇게 설명했다.[4]

> 문학이 정말 온전한 구원 그 자체를 구현할 수 있는가? 이 명제는 오랫동안 나를 간단없이 괴롭혀 왔다. … 나는 작고한 김현과 이 문제를 둘러싸고 심각한 토론을 여러 번 벌이기도 했다. 상징주의, 심리주의, 모더니즘을 그 비평의 기조로 삼고 있는 그는, 문학이 그 역할을 충분히 감당할 수 있다고 믿는, 이를테면 좋은 의미의 문학주의자였다. 그는 문학, 곧 초월이라고 주장하였다. 그러나 나는 문학의 초월은 정서적 초월이라는 한계 이쪽의 것이며, 참된 초월은 종교적 초월을 포함하는 정신 경험을 껴안을 때 가능하다고 말했다. 나의 주장은 문학 자체가 초월이 아니라, 초월을 향해야 한다는 것이었다.

그래서인지 루카치가 설파한 관념론의 매혹은 나에게 오래가지 못했다. '계급의식이 곧 역사'라는 루카치의 명제는 마르크시즘에 경도된 당시의 학생 운동권에게는 생명수였지만, 그의 미학이 현실의 난망한 실타래를 과연 풀어 줄 것인지에 필자는 의문을 품게 되었다. 현실의 공격은 비장肥壯하고 냉혹한데 골방에서 별빛의 축복만을 기다릴 수는 없는 노릇 아닌가. 그런 까닭에 영혼과 형식의 합일이 문학작품에서는 어떻게 표출되는지 궁금해졌다. 문학 자체가 초월이라면 그걸 어떻게 체험할 수 있으며, 문학이 초월을 향해 가는 무한한 여행이라면 그걸 어떻게 신념화할 수 있는가?

달리 표현하면, 우리의 세속적 현실을 주조하는 사회는, 사회구조는 문학적 상상력에 의해 어떻게 변형되어 그 모순을 드러내는지, 모순의 형식은 어떻게 치유되는지의 문제로 젊은 시절 필자의 관심이 이동했다. 필자는 그런 편에서 사회학도였다. 소설과 시 창작 행위로 세상을 구제하려는 인문학도와는 다소 달랐다. 문학작품 속에 구현된 문학적 상상력이 어떻게 사회구조에 변혁을 가하는 역동적 힘으로 작용하는지, 과연 그러한지가 궁금했다.

다음 장에 나오는 "문학적 상상력의 사회학적 구조"는 필자의 그런 질문이 낳은 인생 최초의 평론이었다. 말하자면, 시와 소설 창작에서 비평으로 관심이 옮겨 가고 있었던 거다.

4

문학적 상상력의 사회학적 구조

문학적 상상력이 현실 세계에 웅크린 누추한 존재의 희망적 변형에 모종의 신비로운 영향력을 행사한다는 사실은 얼핏 이해 가능했다. 문학 그 자체가 초월이든, 초월을 향한 여행이든, 인생을 걸고 도전할 만한 가치가 있는 영역임은 분명한데 문학적 상상력이 '현실의 나'를 어떻게 드러내 보이고, 어떻게 이데아의 세계로 데리고 가는지가 못내 궁금했다. 사실 이데아 자체도 그 모습을 그려내기가 벅찼다고 해야 할 것이다.

인간 본연의 세계? 목가적이고 자유롭고 평화로우며 서로에게 인간애를 보여 주는 세계? 나 자신을 억압하는 내적, 외적 압력과 규제와 결핍이 말끔히 걷힌 세계? 그런 세계가 가능하다면 문학과 예술, 종교와 주술은 존재하지도 않는다. 그런 갈등과 외압이 현실의 나를 옥죄기에 문학이라는 이탈, 상승, 승화의 창구가 만들어진 것이다.

그렇다면 글쓰기란 도대체 작가에게 어떤 사유의 지평을 열어주는가? 그것은 해방을 향한 몸부림인가, 주체 확인인가, 혹은 주체를 이탈한 자아가 먼 곳에서 지시하는 내용을 받아 적는 일인가? 더 나아가 글쓰기는 갑갑한 현실의 벽을 무너뜨리는 힘을 내장하고는 있는가?

이런 질문들은 문학적이라기보다 사회학적이다. 정확히 말하면 '문학사회학적'이다. 문학적 상상력의 내부 구조를 들여다보고 싶은 필자의 욕망에 사회학적 시선을 대입했으니까 말이다. 어차피 작가는 자신의 경험을 바탕으로 상상력을 키워 나간다고 한다면, 그 상상력은 작가가 속한 사회구조의 어떤 단면을 반영하고 있음에 틀림없다. 그 구조에서 태어난 상상력은 그곳을 뒤틀거나 굴절시키는 힘을 제조하고 있는 셈이다. 이 과정을 분석해 보면 문학적 상상력이 구원의 가능성을 생산하고 있는지, 어떻게 그것을 가능하게 하는지를 파악할 수 있다는 생각에 미쳤다.

앞에서 언급했듯 1970년대는 문학의 주도성이 사회과학으로 교체되는 시기였기에 문학은 이제 그 마지막 절정을 향해 줄달음치고 있었다. 탄생 초기에 놓여 있던 사회과학은 다소 유치한 논리와 논쟁을 생산하던 반면, 성숙의 단계로 접어든 문학은 일반 독자뿐 아니라 대학에도 그 광범위하고 매혹적인 영향력을 행사했다.

필자는 외국산 냄새가 풀풀 나는 사회과학을 외면한 채 1970년대 문학, 특히 소설 작품을 두루 섭렵했다. 그 작품 속에 시대를 구제하는 신약神藥과 좌절한 청춘을 일으켜 세우는 묘약妙藥이 들어 있으리란 기대를 동시에 품었다. 그러면서 수많은 작가와 작품을 탐독하고 그것의 의미를 1970년대 사회 속에 던져 넣었다. 문학적 상상력이 구원의 힘을 내장한다면 저 끓는 용광로에서도 의미있는 메시지를 보내 줄 것이라 믿었다. 그래서 '문학적 상상력'에 '사회학적 구조'라는 분석적 개념을 덧댄 언저리를 헤매 다녔다.

지금 생각해 보면 무모하기 짝이 없는 시도였는데, 아무튼 끝장을 보겠다는 끈기는 치열했다. 마치 청춘이 그러했던 것처럼. '왜 쓰는가?'로 시작하는 최초의 평론, 필자로 하여금 문학 창작에서 사회비평, 사회비평에서 사회학으로 이동하도록 만든 다소 논리 비약적인 평론을 소개하고자 한다. 사실 이 글은 1978년 봄 서울대 대학문학상 당선작이다. 어찌 보면 필자의 인생에 대해 글쓰기가 품는 의미를 탐색한 글이었는데, 글쓰기를 평생의 업으로 만든 계기이기도 했다.[1] 당시 필자의 문학에 대한 열정과 문제의식, 그리고 글쓰기에 대한 의미망을 그대로 드러낸다.

47년이 훌쩍 지난 지금에도 '왜 쓰는가?'에 대한 답이 그다지 분명하지 않다는 점에서 스스로에게 실망한다. 그럼에도 글쓰기란 무엇인가, 왜 써야 하는가, 어떻게 쓸 것인가를 삶을 다 보낸 이즈음에 다시 한번 돌아보는 것이 좋겠다는 판단에서 이 글을 소개한다. 무엇보다 필자의 글쓰기 삶에 변곡점을 만들었던 글이다. 〈대학신문〉에 게재됐던 원본에 현재의 의미맥락에 맞춰 소소한 수정을 가했다. 자, 1978년의 그 글로 돌아가 보자.

* * *

왜 쓰는가

> 왜 쓰는가 — 글은 왜 쓰는가. 작가는 무엇 때문에 소설이라는 것을 쓰고 또 써야 하는가. 작가의 소설은 어떤 동기와 욕망과 충동의 힘에 의해 씌어지며 그것은 또 누구를 위해 어떤 목적에서 씌어지는가.
>
> — 이청준, 《언어사회학서설 3》

사랑과 자유라는 추상적 실체의 구현을 소록도에서 실험한 이청준은 《언어사회학서설》 연작을 통해 글 쓰는 행위의 사회심리학을 자서전체로 드러내 보이고 있다. "나의 말은 나의 말이 아니며 나의 웃음은 나의 웃음이 아닌 이 우스운 노릇"이란, 소설을 생산해 내는 작가가 어느 새벽에 그의 열정적 작업에서 깨어날 때 부딪히고야 말 허무와 같은 것이다.

이청준에게 '우스운 노릇'의 해결은 비교적 개인주의적 욕망의 수준에서 이루어지고 있는 듯이 보인다. 그러나 사회학자들은 일반적으로 개인적 차원의 답변을 참아 내지 못하고 기어이 사회와의 관계를 규명하려 하는 기질을 갖고 있다. 《언어사회학서설 3》에서 제기한 이 질문은 사회학자들의 지평에선 소설이라는 구체적 산물을 떠나서 그것을 가능케 하는 문학적 상상력의 정체에 대한 성찰로 보인다. 즉, 문학적 상상력이란 무엇이며, 무엇 때문이며, 무엇일 수 있는가라는 근원적 물음 말이다.

문학적 창조 작업에는 상이한 두 가지 측면이 동시에 작용한다. 한 작품의 개인적 욕구와 관련된 '욕망'과 그것이 갖는 변혁의 '가치관'이 그것이다. 문학작품은 이 두 요소의 관계적 산물이기 때문에 그중 어느 하나가 약화되거나 제거되어 버린 작품은 문학이기를 그치고 개인적 푸념(혹은 독백)이나 선동적 전문傳文으로 화한다. 문학의 개인적, 사회적 관계구조를 밝히는 것이 문학사회학(혹은 소설사회학)이다. 그래서 문학은 프랑스의 사회학자 뒤르켐이 말하는 '사회적 사실'을 넘어선다. 사회적 사실이란 원인과 기능을 갖는 실체이자 사회적 관계를 형성하는 구성 요소라고 한다면, 문학(특히 소설)은 개인의 자서전이며 동시에 사회의 연대기年代記이기 때문이다. 이러한 점에서 문학은 인간의 욕망과 가치관 분석에서 다른 사회학적 대상보다 훨씬 풍요로운 소재다.

사회학이 '부정의 정신'으로 가득 차 있다는 의미에서 문학은 사회학과 가장 친근한 동료다. 사실상 문학은 (다른 모든 예술 분야를 포함해서) 사회의 갈등과 모순을 제시하는 예리한 문제의식의 소산이다. 그것만으로 모든 문학 형태는 문학다울 수 있다. "역사의 진보에 바치는 예술가의 봉사란 그가 개인적으로 무엇을 확신하고 어디에 동조하느냐에 있다기보다 오히려 그가 사회적 현실의 문제와 모순을 얼마나 힘차게 제시하느냐에 있다"는 지성사가 아르놀트 하우저의 지적처럼, 개인과 사회의 정신적 좌절과 고통을 극명하게 드러내 주는 한 어떤 작품도 문학적 요건을 충족할 수도 있다.[2]

그런데 평론은 문학이 제시하는 문제의식에 기생하는 것처럼 보인다. 작가가 제시하는 갈등과 모순의 구조를 세련된 지식으로 재구성하여 더욱 선명하게 드러내 보이는 작업이 평론의 주요 임무인 것처럼 말이다. 지식을 대입하는 과정에서 평론은 작품이 갖는 문학적 상상력을 약화하거나 왜곡할 위험이 있다. 문학적 상상력을 소홀히 다루거나 왜곡하는 평론은 문학작품을 마치 이 사회와 역사가 거짓과 좌절투성이의 욕망에 사로잡혀 있다는 도식적 환상과 결부시키기 일쑤다. 문단에서 활발하게 제기된 참여문학과 순수문학 논쟁이 그럴지 모른다. 문학적 상상력이 제거되면 전자는 '돼먹지 않은 참여'로, 후자는 '사랑 타령뿐인 순수'라는 경멸적 이분법으로 수렴될 뿐이다.

작품 해석에서 문학 외적 요소의 도입은 문학이 역사의 진보에 미치는 역동적 힘을 모색하기 위함이다. 그런데 외적 요소와의 연관에서 의도적 왜곡이 발생할 위험이 있다. 문학적 상상력은 거대한 알레고리의 세계다. 현실 세계의 부정에서 발생한 문학적 상상력은 부정의 주체에 동적 에너지를 주어 주체의 '구원'을 가능케 한다는 점에서 사회학적 상상력과 차별적이다. 부정의 주체는 작가이며, 객체는 현실 세계이거나 삶의 본질에 대한 것이다.

문학적 상상력은 사회적 공간에서 객관적이고 보편적인 가치를 획득할 수도 있고 그렇지 않을 수도 있다. 객관적, 보편적 가치란 문학이 지향하는 세계의 실현적 의미이며, 궁극적으로 인간성의 해방과 삶의 자유에 대한 것이다. 사회적 공간에 구체적 형태인 작품을 산출해 놓은 문학적 상상력은 다시 작가에게로 돌아와 새로운 부정의 길을 모색하게 된다. 문학적 상상력의 이러한 순환 과정에서 사회학적 상상력이 어떤 관련을 맺고 있는지를 밝혀 보는 것은 문학의 유용성과 한계를 인식하는 데 도움이 될 것이다.

"왜 쓰는가."

이청준의 자문自問은 글 쓰는 작가들이 항시적으로 부딪는 어려운 문제다. 작가는 무엇 때문에 소설이라는 것을 쓰고 또 써야 하는가. 문학적 상상력의 사회학적 구조 분석이 그 초월적 의미를 다소나마 조명해 줄 것으로 기대한다.

부정의 정신

> 바깥 세계에 대한 복수심이나 그 현실의 질서를 자기식으로 뒤바꿔 놓고 싶은 욕망이란, 보다 더 문학적 발상법으로 말하자면 그것은 결국 그가 꿈꾸고 모색해 낸 새로운 질서로 그 세계를 지배하고 싶은 욕망에 다름 아닌 것입니다. … 또 그러한 지배에의 꿈으로 하여 현실의 풍속에서 패배하고 돌아온 작가 자신의 삶도 위로를 받고 구원을 받을 수가 있게 되는 것입니다.
>
> — 이청준, 《언어사회학서설 3》

문학적 상상력은 부정의 정신에서 태어난다고 했다. 부정의 정신이란 억압으로부터의 해방을 지향한다. 계몽주의자들이 자연상태라는 개념을 상정한 이유는 문명이라는 억압으로부터 해방

되기 위한 것이었다. 그들의 자연인 개념은 현실 세계에서는 발견되지 않는 환상, 즉 문학적 상상력의 소산이었다. 그들의 머리는 목가적인 구름 위에 있었고, 그들의 몸은 '만인에 대한 만인의 투쟁 무대'인 현실 사회에 있었다. 부정의 대상은 달랐다. 계몽주의자들의 부정의 대상은 세속적 탐욕이 서로 부딪는 현실 사회였던 반면, 낭만주의에 있어서 부정의 대상은 시들어 가는 생의 관념이었다.

노발리스의 《푸른 꽃》은 생의 관념을 감정의 하늘로 고양시키는 역할을 하였다. 그들의 '낭만화'란 사실적 감정을 부정하고 평범한 것에 비범한 품위를, 죽어 가는 사물에 생명을 불어넣어 주는 감정의 혁명을 가리켰다. 계몽주의와 낭만주의가 대상으로 한 부정의 정신은 문학적 상상력의 두 측면을 구성하고 있는 것처럼 보인다. 즉 구체적, 현실적 세계와 추상적, 보편적, 이상적 세계가 그것이다.

바슐라르가 〈상상력의 미학〉에서 분석하고 있는 것은 이미지의 생성과 함께 '존재'가 불타오르는 세계다. 고흐의 농부의 신발靴, 틴토레토가 그린 골고다 언덕의 하늘은, 농부의 모든 존재가 드러나 보이거나 본질적 고통이 노란색으로 현현되는, 말하자면 문학적 상상력의 회화적 이미지다. 그것은 시詩에서 잘 나타난다.

김춘수의 〈처용단장處容斷章〉에 나오는 회화적 이미지는 정신적으로 순수한 몽상에 의해 창조되며 궁극적으로 존재를 생성하는 동력이다. 그의 유년 시절의 기억은 '바다', '산다화', '군함', '개동백', '팔다리가 뽑힌 게', '탱자나무' 등으로 구체화되는데, 이러한 이미지들은 그의 시 속에서 일련의 은밀한 의미망을 구성한다. "바다가 왼종일 / 새앙쥐 같은 눈을 뜨고" 있거나, "산유화의 보얀 목덜미를 적시고" 있고, "숭어 새끼를 한 마리 잠재우고" 있다.

이런 경우 문학적 상상력은 회화적 이미지와의 화합을 통해 실재적 힘으로 나타나게 된다. 유년기의 기억이라는 일정한 대상에서 유래한 이미지는 상상력에 의해 현재화되어(바슐라르의 '물질적 상상력') 시인의 존재를 새로운 차원에서 생성한다('역동적 상상력'). 시적 이미지로서의 문학적 상상력은 시인의 모든 존재를 참여시켜 새로운 존재를 만들어 내는 것이다.

한편, 부정의 정신으로서의 문학적 상상력은 대체로 소설 형태를 구성한다. 소설에서 부정은 진정한 세계를 이루려는 욕망이다. 그 욕망은 실현 가능하다는 전망을 전제로 한다. 만약 진정한 세계와 현실 세계와의 간극이 절대적이라면 소설의 형태는 비극이나 서사시로 귀착되고, 그 간극이 없거나 우연적이라면 설화로 귀결될 것이다. 현실 세계가 거짓 세계라는 인식은 진정한 세계에 대한 모색에 다름 아니다. 김승옥 〈무진기행〉의 배경에 깔린 '안개'가 1960년대의 문학 의식이 헤쳐 나오려 했던 허무의 문학적 변형이었던 것처럼 말이다. "무책임을 긍정하지" 않으면 안 되었던 혁명 후에 오는 허무감은 1960년대의 거짓 세계를 싸고 있는 막이다.

> 한 번만, 마지막으로 한 번만 이 무진을, 안개를, 외롭게 미쳐 가는 것을, 유행가를, 술집여자의 자살을, 배반을, 무책임을 긍정하기로 하자. 마지막으로 한 번만이다.
>
> — 김승옥, 〈무진기행〉

무책임을 부정하는 힘은 어디서 나오는가. 이청준이 심한 '쑥스러움'을 느끼는 세계, 조해일이 세련된 기능인에게서 아름다움을 느끼는 그런 세계다. 현실의 저편에 아련하게 있다. 소설사회학자 뤼시앵 골드만L. Goldmann은 부정을 통해 다른 세계로 넘어가려는 욕망의 산물로서 소설을 정의한다. 그에게 소설은 "타락한 세계에서 타락한 방법으로 진정한 가치를 추구하는 이야기"다.[3] 대개의 경우 작품에서 진정한 가치는 표출되지 않고 숨어 있다. 소설의 구조는 타락한 세계와 타락한 방법이 진정한 가치가 숨어 있는 길을 좇는 양상으로 이뤄진다.

예를 들면, 박태순의 소설에서 드러나는 것은 자본주의 사회의 근대화 과정에서 소외된 집단(대개 빈민촌)과 그 구성원이다. 〈벌거숭이산의 하룻밤〉에서 주인공 이만술이 표현하는 세상은 이렇다.

> 우린 이 세상의 주인으로 여기에 사는 게 아니고 지금도 여전히 객쩍은 나그네로 떠돌고 있는 것이거든. 그러니 이 세상을 내 몫으로 붙잡아 보려구 한다는 게 지금도 여전히 역천逆天의 짓이 아닌가 생각된단 말이야.
>
> — 박태순, 〈벌거숭이산의 하룻밤〉

객쩍은 나그네로 떠돌며 사는 것은 피동적으로 살아짐을 당하는 것인데 좌절을 시키는 주체는 '사회구조'다. 사회를 스스로의 삶 속에 용해시켜 능동적 삶을 영위하는 것이 진정한 세계라는 의식은 구자광과 이만술의 경험담, 대학생인 박유채의 사고의 궤적에서 은밀하게 드러난다. 그러나 그것은 표출되어 나타나는 것이 아니고 작가가 세 남자를 통해 사회를 빈정거림으로 해서 소설의 배경에 깔린다.

사회를 빈정거림은 주인공의 '타락한 방법'의 표출이다. 마찬가지로 〈실금失禁〉의 주인공 이경택은 자기가 타고 다니는 식품 판매 트럭에 소변을 봄으로써, "마침 회사로 들어오던 사장이 그 꼬라지를 보고 눈살을 찌푸렸지만", 그러나 그는 아주 '시원함'을 느끼는 것이다. 방뇨 행위는 회사로 비유된 타락한 사회를 빈정대는 표현이다. 즉, "따져 보면 모든 게 잘못투성이인" 타락한 세계에서 일부러 무능한이 되고자 했던 타락한 방법으로 "뿌옇게 스모고가 끼어드는 오리무중의 삶"을 모색하는 이야기가 소설이다.

이렇게 보면, 문학적 상상력은 현실 세계를 부정하고 진정한 가치를 추구하는 의식의 힘이다. 사회가 개인을 끊임없이 억압하고 좌절시키기 때문에 문학적 상상력은 사회를 용해하는 새로운 질서를 모색하는 것이다. 발문에서 표현한 이청준의 '복수심'이란 바로 그러한 의미다. '복수심'이 대상으로 하는 현실 세계가 타락한 세계라는 인식은 소설의 구조와 그것이 발전된 사회 배경의 관계를 고찰한 골드만의 소설사회학의 가설이다.

골드만의 가설은 이렇다. 현대사회에서 소설의 형태는 "시장을 위한 생산으로부터 발생된 개인주의 사회에서 일상적 삶이 문학적 차원으로 뒤바뀌어진 것처럼 보인다"는 것. 가깝게는 진정한 가치가 소설에 내면화되어 있다는 루카치의 소설론과, 멀게는 자본주의에서 인간의 진정한 가치가 결국 소멸한다는 마르크스의 노동 개념을 결합한 것이다.

한 개인의 노동과 다른 사람들의 노동의 관계는 노동하는 개인들의 직접적 관계가 아니고 오히려 사람과 사람 사이의 물적 관계 혹은 사물과 사물 사이의 사회적 관계로 나타나게 된다는 것이 마르크스의 자본주의 비판이다. 자아의 실현을 위한 진정한 가치는 '사용가치'이며 그것은 질적 노동의 보전이다. 그러나 양적 노동인 '교환가치'만이 성립되고 인간적 의식의 관계는 현실 세계에서 사라져 버린다. 노동은 물질에서 유리되고 인간은 그의 노동으로부터 소외되기 시작한다. 노동으로부터 소외되는 세계는 필연적으로 타락한 세계이며, 부정으로서의 문학적 상상력은 사용가치가 배제되는 현실 세계에서 그 존재 이유를 획득한다.

작가는 창조자이기보다 생산자라는 가정에서 출발하는 소설사회학은 이런 논리에 서 있다. 문학적 상상력의 최초의 창조자는 작가가 아니라 오히려 작가가 증인이 되고 있는 현실 사회라고 보는 것이다. 그리하여 미셸 제라파M. Zéraffa의 "작가는 형식을 창조하지 않는다. 작가는 형식을 드러내 보인다"는 극단적 언명이 가능하다.[4]

사회학적 상상력의 요소

소설사회학자들은 "영혼이 형식을 창조한다"는 루카치의 적극적 논지를 형식을 드러내 보이는 일종의 매개자로 축소 해석했다. 그렇다고 문학적 상상력의 힘을 포기한 것은 아니다. 문학적 상상력은 여전히 타락한 세계의 형태를 소설의 형태로 변형하는 힘이다. 타락한 세계의 형태 구조를 포착하는 것은 작가 자신을 끊임없이 좌절시키는 힘의 정체를 파악하는 일이다. 문학적 상상력의 초기

구조가 사회학적 상상력과 우선은 동일 평면에 위치하게 되는 까닭이다. 작가 자신을 좌절시키는 힘의 정체와 그것을 넘어서 보려는 욕망을 사회학적 상상력은 다음과 같은 세 가지 요소로 분해하는 듯이 보인다. 즉,

Ⓐ 작가가 포착한 문제 대상의 구조는 무엇인가: 그것을 구성하는 기본적 요소들은 무엇이며, 그 요소들의 상호 작용과 관계 양상은 무엇인가.

Ⓑ 그 대상이 역사에서 차지하는 의미는 무엇인가: 작가가 문제시하는 대상은 역사와 어떤 관계를 가지고 있으며, 그것의 역사적 형성의 특징은 무엇인가.

Ⓒ 그러한 대상이 인간의 억압과 해방에 대하여 갖는 의미는 무엇이며, 인류 가치에 어떤 함의를 갖는가.

이 세 가지 요소를 간단히 요약하면, 대상 구조의 특징, 역사적 형성, 보편적 가치와의 관련성이다. 작가는 이 세 가지 요소로 얽힌 공간에서 나름 독자적인 관계망을 찾아 유영한다. 작품에서는 대개의 경우 Ⓒ '인류 가치의 함의'가 전체 구조를 지배하고, Ⓐ와 Ⓑ는 대상과 문제의식의 특징에 따라 어느 하나가 부각되거나 약화되는 형태를 띤다.

예를 들어 보자. 최인호의 초기작품은 Ⓐ를 주로 대상화하고 그것이 Ⓒ와 관련된 양상을 모색하고 있다. 1970년대 초 발표된《타인의 방》은 문학에서 소외현상이 어떻게 나타날 수 있는지를 보여 주었다. 대중사회가 되어 가는 한국 사회의 구조적 변화가 소외를 야기하고 있다는 인식(Ⓐ)에서 그것이 인간성과 어떤 관계를 맺을 수 있는가(Ⓒ)에 대한 최초의 회의가《타인의 방》에 절실하게 그려져 있다. 변화에 순응하는 경직된 사고에의 반항은 〈미개인〉의 스토리 구조다. 그 반항의 양상은 다음과 같이 표현된다.

> 건드리면 죽은 것처럼 몇 시간이고 누워 있는 무당벌레, 꼬리를 잡으면 꼬리까지 떼 주고 도망가는 도마뱀, 고슴도치의 날카로운 비늘, 이런 것, 이와 같은 기민하고 용의주도한 적응력으로 내 자신을 무장시켜야 옳다고 생각하지 않겠지.
>
> — 최인호, 〈미개인〉

외부 변화에 대처하는 용의주도한 적응력과 누추한 자신과의 갈등은 주로 Ⓐ와 Ⓒ와의 관계 아래 최인호의 단편인 〈술꾼〉, 〈처세술개론〉, 〈견습환자〉의 중심 구조를 형성한다. 한편, 조해일의 〈아메리카〉는 Ⓐ, Ⓑ, ⓒ가 함께 잘 어울려 있는 작품의 좋은 예다. 〈아메리카〉에는 미국의 경제에 의존해 있는 후진국 경제적 현실의 역사적 배경과 사회구조의 특징이 문제의식으로 드러나 있다. 그 전체를 끌고 가는 동력은 인간의 삶의 본질이다.

> ㄷ읍의 경제권은 거의 ㅂ리에 사는 사람들의 손에서 움직인다는 것, 아니 ㄷ읍을 먹여 살리고 부지케 하는 자산의 대부분이 ㅂ리에서 나온다는 것, ㅂ리의 자산의 대부분은 미군들의 호주머니로부터 떨어진다는 것….
> — 조해일, 〈아메리카〉

그런 현실에 삶이 결정된 사람들을 '구경꾼' 위치에서 방관하다가 결국 '같이 배를 탄 이웃 사람'으로 깨닫는 주인공의 변모 과정은 ⓒ에 대한 작가의 문학적 해답이다.

그런데 사회적 구조 인식에서 출발한 문학적 상상력은 문학이 갖는 특유한 굴절 메커니즘을 통해 사회학적 상상력과 차원을 달리하기 시작한다. 굴절 메커니즘은 상상력 공간에 작동하는 형상화와 상징의 힘이다. 상상력이 언어 세계와 접선할 때 생겨나는 변형 작용을 지칭한다. 앞에서 문학적 상상력의 초기 구조가 사회학적 상상력과 동일 공간에 놓인다고 했는데, 이 굴절 메커니즘이야말로 문학을 사회학적 상상력과 결별하고 미학으로 밀어 올리는 계단이다. 굴절 메커니즘은 독자를 억압하는 구체적이고 현실적인 모습을 제시하는 대신 소설로 하여금 자유로운 대전장帶電場을 펼치게 한다. 바로 이곳에 문학적 상상력의 미학적 구조가 놓인다.

소설을 다른 예술과 구분하는 것이 미학적 구조이며 이것을 통해 작가의 문제의식은 있을 수 있는, 혹은 현실 사회의 질서를 변형할 수 있는 상상적 창조의 차원으로 끌어올려진다. 소설이란 작가의 윤리를 미학적 문제로 끌어올리는 유일한 장르다. 소설에서 흔히 풍자, 해학, 은유 등의 수사법이 미학적 구조의 주류를 형성하게 된다.

근대화에 의한 가치관의 갈등과 삶의 기반을 갖지 못한 하층민의 삶을 개인과 사회의 역학관계로 파악하고 있는 윤흥길의 〈아홉 켤레의 구두로 남은 사내〉는, 부동하는 지식인인 권 씨가 행방불명되었을 때 그의 방 안에는 반들반들하게 윤이 나는 아홉 켤레의 구두가 가지런히 놓여 있음으로 해서 그 작품은 미학적 구조를 완결한다. 아홉 켤레의 구두처럼 작품 내에 미학 구조를 이미 획득하고 있는 대상을 부각하는 것은 조해일의 초기작품이나 조세희의 '난쟁이 연작'에서도 마찬가지다.

조해일에게 타락한 세계는 문명화된 인간의 추악함이 지배하는 세계다. 〈뿔〉에서 주인공 가순호가 하숙짐을 나르는 지게꾼에게서 마치 넓은 들판에서 뛰어노는 코뿔소와 같은 생동력을 발견하는 것은 말하자면 문명 비판적 시사다. 그가 주목하는 대상은

‘개백정’(〈전문가〉), ‘병아리 감별사’(〈멘드롱 따또〉), ‘잠수부’(〈내 친구, 해적〉) 등 지적 인간이 아니라 고도의 기능을 소유한 기능인이다. 공작인工作人에게서 생명의 아름다운 본성과 자기의 양식을 찾아낸 사람의 미를 발견하는 소설의 구조는 문명 비판의 서술적 묘사를 넘어서서 작가가 형성한 세계관의 미학을 이루고 있다.

그런데 문학적 상상력이 내장한 미학적 구조가 환상이나 몽상이 아니라 보편적 가치를 획득하려면 그 사회의 ‘집단의식’과 모종의 관계 맥락을 품어야 한다. 다시 말해 현실 세계와의 연결을 유지하고 있어야 한다. 집단의식과의 연관성 여부는 문학적 상상력이 보편적 가치를 획득하는 데 중요한 역할을 담당한다. 집단의식이란 한 사회가 오랫동안 지향해 온 의식적, 무의식적 가치관의 총체를 뜻한다고 한다면, 그것은 사회 성원의 행위양식과 의식 형성에 영향을 미치는 잠재적인 현시적 세계관이다. 그것은 작가가 태어나기 이전부터, 혹은 작가에게 가장 강력한 정신적 긴장으로 작용하는 힘이다. 집단의식을 하나의 집단이 지향하는 가치관, 세계관이라 할 때 프랑스에서는 그것을 집단 양심을 뜻하는 ‘집합의식’으로, 독일에서는 현실적 제반 모순을 승화시키는 ‘역사적 총체성’으로 불렀다. 보편적 가치와 맞닿은 어떤 궁극적 실재이면서 현실 세계의 자신을 구속하는 실체가 집단의식이다.

일제 식민치하에서 작가는 어떤 정신적 실체를 지향해야 하는

지를 생각하면 이해가 쉽다. 내선일체를 강요하는 일제 치하에서 작가는 식민국의 정신과 민족정신 간에 택일해야 하는 긴장 속에 놓인다. 두 개의 집단의식 간 충돌이 존재하는 시대에 크게는 인류적 가치, 작게는 민족적 가치를 무작정 옹호할 수 없는 현실적 고뇌를 헤쳐 나가기란 난망하다. 마찬가지로 1970년대 유신 정권의 억압과 검열 기제를 피할 수 없는 현 상황에서 독재정치를 무작정 비판하고 민주주의를 찬양하는 것은 쉽지 않다. 인류적 가치를 어떻게 드러낼 것인가? 또한 인류가 추구해 온 보편적 가치가 1970년대 집단의식인가? 쉽지 않은 질문이다.

개인(작가)이 문제시하는 대상이 문학적 상상력에 의해 이온ion화된다고 해서 무조건 보편적이고 객관적인 가치를 포함하고 있는 것은 아니다. 소설이 인간성의 해방을 지향하고 있다면 소설은 항구적이고 진정한 가치를 내재하게 되는데 내재화된 가치란 집단의 성원이 공통적으로 지향하는 일반적 동의다. (앞에서 지적했듯 역사적 상황에 따라 일반적 동의 역시 왜곡될 수 있다.) 여기서 우리는 문학적 상상력의 구조와 집단의식의 관련 양상을 고려할 필요성에 직면한다. 소설이 진정한 가치를 획득하는 데 집단의식은 어떻게 작용하고 있는가 하는 질문 말이다.[5]

미학적 구조와 집단의식

> 그러면서 그의 글이, 그의 세계 인식이나 표현이 다른 이웃들에게도 공감이 되어지기를 기대합니다. 자기의 복수심을 이념화시키고 그것을 다시 보편적 인간 정신의 질서로까지 확대시켜 나감으로써… 압제받는 사람들의 자유와 생존권을 지키기 위해서, 민족을 위해서, 불의를 고발하기 위해서… 인간사회 본래의 도덕률에 합당한 일은 무엇이나 나무랄 데 없는 작가의 책임이요, 작가의 몫으로 되는 것입니다. … 그러나 여기에는 좀 엉뚱한 속임수가 끼어들 여지가 있는 것입니다.
>
> — 이청준, 《언어사회학서설 3》

인간의 삶은 사회의 역사적 사건의 배경 위에서 더욱 인간다워질 수 있다는 확신은 문학을 풍부히 하는 데 결정적 역할을 하고 있다. 사회의 병리적 현상, 즉 대량실업, 경제파탄, 혁명, 전쟁 등을 문학적 상상력으로 포착하여 해부하는 작업은 개인이 처한 사회 현실과 집단의식을 반영하고 있다. 한국전쟁 이후 사회의 혼란상 속에서 개인이 처한 고통의 근원은 전쟁이었고, 그것은 곧 이데올로기의 폭력성 자체였다. 죄 없는 개인이 왜 전쟁의 폭력에 희생돼야 하는가, 그 희생을 어떻게 치유해야 하는가의 문제는 그 자체 집단의식의 유희를 건드리지 않으면 답을 내리기 어렵다. 그것도 계급을 달리하는 개인들이 집단의식과 연관되면 관계 양상은 사뭇 복잡해진다.

1950년대 한국문학은 손창섭이 보여 준 전쟁으로 인한 시민생활의 파탄, 최인훈이 보여 준 이데올로기의 대립과 갈등이 주제를 이루었다. 김승옥의 〈서울 1964년 겨울〉에서는 1960년대의 뿌리 없는 삶의 반성과 회의가 드러났다. 민주주의가 소멸한 시대에 희망의 등불은 어디에서 구할 수 있는가? 주인공은 서울의 밤거리를 하릴없이 쏘다니고, 의미 없는 말 속에 혹시 들어 있을지 모르는 의미를 찾아 대화를 나눈다.

1970년대에는 근대화의 이념과 가치관의 혼란, 그리고 대중사회화 과정에서 파생되는 제반 사회적 현상이 소설의 형태를 특징짓고 있다. 1970년대 작가들의 타락한 세계는 소시민의 애환(박완서), 노동자의 고통과 좌절(황석영), 지식인의 부동(윤흥길), 빈민층의 참상(박태순) 등으로 표현되는 세계다.

그런데 이런 특정 집단의 부각은 어떤 효과를 발생시킬까. 집단의식과 관련하여 우리는 바로 이 문제를 생각하지 않을 수 없다. 한수산의 《부초浮草》는 현대 산업사회에서 소외되어 가는 특정 집단(곡마단)을 다루고 있는데, 그 작품은 곡마단이라는 특정 집단의 모습만을 다루는 것으로 그치는 것일까.

〈객지客地〉의 주인공 동혁이 회사 측과 투쟁하는 것은 노동자의 집단의식을 대변하는 것으로 일단 볼 수 있다. 그런데 황석영은 자신도 모르는 사이에 지배계급(노동집단과 대비한)의 이데올로기적 산물이나 반영이 될지도 모르는 허구적 언어로 말하고 있는 것은 아닌가.

즉 작가가 그리는 특정 집단을 충실히 드러내는 작업과 진정한 가치(보편적 가치)와의 사이에 집단의식이 위치한다. 맑시스트들은 사회생활이 문학적, 예술적 차원으로 표현되려면 집단의식의 매체를 통해야만 한다고 생각해 왔다. 맑시스트들에게 집단의식은 계급의식이었으며, 특히 프롤레타리아의 그것을 지칭했다. 골드만의 집단의식 개념은 맑시스트와 같이 사용가치가 소멸되는 자본주의 사회의 경제적 하부구조를 상정하고 있었다. 그러나 현대사회에서 집단의식의 개념은 그보다 넓은 의미로 정치, 문화, 사회의 전반에 암암리에 형성되어 온 집합적 동의다. 그것은 사회의 가치체계, 상징체계와 규범을 포함하는 논리적 전체다. 맑시즘을 이어받은 소설사회학도 소설 문학은 "특정그룹의 의식과 결부시킬 수 없는" 문학 형태라고 단언함으로써 집단의식과의 연관성을 염두에 두었다.

비유하여 말하면 물과 기름에 잉크를 떨어뜨리면 퍼져 나가는 모습이 각각 다른 것과 같다. 이는 물과 기름의 화학적 구조가 다르기 때문인데, 집단의식은 바로 물의 화학적 구조, 기름의 화학적 구조와 같다고 할 수 있다. 특정 집단을 다루는 소설은 그 집단이 전체 집단 내에서 맺는 관계양상(잉크가 퍼져 나가는 모습)을 밝혀야만 보편적 가치를 얻을 수 있다.

이런 관점에서 이정환의 《샛강》은 난민촌을 무대로 펼쳐지는 하층민의 삶을 묘사하고 있으나, 사회 전체의 집단의식과 긴장 관계를 소홀히 한 점에서 특정 집단의 이데올로기로 변할 위험을 안고 있다. 반면 황석영의 작품은 노동자의 언행과 상태를 1970년대 사회의 지배적 총체성과의 관련하에 형상화하고 있기에 독자들이 넓은 세계의 시선으로 보도록 만든다. 다시 말해 노동자 의식이 인간의 보편성과 연결되어 나타나거나(〈삼포 가는 길〉, 〈돼지꿈〉), 있을 수 있는 상상의 차원으로 유보함으로 해서(〈객지〉에서 동혁의 마지막 행동 같은 것) 이데올로기화하는 것을 방지한다.

여기서 소설의 미학 구조, 또는 상징 구조가 중요해진다. 문학적 상상력은 집단의식을 그대로 모사하는 것이 아니라 집단의식의 형태 구조를 진정한 가치의 측면에서 드러내 보이는 것이다. 집단의식을 상징과 이미지 형태로 드러낸다는 점이 중요하다. 상징 세계를 통한 암시와 시사가 아니고는 프로파간다로 전락한다.

1920년대 후반기 김기진의 프로문학은 바로 특정 집단의 심리구조와 일치하는 문학적 상상력을 강조하였다. KAPF파의 문학은 일반 대중의 이데올로기를 대변하려고 노력하였는데, 그런 취지는 문학적 상상력의 미학적 구조를 완전히 제거하는 결과를 낳았다. 이와 유사한 경향을 '참여문학'이라 불리는 작품에서 더러 엿볼 수 있을 것이다.

반면, 1970년대 문학이 특정 집단을 대상으로 하면서 보편적 가치를 획득하고 있는 것은 바로 전체적, 구조적 동의를 진정한 가치의 구조로 변형하는 데 성공했다는 점에 기인할 것이다.

조세희의 소설에서 우리는 그 전형을 찾아볼 수 있다. 〈난장이가 쏘아올린 작은 공〉, 〈기계 도시〉, 〈뫼비우스의 띠〉, 〈클라인 씨의 병〉 등 일련의 난쟁이 연작에서 그는 기계문명에 왜소화된 산업사회의 현대인을 '난쟁이'로 변모시킨다. 기계 도시, 즉 '은강'시에서 일어나는 사건들은 전체 집단의식과 노동자 집단의식의 갈등에서 파생되는 것이며, 그 사건들은 '은강'시라는 상상적 무대를 통해 역시 상상적 차원에 놓이게 된다. '난쟁이'의 개념은 노동자의 계급의식이 이데올로기로 변하는 것을 방지하는 완충적 역할 구조를 갖고 있다. "안을 계속 따라가면 밖이 되는" 특정 집단의 의식이 〈뫼비우스의 띠〉나 〈클라인 씨의 병〉의 이미지로 흡수되는 것은 당시의 공식적, 억압적 집단의식을 변형시키는 미학적 상상력이다. 집단의식은 미학적 구조를 통해 개인적 특수성과 연결되거나 변형된다.

글쓰기의 힘

> 왜 쓰는가. 작가는 우리들의 자유로운 삶을 위해, 말을 바꾸어, 보다 인간다운 삶, 보다 행복스러운 우리들의 삶, 또는 그 삶에 대한 깊은 사랑 때문에 쓰고 또 써야 함에 틀림없습니다.
>
> — 이청준, 《언어사회학서설 3》

문학적 상상력은 그 이온화의 결과로 작품을 사회에 남기고 작가 자신에게 돌아온다. 이때 작가의 '타락한 세계'는 동적 에너지를 받아 '진정한 세계'로 변형되는 것처럼 보인다. 그것은 이청준의 말을 빌리면, 문학적 상상력이 새로운 시정視程을 발견케 하고 실재 세계에 새로운 질서를 부여해 주기 때문이다. 그러나 창조된 세계가 고정화되면 작가는 그 세계를 부정하고 또 다른 모색에 나선다. 작가는 그래서 '운명적으로 이상주의자'다. 문학적 상상력은 억압으로부터의 해방이다. 해방이란 본래의 자유롭고 화창한 삶으로의 환원이며 새로운 질서의 인식이다.

이청준은 말한다. 왜 쓰는가?

> 그것은 우리의 삶의 터전을 더욱 넓게 확대해 나감으로써 보다 많은 삶의 자유를 누리고, 더욱 넓은 가능의 세계로 해방시켜 나가는 작업인 것입니다. — 이청준, 《언어사회학서설 3》

5

나의 수업 시대*

패러독스

1978년 봄, K 교수로부터 전갈을 받은 것은 정오쯤이었다. 친구들과 점심을 먹으러 가면서 졸업반 학생인 나를 부른 까닭을 생각했다. 현대문학 강의 시간에 창밖을 한참이나 쳐다보던 그가 긴장하고 있던 학생들에게 느닷없이 던진 질문이 맴을 돌았다. "자네들의 의식에는 근대가 있는가?" 물론, 그 질문의 뜻을 헤아리는 학생은 없었으므로, 다시 강의실은 긴장감 속으로 빠져들었다. 문학과 근대가 무슨 관련이 있는 것인가, '근대문학'은 무엇인지는 어렴풋이나마 알겠는데, 의식 속의 근대? 근대의 의식, 혹은 근대

* 이 글은 《나타샤와 자작나무》(하늘연못, 2005)에 실린 'K 교수의 근대'를 저본으로 하되 새로 쓴 내용을 부가했으며, 부분 발췌한 곳에는 출처를 밝혔다.

성? 이런 말들이 입속에서 맴돌다가 사라졌던 기억이 떠올랐다.

캠퍼스는 봄 햇살을 받고 밝은 기운을 회복했다. 며칠 전 잡지에서 읽었던 단편소설들이 남긴 인상印象 조각들이 물오르기 시작한 나뭇가지에 매달려 반짝였다. 지난가을 연행되어 소식이 끊긴 친구들의 얼굴도 매달려 흔들렸다. 며칠 전 〈대학신문〉에 발표된 나의 평론과 어수선한 수상소감이 살짝 소름을 돋게 하고는 뇌리에서 사라졌다.

K 교수의 연구실

폭압의 정치로 얼어붙은 동토에 돌아온 봄은 잔인했다. 차가운 땅 밑에서 생명의 물기를 뽑아 올려 싹을 틔워야 한다는 봄의 명령에 할 수 없이 투항하는 나무들처럼, 친구들이 사라진 부재의 공간에 희망의 메시지가 스멀스멀 자라났다. 자하연 연못을 지나고, 인문대학 건물 층계를 천천히 오르면서도 여전히 부름의 까닭은 묘연했다.

K 교수의 연구실을 두드리자 조교인 듯한 나이 든 학생이 문을 열었다. 문을 들어서서 나는 잠시 서 있어야 했다. 빼곡히 들어찬 서가와 책 더미 가운데 내가 앉을 만한 곳은 발견되지 않았다. K

교수가 잠시 돌아보았던가, 아무튼 창밖을 응시하던 눈길을 돌리지는 않았던 것 같다. 창으로 캠퍼스의 봄 풍경이 밀려들어 왔다. 벌써 작은 잎을 연등처럼 달아맨 버드나무가 연한 녹색 가지를 휘날리며 서 있었다. 언젠가 서양풍의 그림을 좋아한다던 화가가 그린 〈버지니아의 봄〉이 떠올랐다. 그 그림 속에 꼬리를 날리던 살찐 말이 달려오는 것도 같았다. 버지니아는 저 말이 노닐듯 자유가 있는 곳일까, 김수영은 노고지리의 자유가 외롭다고 했는데, 친구는 외로움을 찾아간 것인가. K 교수는 미동도 하지 않았다. 창밖의 풍경에 파묻혀 한 장의 정지된 사진처럼 보였다. 정지된 시간이 그런 것일까.

"자네, 문학을 하겠는가?"

정지된 시간 끝에 내게 던진 이 질문은 김수영의 노고지리처럼 애매했다. 나의 사신은 문학이었고 나의 시간도 문학이었으며, 나의 표정도 문학이었다. 존재에 대한 물음도, 사랑과 저항, 걷고 있음과 깨어 있음도 문학 속에서 일어났다. 문학은 '하는' 것이 아니었다. 실존이자 인식이었고, 질문이자 대답이었고, 사랑이고 배반이었다. 점심 먹으러 가거나 친구들과 잡담하고, 풀밭에 누워 괜히 소리를 지르고 까닭 없이 울분을 터트리는 것, 모두 문학이었다. 그러므로 그 질문은 나에게 "살겠는가?"라는 의미로 다가왔다. 물론, 살아야지요, 라고 답하고 싶었지만, 살아가는 것을 떠받치고 있는 죽음도 문학이었으므로 그 답은 반쪽일 뿐이다.

퍼뜩 정신을 차려 현실로 돌아오면, "문학을 업으로 하겠는가" 정도로 해석될 터인데, 그것에 대한 답은 묘연했다. 왜냐하면 '문학으로 존재하고 있었기에', 문학을 업으로 한다는 것을 자문해볼 수 없지 않는가. 또 한 차례의 정지된 시간이 끼어들었다.

"돌아가겠습니다." 창밖에 대기하던 〈버지니아의 봄〉이 잠시 사라졌다. 자유롭게 뛰놀던 살찐 말도 보이지 않았다. 어수선한 바람이 부는 듯했고, 버드나무가 머리채를 휘감았다. 어디로 돌아간다는 말인가. 나는 연구실을 물러 나왔다. 늙은 조교가 야릇한 표정으로 나를 배웅했다.

이듬해 가을

갈 곳이 마땅치 않았던 나는 대학원에 진학했다. 작은 나뭇잎이 흔들려도 파문이 번질 것 같은 청명한 가을 아침이었다. 평소에는 잔잔한 음악을 들려주던 아침 방송이 조금 소란스러워지기 시작했다. 아나운서의 목소리는 떨렸다. '대통령 유고有故.' 이 말만을 낡은 음반처럼 반복했다. 조금 시간이 흘렀을까. '유고'라는 낯선 낱말의 배경이 조금씩 새 나왔다. 박정희 대통령이 어찌 되었다는 내용이었다. 국군병원에 실려 갔다는 말도 있었고, 모처에 가료 중이라는 말도 있었다. 박정희는 우리 세대에게는 불사조였다. 문세광의 저격에도 살아남았고, 중요한 사건마다 쩌렁쩌렁한 목소리로 개념 규정을 내렸던 장본인이었다. 그럴 리가 없을 것이다. 유고라는 말은 사망과는 다르지 않은가.

나는 여느 때처럼 학교로 갔다. 학교는 벌써 공수특전단이 둘러싸고 있었다. 그들은 정문 앞에 서 있던 학생들을 위협했다. 돌아가라. 따로 갈 곳은 없었다. 어디인지 헤맸을 것이다. 길거리에서 대통령의 서거 소식을 들었다. 낙엽이 통째로 떨어졌다. 길고 길었던 통로를 빠져나온 듯한 서운함, 불안함, 그리고 또 다른 참극이 움트는 듯한 불길함. K 교수는 루카치 근처를 맴돌고 있을까, 아니면, 혁명에 휘말린 〈닥터 지바고〉의 연인 라라를 회상하고 있을까.

계엄령이 발동되었다. 11월은 회색이었고, 정적이었다. 청와대에서 무슨 일이 일어나고 있는지 아무도 몰랐다. 학생 운동권과 노동자들은 숨을 죽였다. 12월 12일, 진눈깨비가 내렸던가, 서울의 밤하늘에 총성이 울렸다. '1964년 서울'도 이랬을까. 구파발

쪽에서도 섬광 같은 것이 비쳤다가 사라졌다. 긴 겨울 방학이 시작되었다. 학생들은 귀향했다. 운동권이 활동을 재개했다. 노동자들도 투쟁을 준비했다. 겨울이 끝날 무렵, 민주주의를 향한 무모한 기획들이 조금씩 얼굴을 드러내기 시작했다. K 교수는 '근대성' 부근에서 이 사태를 지켜보고 있었을 것이다.

학기가 다시 열리고 학생들은 캠퍼스 잔디밭에 캠프를 쳤다. 거사를 위한 MT였다. 학교는 야영장으로 변했다. 마치 부마 사태 진압부대가 자유연맹 잔디밭에서 야영을 했듯이, 학생들은 출정 전야를 그렇게 보냈다. 전경과 사복형사들의 태도도 달라졌다. 원주민 촌락을 굽어보는 기병대처럼, 언덕 위에서 마냥 지켜보고만 있었다.

학생들이 민주주의를 위해 몸 바칠 각오가 되어 있었는지는 모른다. 적어도, 친구들이 연행되고 사복형사에 감시받고 전경들과 몸싸움을 벌여야 하는 시절보다는 무한히 낫다는 생각이었다. 그 정도면 의기충천했다. 박정희는 더 이상 없었다. 뭔가 활발하게 움직이는 군부 내의 작은 분파가 새로운 적으로 감지되었지만, 그게 누군지 확실치 않았다. 캠퍼스에서는 3월과 4월에 크고 작은 집회가 열렸다. 독재체제가 저지른 범죄 목록, '서울의 봄'이 와야 하는 역사적 이유가 되풀이 낭독되었다.

5월 3일, 대학원생의 출정식이 열렸다. 누가 주관하는지, 앞으로 어떻게 되는지 알지 못했다. 출정식은 모든 학생의 것이었다. 누군가 나에게 선언문을 작성해 달라는 쪽지를 전달했다. 논문 마무리 때문에 연구실에서 야영하던 나를 우연히 발견했던 것이다. 야영하던 학생들의 열기가 지시하는 대로 낱말을 고르고 문법을 맞췄다. 1920년대 헝가리의 지식 청년 루카치가 그랬듯이, 나는 선언문을 초안했다. 그것이 백일천하로 끝날지라도, 가슴에 묻어 둔 말들을 쏟아내야 했다. 그것 때문에 루카치는 평생 반성문을 쓰고 살아야 하지 않았던가. 그 선언문은 1980년 5월 3일 아침 1만 명의 학생이 운집한 광장에서 발표되었다. K 교수 연구실 창으로 일목요연하게 들어오던 광장이었다. 낭독자의 굵은 바리톤 음이 선언문을 비장하게 만들었다.

며칠 뒤, 계엄령이 다시 선포되었다. 남쪽에서 무슨 일이 발발했다는 소식도 들렸다. 멀리 화염이 솟아오르는 도시 사진이 신문에 실렸다. 광주였다. 다음 날에는 광주MBC 건물이 불타는 사진이 실렸다. 사람이 죽었다고도 했다. 계엄이 내려진 캠퍼스는 적막 속에 엎드려 있었다. 야영하던 학생들은 보이지 않았다. 소문으로 들리는 광주 소식은 상상을 초월했다. 여고생이 찔려 죽고, 임산부가 뭉개져 죽었다고 했다. 계엄군 사령관이 총검을 부착한 총을 갖고 나와 시범을 보였다. 찔려도 다치지 않는다는 것이었다. 누구도 믿을 수 없었다.

5월 27일, 남쪽 일은 끝났다는 신문 보도가 있었다. 용공 분자, 고정간첩, 불순분자들의 소행이라고 규정지었다. 364명의 시국사범 명단이 발표되었다. 익숙한 이름들이 보였다. 선언문을 낭독한 바리톤 음의 주인공도 있었다. 그들은 어디론가 끌려갔다. 내 이름도 한구석에서 발견되었다. 나는 인천 앞바다 작은 섬으로 몸을 숨겼다. '서울의 봄'은 끝났다. K 교수는 루카치와 결별했을까, 아니면, 별이 갈 길을 지켜 주던 시대의 행복으로 망명했을까.

문학의 근대

그는 망명하지 않았다. 오히려 동공화洞空化된 근대, 비뚤어진 근대와 씨름하고 있었다. 창에 한가득히 차오른 학생들의 운집을, 또 하나의 군부가 진군해 오는 현대사의 본질을 한국 근대의 '상실감' 속에서 발견하고 있었다.

> 한국근대사상사의 정신사적 거점은 한마디로 상실감의 회복으로 규정될 수가 있으며… (이는) 국가상실감을 부의식父意識의 상실감으로 파악하였을 때 드러나는 것이다…. 한국근대문학사의

본질은 상실감의 대치물을 파악하는 것이며 … 상실감 일반에 대처하는 관념을 세 가지로 상정해 볼 수 있다. 첫째로 민족주의파 문인들의 정신 구조… 둘째로 프로문학파… 셋째로 모더니스트의 정신 구조….[1]

K 교수는 접어 두었던 이광수李光洙를 다시 들여다보기 시작했고, 서울의 봄이 끝날 무렵 '이광수 연구에 결판을 낼 각오로 그 무거운 전집을 가방 속에 넣고' 동경으로 갔다. 이광수의 내면 풍경을 완벽하게 그려내지 않고는 상실감으로서의 근대를 이해할 수 없었던 것이다.

이광수와 관련된 일이라면 누구에게도 무릎을 꿇고 배울 마음가짐이 되어 있었다. 그렇지 않았다면 내가 어떻게 그 황폐한 동경 사막 속을 견딜 수 있었겠는가. 도쿄타워의 불빛, 롯폰기의 술집, 요요기공원의 다케노코의 춤, 시부야 NHK 광장과 야시장의 책방… 비 오는 날의 스이도바시 근처의 그린 호텔과 오차노미즈 인의 바… 그리고 동경대학 소나무 숲을 나는 송장까마귀 떼들 — 이 모든 외로움은 나만의 것이었다…. 나고야 교외 산 중턱에 있는 메이지무라에서 러일전쟁의 표정과 메이지 시대의 풍물을 보면서 춘원과 육당의 감각을 얻고자 서성거리기도 하였다. 김동인이 그토록 열심히 다녔다는 아사쿠사 극장가를 헤매고 시나가와의 조선 노동자들이 살던 동네의 축제를 보았고 도시 구석구석에 살아 있는 낯선 신들을 모신 사당들을 보았다.[2]

인천 앞바다 작은 섬에서 겨우 돌아온 나는 몇 년 후 보스턴행 비행기에 몸을 실었다. 정치적 소용돌이에 익사할 뻔했던 청춘을 건져 내 빠져나오는 길이었다. K 교수가 도쿄를 헤매고 있을 때, 나는 보스턴에서 영미 문물을 어떻게 수용할 것인가를 두고 가슴을 앓았다. 우리의 근대를 찌들게 만들었던 강력한 자장이 그곳에 있었다. 상실감은 근대문학에만 있었던 것은 아니었다. 현대적 제도에서 자라난, 그러나 대항할 무기란 투지밖에 없었던 현대의 청년도 괴롭혔다. 그런 때에는 조건 없이 투항하는 것이 마음 편한 일일지 모른다. 마치 조선 관복을 벗어던지고 서양 문물로 뛰어들었던 유길준처럼, 또 하나의 개화파가 보스턴에서 만들어지고 있었다. 그가 청년 유길준처럼 《서유견문》을 넘어서 '중체서용'의 지혜를 터득할 것인지는 미지수였다.

필자가 보스턴에서 수업 시대를 힘겹게 통과하는 동안, 1980년대 한국의 대학은 혁명기지로 변했다. K 교수가 말했듯 근대의 본질로서 부의식의 결핍, 그것이 현실화된 국가상실감은 '광주 항쟁'

으로 인해 극에 달했다. 1980년대 세대에게 부의식의 결핍은 옛날의 아버지가 아니라 '새로운 아버지' 찾기로 나타난 듯이 보였다. 그러기 위해서는 우리들의 아버지를 먼저 죽여야 했다. 또 하나의 폭압에 엎드려 신음하면서 극도로 황폐해진 지성계는 국가 살인과 아버지 살해라는 집단적 이념으로 몰려갔다.

K 교수는 역의 길을 걸었다. 마모된 고대 유물을 복원하듯 상실감의 기원을 찾아 한 조각씩 근대를 기웠다. 이광수가 친일로 돌아서야 했던 정신적 외상과 결핍을 깁고, 염상섭, 이상, 임화의 내면세계를 유영했다. 임화는 K 교수에게 1980년대를 건너는 징검다리였다.

> 이광수가 막연히 계몽하고자 한 근대문학은 실상 제도로서의 근대성에 지나지 않음을 염상섭이 본격적으로 알아차리고 그것으로 글쓰기의 근본을 삼았으며, 이를 문학사적 시각에서 알아차린 문인이 임화였다. 악명 높은 '이식문학사론'의 정체가 바로 여기에서 말미암는다. 이를 두고 '현해탄 콤플렉스'라 부를 수가 없을 것인가.[3]
>
> 사람은 시인도 될 수 있고, 혁명가도 될 수 있을 것이다. 그러나, 시인이자 혁명가가 동시에 될 수도 있는 것인가…. 문학도 혁명도 현실 부정의 원칙에 설정된 것이라면 혁명의 완성은 문학

의 배반으로 귀착되지 않을 수 없는 형편에 놓이게 된다…. 임화는 어떠한가. 문학의 현실 부정과 혁명의 현실 부정이라는 두 개의 부정의 증폭 현상 속에 그는 스스로의 삶의 무게를 올려놓았던 행운을 가졌던 것은 아닐까…. 임화의 죽음은 시적인 죽음이자 정치적인 죽음을 가리킴이기도 한데…. (그의) 현란한 변신과 고통을 엿보는 일은 우리 근대문학사나 사상사의 내면 풍경의 장관이라 할 것.[4]

K 교수는 임화의 내면세계를 문학과 혁명의 숨 가쁜 연결고리로 복원함으로써 혁명 기지화한 1980년대의 대학이 '더 암울한 근대'로 후퇴하는 것을 막아 내고자 했다. 아비를 찾아 나선 임화, 그러나 언제나 원점에서 확인되는 아비의 부재를 시詩와 혁명으로 부활시키고자 했던 임화의 내면 풍경에서 '1980년대 대학'을 구제할 수 있는 실마리를 찾아 K 교수는 '비 나리는 시나가와역驛'(일본 프로 시인 나카노 시게하루中野重治의 시)을 수십 번 읊조렸던 것이다.

한국 근대정신사와 근대문학사에서 근대 찾기 또는 상실감의 회복은 그렇게 진행되었다. 그런데, 오래전 강의실에서 던진 질문, 그의 의식 속에서 근대는 어떻게 복원되었을까. 또는, 그 질문을 받았던 학생, 보스턴에서 서양 문물의 문법을 익힌 그 학생의 의식 속에는 어떤 근대가 자리 잡았는가.

1970년대 세대

'근대'라는 질문과 권위주의적 정치의 대립적 모순은 내가 속한 세대, '1970년대 세대'의 지적 모험을 결정한 시대 상황이었다. 정년들의 지적 자유는 현실로 추동되지 못한 채 항상 머릿속에만 머물러 있어야 했다. 자유는 위험한 개념이었다. 북한 동포를 포괄하는 '민족' 개념이 금기시되었듯이 자유와 민족은 국가 앞에 머리를 조아려야 했다. 두 개념의 개화를 뜻하는 '근대' 역시 같은 운명에 처했다. 개화되지 못하는 자유와 민족은 근대가 아니었다.

그런데 인문학과 사회과학은 근대의 원형과 개화 조건을 찾아 탐사 여행을 떠나기 일쑤였다. 이것을 시대정신의 모순이라 한다면 이 질곡을 오롯이 뒤집어쓴 세대가 바로 1970년대 세대였다. 형틀을 목에 건 채 세상살이 원론原論을 독해하는 형상이라 할까.

필자가 대학 생활을 시작한 1975년 무렵, 그 대학은 예전의 대학이 아니었다. 입학식은 수십 개의 학과가 한데 모인, 말 그대로 '종합대학'의 탄생을 축하하는 자리였지만, 사실은 학문적 분화와 특화의 출발이었다. 분화와 특화, 그리고 전문성을 지향하는 '연구대학'이 출범한다는 사실을 필자는 감지하지 못했다. 종합대학은 '학문의 종합'을 뜻하는 것이 아니라 모든 학과와 모든 학문을 갖춰 놓았다는 의미였다. 그 '종합'이란 명분하에 1970년대 세대는 각자의 세분된 전공 속으로 전진해 들어가야 했다.

그것은 식민, 해방, 전쟁에 절어 지적 고뇌와 신경통을 앓아 온 대학, 어두운 역사가 드리운 짙은 그림자를 부여잡고 절규하던 대학이 아니었다. 망국에서 건국까지, 그리고 전쟁에서 4·19 혁명, 시민사회의 태동으로 이어지는 그 파란만장한 고난의 여정을 문학, 철학, 역사의 지적 용광로로 제련해 보려고 몸부림치던 대학이 아니었다.

1960년대까지의 지적 전통과 소통하기에는 권위주의 정권에 의해 만들어진 시급하고도 중대한 과제들이 쌓여 갔다. 증산, 수출, 건설에 동원된 국민들의 피와 땀이 어떻게 소비되고 있는지를 파악해야 했다. 국가에 의해 배양된 자본이 어떻게 농민들을 산업공단으로 분화해 내고 있는지, 1세대 노동자들이 저 악명 높은 '저임금 장시간' 노동체제에서 어떻게 신음하고 있는지를 관찰해야 했다. 이광수보다 황석영이 먼저 다가왔고, 박재삼의 서정시보다 신경림의 농민시가 심금을 울렸다.

대학은 그런 현재를 먼저 고민해야 했다. 과거와의 대화를 미뤄둬야 했다. 현재에서 미래로 나아가는 지적 교두보를 구축하는 것이 더 중요했다. 당장 대학에 부과된 학문적 과제, '조국 근대화'가 무엇인지, 군부정권이 선택한 길이 옳은 것인지를 판단하는 것이 더욱 시급했다. '잘 살아보세'를 실현하기 위해 자유를 잠시 유보하는 것이 옳은 것인지를 판별해야 했다. 아니면, 강성 권위주의 정권이 만들어 낸 주름과 그늘의 모습을 들춰내고 고발해서 학문적 저항 기지를 구축하는 것이 더 절박했다. 그렇게 '1970년대 세대'는 개화기 이후 1960년대까지 형성된 지적 고뇌와 멀어졌다. 아니 결별했다. 적어도 많은 사회과학도가 전통과 결별하고 미래를 향해 달려 나갔다.

한국에서 '본격적 사회과학의 시대'가 개막되고 있었다. 문학에서 사회학으로 돌아온 필자도 개막 행렬에 동참했다. 1970년대 말, 문학은 급기야 쇠락의 비명을 지르고 있었는데 사회과학은 장엄한 출범의 팡파르를 울려 댔다. 인문학과는 다르게 선배가 물려준 업적도, 지적 전통도 별로 없었으므로 우리는 부채 의식이 없었나. 자유롭고 홀가분했다. 배낭은 비어 있었는데 그 빈 주머니에 새로운 해결책을 찾아 담아 오면 그만이었다. 어찌 보면 영광스러운 일이기도 하고, 달리 보면 불행의 시작이기도 했다. 세계관과 가치관이 분리되고, 학문 정신과 태도가 분리되기 시작했기 때문이다.

그래도 가교를 만들고자 동분서주했다. 당시 유행했던 학자들, 예를 들면 루카치와 아도르노T. Adorno가 인문학과 사회과학의 가교 역할을 하는 듯했지만, 그것으로 한국의 전통과 근대를 잇지는 못했다. 한말 개화기와 1960년대 사이에 발생한 식민화와 역사적 사건들은 민족사와 세계사의 대립과 충돌의 산물이었기에 근대의 발생과 진화를 적절히 설명할 이론적 자원은 턱없이 빈곤했다.

외국 학위를 받아 막 부임한 싱싱한 젊은 교수들은 한껏 실력을 발휘했다. 청년문화, 사회발전, 사회조사, 인구와 가족에 관한 현대 이론들을 쏟아냈다. 예외 없이 신학문이었다. 의기양양하게 귀환한 젊은 교수들이 첨단지식을 뽐냈지만 한국의 비통한 역사와 한 서린 성장, 그리고 성장의 그늘을 설명하기엔 무언가 결핍감이 느껴졌다. 대체로 그들은 일제 식민, 전쟁, 군부 통치가 모두 그럴싸한 근대를 만들어 내지 못한 과거의 역사적 무능력에서 유래했다고 생각했고, 왜 우리에겐 프랑스혁명, 시민혁명, 러시아혁명과 같은 거대한 전환의 계기가 없었는지를 아쉬워했다. 한국의 과거는 결핍과 열등감의 수원지水源池였다. 못난 과거와 폭압적 현재를 동시에 극복할 수 있는 방법을 찾아야 했다. 대학은, 한국의 지성계는 그럴 만한 사회과학을 물려주지 못했다.

서양산 사회과학은 한계가 분명했지만 의외로 많은 지혜를 제공했다. 그 서양산 이론체계에서 한국은 대체로 극복할 대상으로 개념화됐다. 부정적 면모로 점철된 국가였다. 한국은 산업사회의 대척점에 서 있었고, 선진국에 대해 후진국이자 전근대적 국가였다.

두 유형의 처방이 내려졌다. 하나는 근대의 성숙을 향한 긍정적 처방이다. 경제발전론자 로스토W. Rostow의 성장 5단계론을 착실히 밟아 가자는 이론을 필두로, 서양식 근대성modernity을 지표화해서 사회의 각 영역에 근대성 증진의 정책을 펴나가는 것이다. 그러면 이륙단계take-off를 무사히 넘어서 선진국과 어깨를 나란히 할 수 있는 성숙단계로 진입할 수 있다는 희망을 가꿔 나갔다.

다른 하나는 혁명론이다. 앞의 성장단계론은 선진국과 후진국 간의 착취 관계를 은폐하는 요설饒舌로서 후진국에 침투하는 선진 자본과 상품 고리를 끊어야 자립경제가 가능하다고 역설했다. 이에 따라 급진파들은 한국을 식민지 반봉건국가로 규정했다. 박정희 정권이 목숨을 걸었던 산업화도 결국에는 선진국을 살찌우는 '종속적 발전'으로 규정되었다.

맑스주의적 종속이론과 비판이론이 사회과학계를 감염시켰다. 월러스틴I. Wallerstein의 세계체제론은 후신국 학자들의 그런 열망을 뒷받침한 이론으로 각광을 받았다. 전통을 버리고, 그 폐허 위에 새로운 사회체제를 구축하려는 이념적 갈망이 열병처럼 퍼졌다. 그 지향점은 혁명이었다. 이어령이 약간 과장되게 외쳤듯 1950년대가 물려받은 유산이 없어 척박한 땅부터 일궈야 할 '화전민火田民 문학'의 시대라고 한다면, 못난 선조와 못난 애비를 먼저 죽여야 현재를 구출할 수 있는 '아버지 죽이기'의 시대가 1970년대였다.

부친 살해는 과거를 부정하는 것, 과거와의 비정한 단절을 뜻한다.

필자는 머뭇거렸다. '과거를 알기 전에 과거를 죽이는 일'이 과연 적합한지 판단하지 못했다. 혁명이라는 충격적 개념 앞에서 모든 과격한 인식은 합리화된다. 청년 시절을 규정했던 유신 정권이 과격했던 만큼 1970년대 세대의 학문적, 지적 탐사도 과격하기 짝이 없었다. 문학은 이런 즉각적 대응의 불합리성과 인식의 이데올로기화 함정을 파고드는 것을 본질로 한다. 허위 가능성을 질문하는 것이다. 그러나 당시의 문학도 금기의 덮개를 벗어던지고 선동적 구호의 영역으로 이주하고 있었다. 노동 문학이 태어났고 계급문학이 탄생했다. 참여문학을 지향하는 자유실천문인협의회(1974)가 자유와 민족의 정치적 경계를 깨뜨리면서 민족문학작가회의(1987)로 발전했다.

질문이 쏟아져 나왔다. 그게 존재의 변형을 가하는 역동적 상상력일까. 상상력에 오류는 없을까. 상상력은 어떻게 '객관성'을 담보하는가? 상상력과 객관성, 이 질문은 그 자체로 사회과학적이다. 필자는 새로운 인식의 세계를 찾아 객관성 영역으로 점차 옮겨 갔다. 1980년대 한국에서 이른바 586세대가 태동하던 그때였다.

혁명 세대의 태도*

1980년대 중심에는 광주 항쟁이 존재한다. 그것은 고통이었다. 그런데 그 중심으로 자진해서 들어가는 세대가 태어났다. 천진난만했던 대학 초년생들이 처음 대면했던 캠퍼스는 텅 빈 공간이었다. 야영 캠프도 없었고 노래도 없었다. 그런데 그 적막 뒤에 엄청난 고통이 깔려 있음을 알아차리는 데는 시간이 별로 걸리지 않았다. 도처에 상처가 보였다. 지식의 허위도 보였다. 그들은 광주를 몰랐다.

소문으로만 듣던 광주 사태에 속죄 의례를 하는 것으로 대학 생활을 시작해야 했다. 속죄 의례를 거치면서 그들은 매우 독특한 '세대 단위'로 변해 갔다. 황석영의 말대로 글 쓰는 일이 직업인 그가 '광주'를 말하지 않고는 다시는 글을 쓸 수가 없었듯이, 속죄하지 않고는 청년 시절이 아무 의미가 없는 세대가 태어난 것이다.

1970년대 세대의 가방 속에는 독재 권력의 하수인이었던 경찰에게 던질 조약돌이 들어 있었다. 1980년대 세대는 가방 대신 배낭을 메고 다녔는데, 그 속에는 광주 학살을 자행한 권력과 국가와

* 이 절은《한국, 어떤 미래를 선택할 것인가》(21세기북스, 2005) 190~194쪽을 발췌하고 수정했다.

역사에 던질 화염병이 들어 있었다. 그들은 비폭력이라는 낭만적 도덕을 벗어던졌다. 폭력에는 더 큰 폭력으로 맞서야 한다는 각오로 무장하기 시작했다. 그들은 무기를 들었다. 폭력적 권력은 폭력적 혁명으로 전복해야 한다는 데 이견이 없었다. 그것이 시대정신이었다. 본격적 혁명론이 만들어진 것이다.

혁명론과 함께 수많은 혁명 조직이 결성됐다. 조직은 전사戰士를 길러 냈다. 전위부대 말이다. '혁명 전위'라는 말이 급속하게 확산되었고, 전위를 자처하는 청년들이 속속 조직에 합류했다. 직업혁명가가 양산되었다. 이들은 서약했다. '광주의 혼'에 혁명을 위해 몸 바칠 것을 맹세했다. 민주주의가 꽃피는 세상에 그 혼들과 함께 어우러져 춤추는 꿈을 꿨다.

운동권은 조직을 추스르기 시작했다. 전위부대는 '무림霧林'이 사라진 자리에 '학림學林'을 결성했다. 전국민주학생연맹과 전국민주노동자연맹이 결합된 비밀결사체였는데, 1981년 말 간부들이 대거 구속되면서 곧 해체됐다. 살아남은 전위들은 1982년 3월 부산 미국문화원에 화염병을 투척했다. '광주'를 눈감아 준 미국에 대한 학생 운동권 최초의 응징이었다.

1983년 12월, 떠도는 학생들에 대한 복귀 조치가 이뤄졌다. 독재 정권이 일종의 유화책으로 취한 조치였다. 감옥에 있던 131명의 학생들이 석방되었다. 이들은 다시 조직을 결성했다. 학생회가 부활했고, 1984년 '민투학련'(전국민주화투쟁학생연합)와 1985년 '삼민투'(민족통일·민주쟁취·민중해방 투쟁위원회)가 태어났다. 학생 운동권은 노동자와 다시 결합했다. 서노련(서울노동운동연합), 인노련(인천노동운동연합)이 대규모의 노동 파업과 크고 작은 시위를 감행했다.

1985년에는 구로 파업이 있었고, 이보다 더 큰 규모의 인천 파업이 같은 해 5월에 발발했다. 인천 주안 사거리 시민회관 광장에는 최루탄과 화염병이 난무했다. 학생과 노동자로 이루어진 시위대는 주안과 제물포 일대의 파출소를 습격했다. 곳곳에서 연기가 피어올랐다. 인천은 한국의 상트페테르부르크(소련의 혁명기지)였다. 노동자와의 통합 조직 결성을 시도한 남민전(남조선민족해방전선준비위원회)과 사노맹(남한사회주의노동자동맹)이 대표적이다.

586세대의 전위조직들은 다양한 혁명 이론을 만들어 냈다. 혁명의 목표, 방식, 수도 세력과 연합 세력, 이데올로기, 주적 개념 등이 논의되었다. 논쟁의 핵심은 혁명의 주도 세력이 '민족인가, 계급인가'였으며, 당시의 야당과 재야가 '연합 세력인가, 아닌가'도 문제였다. 그 판단 여하에 따라 노동운동과 학생운동의 목표와 연대 방식이 달라질 터였다.

이 문제를 판단하고 일목요연한 혁명론을 세우기 위해 광범위한 혁명 서적이 읽혔다. 1980년대 초반의 대학생들은 비교적 국내 인사의 책을 더 많이 탐독했다. 황석영·이재의·전용호의 《죽음을 넘어 시대의 어둠을 넘어》로부터 시작해서, 리영희의 《전환시대의 논리》, 《우상과 이성》, 백기완의 《자주고름 입에 물고 옥색치마 휘날리며》, 송건호·강만길·백기완 등의 《해방전후사의 인식》, 조영래의 《전태일 평전: 어느 청년 노동자의 삶과 죽음》, 김지하의 시 〈오적〉, 양성우의 시집 《겨울 공화국》, 김남주의 시집으로 정신을 무장했다.

그러나 이 책들은 사기 양양에는 좋았으나, 이론을 제공해 주지 못했다. 1980년대 중반의 대학생들이 본격적인 혁명 서적을 찾아 나선 것도 이런 이유 때문이다. 제3세계 해방신학, 파농의 《대지의 저주받은 자들》, 밀스의 《들어라 양키들아》, 맑스-레닌주의와 마오쩌둥 관련 서적, 모리스 돕M. Dobb의 논쟁서, 모순론과 실천론에 관한 소련 아카데미의 책, 일본 좌파의 저서들로 나아갔으며 심지어는 김일성 저작에 손을 대기 시작했다. 이것만으로는 성이 차지 않아 단파 라디오로 평양방송을 청취하는 주사파 전신 조직들이 생겨났다.

이런 모색들이 1984~1985년에 이른바 '사회구성체 논쟁'으로 번졌다. 한국 사회를 어떤 상태로 규정할 것인가가 논쟁의 핵심이었다. 사회구성체란 마르크스 《자본론》의 출발점으로서, 자본의 성격에 따라 하부구조(경제)와 상부구조(정치)의 결합 양식, 그리고 그것의 총체적 결과로서 사회의 본질이 결정된다는 이론이다. "자본의 성격이 법과 제도, 정치체제, 그리고 총체적 생산관계를 결정한다"는 논리에 기대 한국 사회의 본질을 규명하려 한 것이다.

이른바 '3반론三反論'이 다시 부활한 것도 이때다. 반봉건·반외세·반독점을 의미하는 3반론은 한국 사회를 자주독립 국가, 민중 중심의 민주 국가로 만들기 위해서는 이 세 가지 장벽을 무너뜨려야 한다는 주장이다. 반봉건은 식민 상태로부터, 반외세는 종속 상태로부터, 반독점은 국가독점자본의 착취로부터 탈출할 것을 주장했다.

그리하여 한국의 본질을 어떻게 보는가에 따라 3개의 혁명론이 대두되었다. 이것이 CNP 논쟁이다. CDR(시민민주혁명), NDR(민족민주혁명), PDR(민중민주혁명)의 머리글자를 딴 CNP 논쟁의 여하에 따라 혁명 목표, 노선, 전략, 연대 세력이 결정되었기 때문에 운동권은 이 논쟁 속으로 끌려 들어갔으며, 운동권 여부와 관계없이 586세대는 의식적, 무의식적으로 이 논쟁 속에서 젊은 시절을 보냈다. 이 논쟁에서 멀리 떨어져 있던 세대의 구성원들도 CDR, NDR, PDR 가운데 하나를 선택하도록 강요받았다.

CDR은 한국을 주변부 자본주의로 보아 시민과의 광범위한 연대를 강조했다. 제헌의회 결성을 통한 시민민주주의의 확립이 목표가 되었다. NDR은 한국을 '식민지·예속 국가독점자본주의'로 규정하고 학생 운동권이 노동 세력과 민중과의 연대를 통해 제국주의, 파쇼, 독점자본과의 다면 대립의 투쟁을 벌여야 한다고 주장했다. 주사파의 이론적 근거였다. 반면 PDR은 한국을 '국가독점자본주의'로 단순 규정하고 노동계급을 전면에 배치했으며, 국가와 자본의 전복을 꾀했다. 계급투쟁을 강조한 '민중민주주의' 이론이었다.

여기까지 밀고 나간 사회구성체 논쟁은 '민족과 계급의 우선권 문제'에 부딪혔다. 무엇을 우선할 것인가? '민족'이라면 NDR, '계급'이라면 PDR에 우선 비중을 실어야 하는 전략적 문제가 발생한 것이다. 그것은 노선 투쟁이자 운동의 주도권 투쟁이었다.

그러는 동안 1987년 4·3 호헌 조치가 공표되고, 연합투쟁 전선이 구축되었으며, 6·10 시민 항쟁이 발발했다. 1980년대 초 졸업해 이미 직장인이 되어 있던 청년들이 이른바 '넥타이부대'로 시위에 참여했다. 시민 항쟁의 위세에 눌려 노태우가 '6·29 선언'을 공포했다.

그러자 전선이 교란됐다. 1987년 7월에는 노동자가 일어섰다. 운동권은 거의 정신을 차릴 수 없었다. 혁명론은 현실의 빠른 물살에 실려 어디론가 흘러갔다. 전국의 3,300개 사업장에서 300만 명에 달하는 노동자들이 시위를 감행했다. 그들은 오래 묵은 한을 풀었다. 그러고는 작업장으로 속속 돌아갔다. 그런데 무너질 것 같았던 독재 정권이 노태우라는 상속자를 통해 약하게나마 부활했다. 그리고 루마니아가 무너지면서 사회주의의 전면 붕괴가 일어났다. 급기야 소련마저 무너졌다.

노동 세력은 얼떨떨해 있던 학생 운동권에게 독립을 선언했다. 정치인들도 이들에게 학교로의 복귀를 권했다. 586세대의 대부분은 졸업과 동시에 사회로 흩어졌다. 전위들은 갈 곳이 없었다. 경인 지역의 크고 작은 공장에 2,000~3,000명으로 추산되는 학출과 전위들이 여전히 활동하고 있던 터였다. 어디로 갈 것인가? 어떻게 할 것인가? 혁명론은 완성되지 않았으며, 혁명은 좌절된 듯이 보였다. 주도권도 정치인과 노동자로 넘어갔다. 김영삼과 김대중이 정치혁명을 선언했으며, 노동계에서는 단병호가 미래의 지도자로 부상하고 있었다.

'586세대의 수업 시대'는 수업만으로 끝난 것인가? '혁명의 노래'를 불렀던 것으로 만족할 것인가? 아니면 이제 그만 포기할 것인가? 포기하기에는 너무 늦었고, 계속하기에는 정황이 달라졌다. 길고 긴 방황이 시작되었다.

지식의 바다: 신서유견문新西遊見聞*

후진국 유학생

혁명 세대가 출현하던 1980년대 중반, 후진국의 촌스러운 청년이 미국 보스턴 소재 대학으로 떠났다. 세계의 중심이 어떤 곳인지, 한국은 그것에 비해 어떤 형상을 갖추고 있는지 알아야 한다는 의욕만으로 충만한 청년이었다. 서양은 미지의 세계였다. 국내 대학원에서 약간 맛본 학문의 문법으로 서양을 끌어안기는 버거웠다.

여름 방학이었을 거다. 〈동아일보〉의 한 기자가 어딘가 가자고 제안했다. 보스턴에서 북쪽으로 백 마일가량 떨어진 세일럼Salem이란 도시였다. 그 도시라면 너새니얼 호손N. Hawthorne의 고택이 있는 곳이었다. 기자는 유길준을 얘기했다. 마침, 서강대 이광린 교수가 〈신동아〉에 발표한 유길준 유학기가 생각났다. 우리는 주저 없이 차를 달렸다. 세일럼 박물관에서 목격한 유길준의 유물은 흥분을 자아내기에 충분했다.

1883년 그가 보빙사報聘使 일원으로 파견될 때에 입고 왔던 관복

* 이 절은《인민의 탄생》'서문'에서 부분적으로 따왔는데, 글의 논지에 맞춰 새로운 시각으로 다시 썼다.

이 거기 있었다. 박물관 학예사는 우리를 지하 창고로 안내했다. 그곳에는 진열되기를 기다리는 수백 점의 조선 공예품이 놓여 있었다. 한말 독일 공사 묄렌도르프가 귀국할 때 세일럼을 거쳐 갔는데, 조선에서 수집한 각종 예술품과 고급 생활용품을 박물관에 팔아넘겼다고 했다. 문화재가 따로 없었다. 유길준의 유품은 따로 보관되어 있었는데, 그의 스승이던 에드워드 모스E. Morse 박사에게 보냈던 붓글씨 영문 편지도 있었다. 세일럼 근교 더머아카데미에서 6개월 수학하는 동안 유길준이 근황을 적어 보냈던 편지였다.

당시 27세, 100년 후 필자와 정확히 동갑내기였는데, 성장 과정과 인식 공간은 너무나 달랐다. 그는 어릴 적 유교 경전을 이미 독파했고, 고전과 한시에 밝아 신동 소리를 들으며 성장했다. 일본 게이오대학 후쿠자와 유키치福澤諭吉에게서 1년을 사숙했으며 고종 휘하에서 박영효의 명을 받아 〈한성순보〉 발간을 준비했던 당대 최고의 지식 청년이었다. 조선 청년 중에 일본과 미국을 두루 다녔던 인물은 없었다. 그는 조선 최초의 미국 유학생, 그것도 민영익이 지원했던 국비유학생이었다.

그는 당시 거기서 어떤 생각을 했을까? 무엇을 고민했을까? 미국의 고등교육이 제공했던 지식을 어떤 프리즘으로 보았을까? 그곳에서 바라본 조선은 어떤 형상이었으며, 어떻게 개조하고 싶어 했을까? 그가 유학했던 때로부터 꼭 백 년이 지난 뒤 우연히 그곳에 임시 거처를 틀었던 조선의 후예이자 동갑내기 청년은, 미국 대학이 부여한 현대적 커리큘럼을 허적허적 쫓아가기에 급급했다.

지식의 바다

후진국 청년이 세계 국가의 사정을 들여다보고 현실 파악에 진입했던 미국 대학은 지식의 바다였다. 지식의 대양大洋이라고 할까. 각국에서 몰려온 청년들이 마치 대양을 뛰노는 물고기처럼 퍼덕거렸다. 아르헨티나, 독일, 이탈리아, 호주, 중국, 폴란드, 필리핀….

폴란드에서 온 청년은 마침 조국에 불어닥친 자유노조의 민주화 물결에 고무되었다. 그는 자유노조 지도자 레흐 바웬사가 공산주의 속국 상태를 끝장내고 민주공화국을 수립했다는 소식에 흥분을 감추지 못했다. 아르헨티나에서 온 청년은 나이가 지긋한 아저씨 같았는데 종속이론의 정당성을 더듬거리며 말하는 필자를 이상한 눈으로 쳐다봤다.

독일 태생 유학생은 친절하고 유연해서 필자와 잘 어울렸다. 그때까지도 관념론의 매혹에 젖어 있던 필자에게 그는 경험주의 사회학을 찾아 대서양을 건너왔다고 말했다. 그는 필자가 카를 만하임K. Mannheim의 지식사회학 저서를 출간했다는 사실을 알고 있었다.[5] 카를 만하임은 나치 치하 독일에서 활동한 헝가리 출신의 사회학자로서 《이데올로기와 유토피아》(1929)라는 세기적 저작을 썼다. 관념론을 비판하는 만하임의 인식론을 더듬더듬 얘기하는 필자와 그런대로 뜻이 잘 맞았다.

미국인 학생들은 각 주에서 천재로 소문난 청년들이었다. 수업시간에 다루는 고전의 내용을 들은풍월 수준이나마 거의 알고 있었고 교수들의 질문에 거침없는 대답을 늘어놨다. 필자는 물론 꿀 먹은 벙어리, 받아 적기에도 바빴다. 첫해 1년간 필자는 강의 내용을 절반 정도만 이해했다. 그래도 강의 교재를 밤새워 읽어 냈기에 따라가는 데에는 문제가 없었다.

어느 날 다니엘 벨D. Bell 교수가 필자를 호출했다. 《이데올로기의 종언》을 쓴 이 미국의 석학은 아리스토텔레스에서 시작하는 사회사상의 계보를 계몽주의와 관념론, 헤겔과 마르크스를 거쳐 독일과 프랑스의 근현대 사회사상에 이르기까지 종횡무진 강의했다. 그는 말이 무척 빨라 미국 학생들도 강의 이해에 애를 먹고 있었다.

"미스터 송, 자네는 내 강의를 알아듣겠나?"

나는 물론 답을 찾지 못했다. '알아듣는다'고 하면 시대의 석학이 당황했을 것이고, '못 알아듣는다'고 하면 후진국 청년의 자존심이 상했다. 인간은 자존심으로 살아가는 동물이다. 우물쭈물하는 필자에게 벨 교수가 말했다.

"유타주州에서 온 존John에게 노트를 빌리게."

존은 몰몬교에서 선발한 장학생이었는데 착실하기로 소문난 학생이었다. 나는 그의 노트를 빌려 꼼꼼히 읽어 나갔다. 마치 성서聖書처럼 정리가 잘 돼 있었지만 놀랍게도 몇 구절의 새로운 해석을 제외하고 대충 알고 있는 내용이었다. 자존심 회복을 위해 이후에도 밤을 새웠고 벨 교수가 강의 도중 느닷없이 던진 질문에 몇 번 답을 할 수가 있었다. 뿌듯했다.

기말 리포트를 정성껏 썼다. 프랑스 사회학자 에밀 뒤르켐의 《사회분업론》이 탄생하게 된 배경과 사회사상사적 의미를 분석한 내용이었는데, 돌려받은 리포트에는 "매우 훌륭한 논문, 독일과 비교분석이 요망됨"이라는 코멘트가 달려 있었다. 그만하면 자존심은 회복한 셈이었다.

몇 년 후 1987년 여름, 필자는 학과 건물 앞에서 다니엘 벨 교수와 우연히 만났다.

"한국에서 노동계급 투쟁이 일어나고 있는데 자네는 어떻게 보는가?"

필자는 민주 이행과 민주화의 과정이라고 설명했고 경제 성장 수준으로 봐서 이행이 성공적으로 진행될 것이라고 답변했다. 벨 교수는 남미와 아시아 국가를 예로 들어 한국의 비교론적 우위를 설명했던 것 같다. 필자도 흔쾌히 동의했다. 지금의 눈으로 판단하면 상식적이지만, 당시로서는 아시아, 남미, 유럽의 정치 발전과 사회적 변화를 두루 점검하고 분석한 서너 개 강의를 수강한 덕에 지닐 수 있었던 시각이었다.

유럽의 정치발전을 다룬 강의에서 피터 홀P. Hall 교수에게 질문했다. 피터 귀레비치P. Gourevitch가 19세기 유럽 관세정책을 다룬 논문 중 아무래도 이해가 안 되는 부분을 지목했는데, 홀 교수는 그 자리에서 귀레비치 교수에게 전화로 물었다. 결국 귀레비치 교수가 문제가 있음을 자인했다. 유럽의 정치체제는 종교와 산업(부르주아지와 노동계급의 규모)이 결정하고 있음을 인지했다. 그 수준 간 격차를 활용하기 위해 관세정책이 활발하게 추진되었는데 그것은 국내적으로는 계급혁명을 자극했다.

남미와 동아시아의 권위주의가 무너지고 민주화가 진행되던 때였다. 국내의 계급구조와 산업형태가 서로 달라 나라마다 다른 경로를 걷고 있었는데 크게 보면 "경제 성장이 민주화를 촉진한다"는 정치사회학자 립셋S. M. Lipset의 명제에서 크게 벗어나지는 않았다. 남미의 포퓰리즘은 수명을 다했고 후유증을 길게 남겼다. 이에 비하면 동아시아의 권위주의는 산업화를 성공적으로 이룬 덕분에 권위주의 자체가 붕괴하는 양상이었다. 권위주의가 성공을 위해 무덤을 파고 있었던 거다.

미국 학계에서는 남미에 가졌던 관심이 동아시아로 옮겨 오고 있었다. '아시아의 네 마리 용Four Asian Dragon'이 비상하고 있기도 했지만, 무엇보다 일본과 중국에 대한 학문적 관심이 크게 증대했다. 1980년대는 '일본의 시대'라 해도 과언이 아니다. 일본 개론 강의에 학생들이 거의 300여 명이나 몰렸으니까. 필자는 여섯 명의 조교 중 한 명으로 이 강의에 참여했다. 《일본 최고*Japan as Number One*》라는 저서로 히트를 친 에즈라 보걸E. Vogel 교수 강의였다. 보걸 교수는 한국의 성장이 일본 통치 덕분이라는 식민지 근대화론적 시각을 견지하고 있었다. 한국이 차용한 경제 제도들, 국가의 시장 개입 방식, 경제 기구들이 일본의 유산이라고 설명했다.

조교는 한 시간 토론을 담당하는데, 내가 맡은 토론 조에서 보걸 교수의 시각이 틀렸음을 역설하고 온갖 사례를 들이대느라 진땀을 흘렸다. 40여 분이 지났을까, 한 학생이 손을 들었다. 나는 잠시 숨을 돌렸는데,

"코리아가 어디에 있지요?" 미국 수재 학생들의 머릿속에 코리아는 없었다. 그날 토론은 그것으로 끝났다.

1980년대 중반이 지나면서, 일본에 대한 관심은 중국으로 점차 옮아갔다. 덩샤오핑의 개혁개방 정책이 중국 학생들을 대거 미국으로 불러들였고, 미국 학자들이 중국행 비행기를 탔다. 문화혁명

기에 일어났던 농촌구조의 변화와 정치권의 혁신, 정책 연구가 쏟아졌다. 인류학자와 사회학자들이 중국 변방까지 들어가 현장답사를 했고, 중국의 급속한 변화를 다룬 연구서들이 속속 출간됐다.

1980년대 후반에 이르면 중국 근현대사와 문화혁명기를 다루는 강의에 800명 정도의 학생이 몰렸다. 필자는 스탠퍼드대학에서 부임해 온 앤드루 월더A. Walder 교수의 조교로 강의에 참여했다. 중국 산업 부문을 다룬 그의 저서 《공산주의 신전통주의*Communist Neo-traditionalism*》(1988)는 현장 관찰기로서 개혁개방기 노동자들의 조직, 국가 지원, 복지제도, 삶의 형태가 중국의 전통에 입각해 있음을 밝혔다. 문화혁명기 베이징대 공산당 당원이었던 저자 유다이윤Yue Daiyun이 미국으로 이주하여 출판한 수기 《폭풍 속으로》(1987)는 당시 지식인과 학생들이 어떤 수난을 겪었는지를 고스란히 적었다. 동기생 중 중국 문화혁명기 상하이 지역 홍위병이었던 학생이 있었다. 그는 왼손 엄지가 잘려 나갔던 그때를 회상하며 쓴웃음을 지었다. 그는 학위를 마치고 뉴욕으로 이주해 변호사가 됐다.

새뮤얼 헌팅턴S. Huntington 교수는 정치학과와 사회학과 학생들을 위해 자주 세미나를 열었다. 그의 머릿속에는 정치체계의 변화를 집약하는 대륙별 지도가 그려져 있었는데 종교, 인종, 습속이 교차되는 문명권의 특성이 일목요연하게 드러났다. 전쟁과 혁명의 요인을 탐색하고 요인들의 작동 양상을 총체적으로 조망하는 시각이었는데, 후에 그 유명한 저서《문명의 충돌》(1993)로 출간되었다. 필자는 혁명론에 관심이 있었다. 일본이 근대혁명에 성공했던 데 반하여 한국은 실패한 이유가 몹시 궁금했다. 그 답을 배링턴 무어B. Moore와 스코치폴T. Skocpol 교수의 혁명론에서 찾았다. 스코치폴 교수의 혁명론은 스승인 배링턴 무어의 이론에서 시작한다. 두 교수 모두 세기의 혁명인 프랑스, 독일, 영국, 러시아, 중국, 일본 혁명을 관통하는 공통 요인을 탐색한다. 무어 교수는 농민과 노동계급, 자본가 계급의 이념 특성과 경제적 상황을 중시하는 데에 비하여, 스코치폴 교수는 그것을 포함해 국가와 재정상황, 그리고 국가 간 전쟁을 새로운 변수로 설정했다. 설명 방식엔 각각 장단점이 있지만, 근대를 창출한 세계의 주요한 혁명을 분석하는 이론적 프레임을 만들어 냈다는 바로 그 점이 사회과학의 인식 세계를 대변한다.

사회과학은 요인 간 관계 분석이다. 이해하고자 하는 현상을 두어 개의 중요 요인으로 분해하고 요인 간 역학관계를 역사적 과정과의 긴밀한 관련하에 설명하는 것이다. 문학에는 인간人間이 있고, 사회과학에는 변수變數가 있다.

"부르주아 계급 없이 민주주의 없다No Bourgeoisie, No Democracy"는 이

간단한 명제를 추출하기 위해 각국의 혁명 속으로 깊숙이 침투하는 것이다. 어느 날 내가 독파하고 꽂아 둔 수백 권 책들이 한곳으로 다소곳이 머리를 조아리고 있는 형상을 목격했다. 문리文理가 트인 것이다. 남미에서 유럽, 미국에서 아시아까지 지구를 한 바퀴 돌았고, 각국의 역사적 사정과 현실, 그것을 그렇게 만든 중대 요인들이 대체로 머릿속에 그려졌다. 문리가 트이는 느낌, 뭔가를 터득했다는 느낌이 이런 것일까.

그날 밤, 나는 비가 내리는 캠퍼스를 배회했다. 전혀 어둡지 않았다. 어둠 속에 웅크린 사물들도 그 본질이 무엇인지 알 수 있을 것 같았다. 가로등이 꺼져 있어도 내 갈 길을 찾을 것 같았다. 한국으로 돌아갈 시간이 다가오고 있었다. 나는 동기생들과 작별 인사를 나눴다. 동기생 중 최초로 학위를 받은 필자에게 동기생들은 아낌없는 축하와 격려를 보내 줬다.

신서유견문

그렇게 돌아왔다. 떠날 때의 후진국은 이제 중진국이 돼 있었다. 후진국 청년은 서양산 학문의 세례를 받고 한층 세련미를 뽐냈다. 자신만만했고 의기양양했다. 토크빌의 민주주의론, 로크와 루소의 사회계약론, 베버의 사회경제론과 방법론, 그들의 빛나는 사회

이론에 기초해 세운 현대 사회과학자들의 역작들을 동원해서 한국 사회의 숨은 방정식을 찾아내고 그 유용성을 입증하려 하였다. 그러나 한계가 있었다.

그 한계를 절감하는 데에 그리 오랜 시간이 걸리지 않았다. 표층은 그런대로 보이는 듯했으나, 심층의 깊이는 가늠할 수 없는 암흑 상자였다. 이것을 서양 인식론으로 재단하다간 본질을 왜곡하기 십상이었다. 무엇보다 성리학과 유교가 거기에 있었다. 조선은 세계 최고의 유교 국가였고, 조선 이후 20세기 한국 사회는 유교적 생활양식과 사고방식을 그 바탕에 깔고 있었다. 한국은 개화기를 통해 통치이념으로서의 유교를 벗어던졌지만, 오백 년 동안 사회 저변에 형성된 그 끈질긴 습속까지 송두리째 버렸던 것은 아니다.

유교는 오랫동안 종교였고, 사회의 조직원리였으며, 교육과 문화의 핵심 가치였다. 한국의 20세기는 유교가 외래 종교와 가치관, 다양한 이데올로기에 자리를 내주면서 서서히 약화돼 가는 과정일 터인데, 근대화 모델에 강한 집착을 보였던 중심부 사회과학은 연속과 불연속, 화합과 충돌의 그 복잡하고 오묘한 양상을 주로 '전통과 근대'라는 이분법으로 분해하기를 은근히 부추겼다. 그도 그럴 것이 사회과학은 '근대의 자식'이었기 때문이다.

한국 사회의 심층에 놓여 있는 유교, 중요한 순간에 불쑥불쑥 얼굴을 들이밀고 있는 유교적 습속은 현대 한국의 사회과학자들에게 어떤 퍼즐을 던지고 있는가? 한국 사회의 작동원리, 사람들의 사적·공적 관계, 친족과 가족, 기업의 내적 네트워크와 정책결정, 국가에 대한 사회적 관념, 심지어는 교육과 입시 같은 사회 쟁섬을 관할하는 인식과 행동의 에너지도 서양이론에 내재된 그것과 본질이 전혀 다른 화학적 원소라면 어떻게 할 것인가? 생각이 여기에 미치자 서가에 가지런히 꽂힌 서양산 지적 무기들이 빛을 잃기 시작했다. 그러곤《근사록近思錄》,《연암집燕巖集》같은, 예전에는 멀게만 보였던 책들이 가려졌던 빛을 발했다.

유길준은 나와 반대의 길을 걸었을 것이다. 성리학적 세계에 몸을 담근 채 두렵고 조심스러운 눈으로 서양을 바라봤던 것이고, 필자는 서양의 학문세계에 투항한 채 선진국 문턱까지 치고 올라온 한국을 바라보고 있었다. 그는 심층에서 표층을 '수용'하려 하였고, 나는 표층으로 심층을 '해부'하려 하였다. 그는 심층과 표층을 '접목'시키는 방법을 고민했고, 나는 표층에서 추출한 역학으로 심층을 '정복'하려 하였다. 다시 읽은《서유견문》, 개명된 사대부 청년이 개인의 자유와 통의通義를 논의하고 군주의 권력적 기반을 유교에서 자유주의의 낯선 공간으로 밀어낼 때 그가 감당해야 했던 정신적 탈각의 곤혹이 나의 오류를 말해 주고 있었다.

한국 사회가 점차 서양과 더 많은 유사성을 갖춤에 따라 그 작업이 상당히 의미 있는 결과를 선사했음을 부정하는 것은 아니다. 한국의 사회과학은 경제력의 팽창과 더불어 의외로 빠르게 성장했다. 서양산 사회과학의 적합성과 유용성은 한국이 선진국에 접근할수록 커지고 있음은 부인할 수 없으며, 사회과학의 보편적 분석 도구가 한국의 역동적 변화를 입체영상처럼 보여 주고 있다는 사실 역시 마찬가지다.

그럼에도 문사철을 위시해서 인류학, 사회학, 문화학, 심리학, 언론학, 정치학 등 '인간'이 더 문제시되는 분야는 그 역사적 심층과 접목하지 않고는 보편적 분석 도구들의 유용성이 반감된다는 사실을 깨닫는 것이 중요하다. 그것은 결코 새로운 깨달음은 아니다. 빈 배낭을 지고 여행을 시작했을 때에 이미 그런 의구심이 마음 한구석에 자리 잡고 있었다. 세일럼 박물관에서 유길준이 벗어 놓은 관복을 보았을 때에 느꼈던 그 아득한 충격도 그런 의구심을 살짝 동반한 것이었을 터다. 빈 배낭에 첨단지식을 잔뜩 넣어 돌아와 한국 사회를 마주했을 때 자신감만 있었던 것은 아니다. 한국의 사회적 현상은 개념과 이론으로 무장한 사회과학자를 자주 당혹스럽게 만든다. 필자가 그동안 겪었던 낭패감이 그것이다.

1970년대 세대가 자부심을 갖고 행했던 과거와의 단절, 못난 애비 죽이기의 대가는 혹독했다. 어릴 적 입양되었다가 성인이 되어 고국에 돌아온 입양아의 느낌이 그런 것일까? 낯설기 짝이 없는 산천이 뭔가 부모의 체취를 풍기고 있음을 알아차려야 하는 입양아가 따로 없었다. 부모의 체취를 어떻게 잡아내고 어떻게 이해해야 하는가? 나의 몸과 마음, 나의 가족과 사회에서도 그 체취를 맡을 수 있다면 어떻게 해야 하는가? 역사의 내력들이 나를 통해 새로이 현현되고, 나를 통해 미래로 뻗어나간다.

그렇다면 필자는, '이단의 자식'들은 일찍이 아버지를 죽였지만 다시 아버지를 찾아야 하는 이율배반적 상황에 직면한 것이다.

새로운 시간

1994년 봄, 지방 대학에 있던 나는 서울로 자리를 옮겼다. 모교로 돌아오는 길보다 질문에 답하는 길이 훨씬 멀었다. 길을 찾아내야 했다. "문학을 하셨는가?"라는 질문을 이제는 이해한다. 그러나 이해는 출발이었을 뿐, 《서유견문》을 넘어서지 못하는 사회학자의 비좁은 사유의 공간에는 답이 생겨나지 않는다. 모교로 돌아온 필자는 K 교수가 기대했을 법한 진정한 답에는 도달하지 못했음을 인지한다. 검술의 본질을 도외시한 채 칼끝이 무엇을 겨냥한지도 모르는 무사의 겁 없는 귀환이라고나 할지.

나는 다시 자하연 연못을 돌아 인문대학 건물 앞에 섰다. 며칠을 주저하다가 겨우 나선 걸음이었다. 층계를 천천히, 아주 천천히 오르면서 답을 생각했다. 연구실을 두드렸다. 이번에도 조교가 문을 열었다. 앳돼 보였다. "누구라고 할까요?"라고 물었던가, "'사회학과'에서 왔다고 전해 주세요"라고 답했던가, 정확히 기억이 나지 않는다. 그리고 연구실에 들어섰다.

K 교수는 창밖을 응시하고 있었다. 창밖은 버드나무가 한껏 자라 한가득 연두색이었다. K 교수는 돌아보지 않았다. 잊혔던 그 정지된 시간이 다시 시작되고 있었다. 창밖을 응시하던 K 교수가 이윽고 입을 뗐다.

"송 선생인가!"

그것은 질문이 아니라 확인이었을 게다. 그 짤막한 확인에 "돌아왔습니다"라고 했는지 기억이 나지 않는다. 창밖의 봄은 더 이상 잔인하지 않았다. 버드나무는 넉넉한 품을 보여 주었고, 저만치 언뜻언뜻 지나가는 학생들의 먼 모습은 발랄했다. 마음이 조금 가벼워진 것은 창밖의 바뀐 풍경 때문이었을 것이다.

다시 '정지될 시간'을 피할 요량으로 서둘러 나왔다. K 교수의 내면에 어떤 생각이 고였는지는 모른다. 조교가 서둘러 나서는 나를 전송했다. 젊은 교수를 부러워하는 눈치였다. 상상력에 망명했던 수업 시대가 그렇게 끝났다. 새로운 시대가 시작되고 있었다.

2부

내 마음의 공방: 소설 3부작

나의 기질에 문학이 잠복해 있다는 사실은 알고 있었지만 그토록 급작스럽게 터져 나오리라고는 상상하지 못했다. 1989년 한림대학교에서 사회학 교수 생활을 시작한 이래 2016년 말까지, 나는 요동치는 한국 사회의 현실 진단과 그런 현실을 빚어낸 구조 분석에 여념이 없었다. 1989년은 민주화 열망과 동구권의 붕괴가 겹쳐 한국 사회의 진로 찾기가 진정 혼란했던 시절이었다. 동구와 소련의 해체는 곧 '사회주의의 종언'을 의미했다.

가장 크게 충격받았던 그룹은 1980년대 혁명 세대였다. 그들은 한국의 민주화 과정에 직접 뛰어들거나 외곽의 강력한 압력집단을 형성했다. 민주화는 사회의 총체적 변혁을 요구한다. 1990년대가 그런 시절이었다. 노동운동과 시민운동이 전선에 나섰고 시민 참여의 형식을 띤 '거리의 정치'가 개막되었다. 소란했고 비틀거렸지만 다른 국가들에 비해 그런대로 성공적인 이행 과정을 밟았다. 학문적 연구 주제는 사회과학자들이 감당할 수 없을 정도로 늘어났다. 노동, 복지, 민주정치의 내부 역학에 관심을 뒀던 나는 비교론적 관점에서 몇 권의 저서를 출간했다.

그런 와중에 외환위기가 닥쳤다. 누구도 외환위기를 예견하지 못했기에 사회과학의 대실패를 자인해야 했다. 암울한 상태에서 외환위기의 원인과 충격을 분석하고 향후 대비책을 모색하는 책을 썼다. 사회학자로서 일종의 반성문이었던 셈이다. 외환위기가 어느 정도 안정되던 시기에 의약분업 사태가 발생했다. 한국 사회는 또다시 분쟁 상태로 돌입했다. 한국 사회는 사회과학자들이 정신을 차릴 수 없을 정도로 역동적이다.

이후 2016년 말까지 사회학자로서 필자가 겪고 씨름했던 쟁점들은 헤아릴 수 없이 많다. 진보정권의 탄생, 탄핵 사태, 운동권 정당의 출범, 북한 문제, 광우병 사태, 연평도 포격, 천안함 피침, 세월호 참사 등등…. 필자는 그동안 복지정치, 노동정책과 고용, 민주주의와 정치구조 등 쟁점에 관해 저서를 출간했고, 3부작인 인민, 시민, 국민의 탄생 연작을 펴냈다. 1989년에서 2016년까지 27년간 사회과학 연구에 몰입해서 대략 35권의 저서와 편저를 출간했다. 다른 학자들도 진배없겠지만 연구에 나의 인생을 쏟아부었다고 할까.

그러다가 박근혜 전 대통령의 탄핵 사태를 맞았다. 외환위기 때처럼 허탈했다. 그런 대통령을 국민이 직접 선출했다는 사실, '정치의 사유화'에 오염된 한국 민주주의의 미성숙함, 그 취약점을 십분 활용해 권력을 탐하는 정치권의 행보가 사회과학적 비판의 한계를 말해 주는 것 같았다. 외환위기 전부터, 어쩌면 필자가 교수생활을 시작하던 시기부터 사회과학은 실패를 거듭하고 있었던 것이다. 연구 의욕이 나지 않았다. 깊은 수렁에 빠진 느낌이었다. 회의懷疑의 골바람이 몰아쳤다.

그러던 어느 날, 신문에 미국 동아시아 함대 모함인 칼빈슨호가 서해를 거슬러 올라왔다는 소식이 실렸다. 북한 정권의 오판을 사전에 예방하려는 차원이었다. 그 사진이 1876년 1월 나가사키항에서 발진해 강화도로 진격하던 구로다 기요타카黑田清隆 함대의 북진과 겹쳤다. 그러자 구로다 함대와 대적하러 혈혈단신 강화도로 향한 접견대관 신헌申櫶의 모습이 떠올랐다. 마침 그가 남긴 《심행일기沁行日記》를 감명 깊게 읽었던 터라 상상력의 공간이 꿈틀거리기 시작했다.

곧 소설 집필에 돌입했다. 사회과학이 한계에 다다른 지점에서 문학이 피어난다는 것은 젊은 시절부터 인지하고 있었다. 역으로 사회과학은 문학이 닿을 수 없는 경계에서 힘을 발휘한다. 비틀거리는 한국 사회의 진로 모색에 힘을 보태려 했던 사회과학의 한계와 경계를 뛰어넘고 싶었다. 오랫동안 버려뒀던 문학이 사회과학에 지친 나를 기다리고 있을 줄이야.

집필은 석 달 동안 계속됐다. 겨울을 어떻게 보냈는지 기억이 없다. 창밖 눈 덮인 화단에서 노란 복수초가 살짝 고개를 내밀고 있던 2월 말 생애 최초의 소설이 완성됐다. 구원받은 느낌이 그런 것일까, 산등성이로 피어나는 아지랑이가 반가웠다.

일단 봇물이 터진 창작 의욕은 나를 작가로 변신시켰다. 3권의 창작집을 연달아 냈다. 정치적, 사회적 혼란이 크면 클수록 창작욕은 역으로 부풀었다. 사회과학의 한계를 절감해《21세기 한국 지성의 몰락》(2023)이라는 책도 냈다. 내가 몸담은 한국 지성계가 자초한 쇠락 현상을 자책한다는 뜻에서 '파산'을 의미하는 그 단어를 썼는데 동료들은 너무 비관적인 제목이라고 불만을 털어놨다. 아무튼, '지성의 몰락' 현상이 짙어질수록 창작욕은 타올랐다.《다시, 빛 속으로》(2018),《꽃이 문득 말을 걸었다》(2022),《연해주》(2024)가 그것이다.

이 중《꽃이 문득 말을 걸었다》는 〈문학사상〉 2022년 1월 호에서 6월 호까지 6회에 걸쳐 실린 '꽃 연작' 단편소설이다. 코로나 사태로 두문불출하던 어느 날 미국 버클리대학 초빙 교수로 가 있던 권영민 교수가 귀국 인사차 전화했다. 반가운 말과 근황이 오가자 권 교수가 물었다.

"두문불출, 뭘 하는가 본데 실토하시지."

나는 너무 반가운 나머지 실토하지 않을 수 없었다. 집필실 마당에는 계절 꽃들이 차례로 피고 졌다. 꽃들이 내게 말을 걸어와 그걸 쓰고 있다고 했다. 목련, 산벚꽃, 동자꽃, 감자꽃, 능소화, 매화꽃. 권 교수가 명령조로 말했다.

"원고 보내 봐."

꽃 연작은 그렇게 세상에 나왔다. 젊은 시절 자화상에 상상력을 불어넣어 기억을 내부 수리했다. 기억의 리모델링이라고 할까.

다른 두 작품은 《시민의 탄생》(2013), 《국민의 탄생》(2020)을 집필하면서 간직했던 인물들의 인생 서사다. 일제 초기 도쿄 기마대 중위였다가 1919년 3·1 운동을 계기로 연해주 독립투쟁의 지도자가 된 김경천, 일제 말기 불출세의 작가 김사량이 주인공이다. 김경천은 제권帝權이 무너지고 민권民權이 싹틀 시점의 인물, 김사량은 국가 건설 과정에서 희생된 인물이라고 보면, 두 인물은 시민, 국민 개념에 각각 대응한다. 《강화도》의 신헌은 '개명 인민'의 전형적 인물이라고 보면, 세 주인공은 인민, 시민, 국민에 각각 대응한다고 봐도 무방하다. 굳이 말하자면 '탄생 시리즈' 3부작에 대응하는 소설 3부작인 셈이다.

세 사람은 구시대와 신시대의 접선, 즉 경계선에 발을 딛고 있다는 점에서 소설 주인공으로 손색이 없다. 그들은 모두 경계인의 삶을 살았다. 신헌은 일본 무력과 사대부의 쇄국 이념 사이에 위치했고, 김경천은 일제 장교 신분과 독립투쟁 사이를 방황했으며, 김사량은 김일성 체제와 자유 사이에서 고뇌했다. 이 고뇌를 문학적 상상력의 공간에 옮겨 그들의 심정에 탐조등을 비추고 싶었다.

역사는 승리하는 쪽의 논리로 삶을 재단하기에 패배한 삶에는 관심이 없다. 그러나 문학은 거꾸로다. 패배와 좌절의 심성에서 진리의 조각을 찾아낸다. 작가 이병주식으로 말하면, 역사는 빛을 찾아 나서고, 문학은 신화를 찾아 헤맨다. 문학을 통해 사회과학으로 가는 길이 더 풍부해졌음을 느낀다. 사회과학은 지도를 그리지만, 문학은 길을 가는 사람을 그리기 때문이다.

2부에서는 소설 3부작에 얽힌 소소한 에피소드와 창작 배경, 그리고 작품에 투영된 필자의 소망을 따라가 보고자 한다. 작가인 나도 독사가 돼 읽으려니 새삼스럽다.

1

무력과 구원

《강화도》

2017년 6월 중순이었을 거다. 소설《강화도》를 발표하고 숨을 돌릴 겸 소양댐 입구 마을에 새로 개장한 카페로 나들이를 갔다. 집필실 이웃인 한림대 박근갑 교수와 동행했다. 독일사 전공자인 그는 빌레펠트대학에서 학위를 받은 실력파인데 서양사에 한계를 느껴 한국사로 연구 영역을 바꿨다. 마침《인민의 탄생》(2011)을 쓰고《시민의 탄생》(2013)까지 밀고 나아간 나의 끈기에 대해 박 교수의 감탄이 이어졌고, 최근 출간한 소설《강화도》가 대화 주제로 올랐다. 박 교수는 신채호에 대해 새로운 시각을 다듬는 중이었다. 국사학에서 민족주의 원조로 찬양 일색인 신채호 선생을 인식론의 관점에서 조명하면 색다른 시각이 가능함을 자주 말했다(신채호에 관한 그의 저서는 몇 년 후 출간되었다).

전화가 울리다

지난겨울, 박 교수는 집필실에서 꼼짝 않고 자판을 두드리던 필자를 기억하고 있었다. 신헌을 주인공으로 소설을 쓰다니, 거기에 천주교라…. 천주교는 우리가 자주 그 의미를 짚던 근대사의 중요한 주제였다. 그 순간 내 휴대폰이 울렸다. 처음 보는 번호였다.

"저, 김종회 교수라고 하는데요, 이번에 내신 소설《강화도》로 '이병주 국제문학상' 수상자에 선정됐습니다. 축하드립니다."

김종회 교수라면 경희대 국문과 교수이자 문학평론가로 명성을 날리는 학자인데, 왜 사회학자인 나에게 전화했는지, 게다가 문학상은 뭔지, 영 낯설기 짝이 없었다. 마침 그때 한창 기승을 부리던 보이스피싱이 떠올랐다.

"보이스피싱 같은데요, 전화 끊습니다."

나는 박 교수와의 대화로 돌아왔다. 휴대폰이 다시 울렸다.

"보이스피싱 아니구요, 혹시 서울대학교 국문과 김 교수님 아시지요?"

그 말에 정신이 돌아왔다. 보이스피싱이 아니었다. 나는 황송하기 짝이 없어서 목소리가 떨렸다. 김종회 교수는 자초지종을 찬찬히 말했다. 심사위원들이 만장일치로 결정했다는 거였다. 이병주라면 나도 익히 아는 작가인데, 《관부연락선》을 비롯해 《남로당》, 《지리산》 등을 쓴 대작가 아닌가. 거기에 부산 〈국제신보〉 주필을 역임했고 5·16 당시 "조국은 없고 산하만 있다"라는 사설을 써서 옥살이를 했던 시대의 문필가.

잠시 망설였다. 그래도 소설 한 편으로 문학상을 받을 수 없는 노릇 아닌가. 불철주야 작품 집필에 온 인생을 바치고 있을 수많은 무명작가들이 떠올랐다.

"알아보지 못해 송구합니다. 그런데… 그런데 말이지요, 많은 작가들이 평생을 바쳐 작품을 쓰고 있는데 사회학자인 제가 받기에는 적이 곤혹스러운 게 아니지요."

약간 승강이가 있었다. 김 교수는 물러서지 않았다. 심사위원들이 다시 심사할 수도 없고, 이미 결정된 것을 번복할 수도 없다는 사실을 강조했다. 그는 단호한 목소리로 최후통첩을 날렸다.

"수락하신 걸로 알고 끊습니다."

그리하여 얼떨결에 문학상 수상자가 됐다. 1978년 이후 40년 만인 문학으로의 귀환, 사회학으로 '돌아가겠다'고 했다가 결국 문학으로 '돌아온' 나에게 주는 환영 선물로는 벅찬 것이었다. 박 교수가 얼떨떨해하는 나를 축하 술자리로 끌었다.

하동에서

수상식 전날 나는 아내와 함께 하동으로 차를 몰았다. 섬진강을 따라 내려가다가《토지》의 배경인 평사리에 들러 잠시 박경리 선생을 추모할 예정이었다. 평사리는 하동군에 속한 마을로《토지》의 긴 이야기가 시작되는 발원지다. 통영 출신인 박경리 선생이《토지》의 배경으로 평사리를 지목했다는 것은 아이러니다. 드넓은 악양벌을 지도에서 보면서 그곳에 지주를 중심으로 자작농, 소작농, 빈농과 머슴들이 수많은 세월을 동고동락했다는 것을 떠올렸으리라. 최 참판댁이 바로 마을의 중심이고, 그곳에서 시동생뻘 머슴 구천이가 별당 아씨를 업고 지리산으로 도망치는 사건이 서사의 시작이다. 지리산은 애환의 계곡이자 희망의 능선이기도 했다. 지리산은 동학에서 빨치산에 이르기까지 생존과 투쟁의 마지막 전선이었으니 하동 평사리는 수많은 얘기 줄기가 퍼져 나가는 발원지로 안성맞춤이었다.

평사리에서 동남쪽으로 지리산 능선을 몇 굽이 넘으면 이병주 선생 생가가 나온다. 여전히 지리산 자락인데, 지금도 그러하지만 대처로 나가는 사람들은 모두 진주로 향했다. 진주는 지리산 남쪽 지방의 중심이었다. 통영 출신 박경리 선생은 중고등학교 시절을 진주에서 보냈고, 이병주 선생 역시 소학교 졸업과 동시에 진주로 유학 갔다. 그곳에서 만난 수많은 사람들의 절절한 사연이 이병주의 촉각에 잡히면 바로 역사가 된다.

《지리산》의 하준규는 함안 지방 대지주의 아들로 일본에 유학 갔다가 징집령을 거부하고 지리산으로 피신했는데, 결국 빨치산 지도자로 변신할 수밖에 없었다. 그는 남부군 사령관 이현상 다음가는 지휘관이었다. 《남로당》의 박갑동, 《관부연락선》의 유태림은 모두 진주와 연을 맺고 있는 인물로서 작가가 진주와 일본 유학 시절 만났던 사람들이다.

대체 이병주란 작가는 누구인가? 1992년 타계할 때까지 80여 권에 이르는 방대한 작품집을 남긴 한국문학의 거장을 온전히 이해하기란 어렵다. 일제 강점기를 포함하여 한국 근현대사에 이르기까지 그의 문학적 손길을 거치지 않은 것이 없을 정도다. 사건은 역사에서 전개된 실제 상황이며, 등장인물은 그 속에 살았던 실제 인물이다. 사건 전개에 약간의 허구가 개입하고는 있지만 대체로 우리가 실제로 겪었던 파란만장한 근현대사의 격랑이 그대로 펼쳐진다.

놀라운 건 그의 해박한 지식과 기억력이다. 《남로당》을 예로 들면, 박헌영의 일대기가 연대와 날짜별로 상세히 열거되거나 공산당의 역사가 마치 연구 논문처럼 전개되는 것이 그렇다. 1946년 독립촉성중앙회가 개최된 자리에서 이승만이 박헌영과 다른 정당 지도자들을 모아놓고 일장 연설하는 장면에서는 이승만의 연설문이 두 페이지에 걸쳐 전재된다. 작가도 "역사적 문헌이기에 그대로 옮긴다"고는 했지만, 포츠담 선언문, 미군정 하지 장군의 포고문, 빨치산 토벌대의 포고문 등을 포함하여 일제 말기 징집령과 포고령 등이 원문 그대로 등장하는 것을 보면, 작가의 자료 수집 능력은 물론 깊고 넓은 지력과 기억력에 놀라움을 금치 못한다. 작가가 재직했던 〈국제신보〉가 그의 문서고 역할을 했을 수도 있다. 그러나 인물과 사건에 대한 해박한 지식, 그리고 그에 대한 역사적 해석을 바탕으로 전개되는 스토리는 한국 근현대사에 대한 '소설적 진실'에 다름 아니다. 그렇기에 그의 소설은 역사적 사실을 담은 거대한 그릇으로서 역사에 대한 작가의 해석을 당시에 실재했던 주인공을 통해 토해 낸다.

"햇빛에 물들면 역사가 되고 달빛에 물들면 신화가 된다." 사람들의 조명을 받으면 '역사'가 되고, 그렇지 않으면 '신화'로 남는다는 그의 통찰을 집약한 말인데, 역사와 신화는 한 끗 차이라는 뜻이다. 작가 이병주 작품에 등장하는 인물들은 역사와 신화 양단을 넘나들지만 역사가 되기를 원하는 공통점이 있다. 그러나 그렇지 않은 것이 역사다. 사람들이 공모하는 역사는 신화를 밀어낸다. 역사가 신화를 밀어내는 과정, 신화가 역사로 편입되는 과정에서 소설이 빚어지는 것이다.

이병주에 대한 조명을 통해 '학병學兵세대 문학' 개념을 새로 도입한 김윤식 교수는 서슴없이 말한다. "해방 이후 최대의 작가는 이병주다." 김윤식 교수의 견해에 필자는 십분 동의한다. 그러니 영광스러울밖에.

차가 평사리를 지났다. 추석을 앞두고 섬진강은 가을 색이 완연했다. 벚나무 잎이 붉은빛으로 물들었고, 여울을 휘감아 도는 강물 소리가 아기 울음처럼 들렸다. 강이 휘도는 곳에 모래톱이 펼쳐졌다. 저기가《토지》의 영광과 양현이 달밤에 만난 곳이리라. 영광은 동학도이자 형평사 운동을 꾸려 가던 송관수의 아들, 양현은 우유부단한 일본 유학생 이상현과 서희 침모의 딸인 봉순 사이에서 생긴 불륜의 씨앗이다. 두 젊은이는 달빛이 내리는 밤 여기 섬진강 변 모래톱에서 만났다. 서로 사랑하는 마음이 이들을 강변으로 이끌었던 것이다.《토지》의 얘기가 후대로 이전하는 것을 예고하는 순간이자, 신분의 굴레를 벗고 인생을 꾸려 가겠다는 새로운 세대의 탄생을 예고하는 장면이기도 하다.

그것은 이병주의 말에 따르면 여전히 '신화'였다. 이 신화가 역사로 전환하는 데는 얼마만큼의 고난이 동반할까. 그 고난을 위로하듯 박경리는 그 장면에서 양현에게 "흰빛 보랏빛의 과꽃을 예쁘게 묶은 꽃다발"을 들려 보냈다. 감옥에 갇힌 이병주가 자신의 분신인 프린스 김을 내세워 알렉산드리아의 아늑한 카페에서 미녀 주인공 사라와 정담을 나누게 하는 장면이 신화인 것과 동일하다.

박경리 선생은 필자와의 대담에서 그 장면이 현기증이 난다고 토로했다. "다시 반추해 볼 엄두가 나지 않는 장면들이지요. 그런데 이들의 만남을 5부 전체의 구심점으로 끌어올리려는 의도였어요."[1] 바로 이것이다. 신화를 역사로 끌어올리려는 작가의 의도는 성공하지 않아도 좋다. 실패가 예정돼 있다 해도 독자들은 실패의 구렁을 뚫고 햇빛 쪽으로 나오려 하니까. 이병주 선생은 스스로 실패의 구덩이를 헤집어 만신창이가 된 신화를 보여 줬다. 그것으로 족하다. 이병주 선생이 1980년대에 들어 자신의 암담한 체험과 역사의 굴레에서 빠져나와 대중적 자유와 탐미의 공간으로 이전한 것은 그렇게 이해된다. 간혹 제기되는 '대중소설'이라는 세간의 비난은 세속에 대한 작가의 미련과 옹호를 이해하지 못한 까닭이다.

그렇다면, 사회학자인 나는 세속의 원리와 습속에서 역사의 규범을 찾아 여기저기 헤매 다녔으니 이병주 선생과 약간 중첩된 공유의 영역이 발견된 셈이다. 다만 시선이 다를 뿐이다. 그러다가 역사로 깊이 잠입해서 근대적 자율성이 짓밟힌 만신창이 과정을 짚었으니 나는 선생의 여정을 거꾸로 밟은 셈이다. 차가 하동 시가지로 진입했다. 겸연쩍은 느낌이 그제야 조금 가셨다.

다음 날 수상식에서 소감을 말하는 필자는 차분해져 있었다. 게다가 동남아 작가들이 참석해 있었기에 우선 영어로 감사인사를 전하는 만용도 부렸다. 그렇게 예의를 차린 뒤, 소감을 피력했다.

> 제가 나림那林 선생을 접한 건 대학 시절이었습니다. 세상의 출구가 막혀 문학이 유일한 숨통이던 시절이었습니다. 권력은 상상의 공간에는 침투하지 못했습니다. 《소설·알렉산드리아》가 선생의 숨통임을 나중에야 알았습니다. 《관부연락선》, 《산하》, 《지리산》에는 소설로 재현된 역사와 그런 역사를 겪어 낸 운명이 읽힙니다.
>
> 선생의 종횡무진한 글쓰기가 전후 세대인 저에게 옮겨붙을 줄은 예상하지 못했습니다. 그러나 '극단의 시대'를 살았던 선생의 고뇌의 깊이를, 사고의 폭을, 시대 경계를 넘나드는 언어를 감히 따라갈 능력은 없었습니다. '극단의 시대'가 조용히 막을 내리고, 세태의 소용돌이를 외면할 자유가 가능한 시대를 저는 살았습니다. 그럼에도 전선에 남기를 자원했습니다. 선배들이 용서할 것 같지 않았고, 글쓰기로 시대의 진로를 증언하고 싶었습니다.
>
> 청년 시절, 스스로에게 했던 약속도 그랬습니다. 문학세계에 망명했던 저의 청년 시절은 결국 "문학적 상상력의 사회학적 구조"라는 평론을 들고 현실로 복귀했습니다. 자유로운 상상의 공

간도 결국 당대의 사회 현실에서 자유롭지 못하다는 발자크의 리얼리즘을 인정한 결과겠지요. 나림 선생의 문학세계가 그랬습니다. 제가 시대 정서와 역사적 경험지층을 굴착한 예술가적, 지적 경로를 알게 모르게 따라왔던 것 같습니다.

설익은 시詩에서 출발해 수필, 르포, 칼럼, 사회비평과 논문, 소설에 이르기까지 제가 걸었던 경로가 어쩌면 나림 선생의 그것이었습니다. 그러나 결코 나림 선생이 도달했던 관용의 사상, 화해를 향한 역사 인식과 인간 이해, 그리고 그것을 내색하지 않고 얽어내는 언어의 경지까지를 닮은 것은 아니었습니다. 나림 선생이 현실을 용해해 종횡무진 주옥같은 작품을 쏟아내던 그 연령대에 도달했음에도 그렇습니다. 갈 길이 먼데, 사회와 역사 전선의 드라마를 재현해 보일 언어와 사유가 이리 궁핍하니 자책할 수밖에요.

하동 포구에 도달한 섬진강물이 유유해지는 건 수많은 여울을 건너왔기 때문이겠지요. 저는 아직 여울로 흘러가는 중입니다. 김윤식 교수님, 정구영 위원장님, 그리고 김종회 교수를 비롯 심사위원 여러분께 작은 약속을 드릴 수밖에 다른 도리가 없습니다. 하동 포구에 이를 때까지 계속 그리 흘러가겠습니다.

소설《강화도》

무력과 구원

《인민의 탄생》(2011)은 필자가 평소에 품었던 의문에 대한 추적이었다. 빠알간 피부의 아기, 즉 적자인민赤子人民으로 묘사되던 착하고 순진무구한 인민이 어떤 계기로 군주와 귀족의 권위에 도전하게 되었을까? 필자가 내린 답은 '훈민정음'이었다. 국문國文이야말로 무지한 인민에게 세상의 이치를 깨우쳐 주 천상의 선물이었다. 훈민정음 반포에 대한 사대부와 귀족들의 저항에는 명분과 일리가 있었다. 인민에게 글을 주면 언젠가 권력을 달라고 할 터, 절대로 글자를 주면 안 된다는 것. 그럼에도 세종은 글을 줬다. 그 글로 인민은 소설을 읽었고, 노래를 배웠고, 결국 성경을 읽었다.

1860년대 진주민란을 필두로 인민의 시대가 열렸다. 공교롭게도 대원군의 쇄국론에 미온적이던 박규수가 안핵사로 파견되어 그 진상을 조사했다. 탐관오리의 부패와 삼정의 문란을 혁파해야 한다고 조정에 상신했다. 그러나 혁파는 단행되지 않았다.

그러는 사이, 양선洋船이 출몰하기 시작했다. 1866년 8월 미국 상선 제너럴셔먼호가 대동강을 거슬러 올라왔다. 정박하는 곳마다 대동강 변 주민들과 마찰을 일으켰다. 조선군의 퇴각 명령에도 불구하고 계속 상류 쪽으로 올라오면서 급기야는 무력 충돌이 빚어졌다. 마침 평양감사로 가 있던 박규수가 화공을 퍼부어 제너럴셔먼호를 침몰시켰다.

한 달 뒤, 프랑스 국적의 군함이 강화도에 나타났다. 아무런 저지도 없었다. 프랑스군은 강화도에 상륙해서 가옥에 불을 지르고 관아를 파괴했다. 얼마 전 발생한 병인박해에 대한 항의 차원이었다. 대원군에 의해 자행된 천주교 탄압에 수천 명의 조선인 신도와 프랑스 신부 6명이 목숨을 잃었다. 말하자면 조선은 외적으로는 양선의 출몰, 내적으로는 천주교의 확산이라는 이중 위기를 겪고 있었다. 양선은 한 손에는 무력을, 다른 손에는 구원을 들고 왔는데 강화도는 그 첨단에 있었다.

조선 시대에 유수留守가 다스린 한양 부근 지역은 세 곳이었다. 개성, 광주 그리고 강화도. 개성은 북쪽 오랑캐를 막는 최후의 저지선이고, 광주는 임금이 불의의 사태에 피신하는 곳, 강화도는 바다로 들어오는 왜양적倭洋敵을 막는 군사 요새다. 유수는 주로 군주가 절대 신뢰하는 부하 또는 친인척에게 맡기는 벼슬이다. 왜양을 막는 것도 힘에 부쳤지만 내부의 적, 즉 천주교의 확산을 막는 것은 더욱 힘들었다. 왜냐하면 천주교리가 성리학적 통치 개념을 파고들어 인민의 가슴을 점령했기 때문이다. 군주의 통치 명분인 성리학적 천天 개념을 천주天主로 바꿔놓으면 곧바로 천주교도로 개종한다.

1876년, 이번에는 왜倭가 왔다. 전함 9척에, 대포와 회선포로 무장했고 기마 1천여 기를 실었다. 사령관은 메이지 정부의 공신인 구로다 기요타카 중장. 그의 손에는 국교를 맺으라는 천황의 친서가 들려 있었다. 그것은 교린질서交隣秩序에 대한 공식 부정이었다. 청淸의 조공국 간에는 청의 허락 없는 어떤 형태의 교섭도 불가한 것이 교린질서의 불문율이었다. 강화도 유수 조병식은 함대에 저항하는 것이 불가능하다고 판단해 일찍이 익직溺職(힘이 부쳐 공직을 사직하는 행위)을 신청해 사저로 숨었다. 조정은 판중추부사 신헌을 접견대관으로 임명했다. 전함 9척을 상대하러 혈혈단신 강화도로 떠나는 신헌의 심정은 어떠했을까?

소설은 이로부터 시작한다. 김훈의 《칼의 노래》에 묘사된 이순신 장군의 심정은 비장하고 결기에 차 있다. 조정의 모함에 걸려 백의종군하는 그의 발걸음에 힘을 얹어 주고 싶다. 신헌의 심정은 복잡하다. 종군하는 그의 몸 깊숙이 그가 사모해 온 혜련(소설에는 정약용 선생의 외손녀로 설정)이 건네준 십자가가 있다. 왜의 무력과 천주교의 구원을 한데 겹친 소설적 구성인데 그것은 신헌이 겪는 모순의 발원지다. 사모하던 혜련은 강화도로 시집갔고, 지금도 거기에 남편과 사별한 채로 살고 있다. 왜적을 제압하러 떠나는 신헌은 주머니 속 십자가의 온기를 느낀다. 조선이 직면한 내

외부의 이중적 위기를 강화도 조약을 주제로 조명해 보려 한 것이 소설《강화도》다.

대체 천주교는 어떻게 조선인의 신심을 파고들었는가? 성리학적 세계관을 밀쳐 낼 만큼 매혹적인가? 그렇다면 구원의 복음서인《천주실의天主實義》를 잠시 들여다볼 필요가 있다.

《천주실의》

동학농민운동이 막바지에 다다른 1894년 가을, 조선에 입국한 영국의 지리학자 이저벨라 비숍은 종교 시설을 둘러보려 했다. 오백 년 도읍지 한양에 종교사찰이 하나도 목격되지 않은 것이 의아했던 것이다. 경복궁 좌우에 종묘와 사직단이 설치된 것을 조선 초행자가 알 리 만무했지만, 그래도 12만 인구가 밀집된 한성부에 일본처럼 신도는커녕 아무런 종교 시설도 발견되지 않는다는 것은 인류 보편사의 틀림없는 예외로 비쳤던 것이다. 그러나 이 영국의 석학이 궁금증을 푸는 데는 그리 긴 시간이 소요되지 않았다. 모든 민가가 종교 시설이었던 것이다. 양반과 서민 할 것 없이 별도로 모셔 둔 위패가 바로 종교였다. 유교는 오백 년 조선인의 신앙심을 관할했다.

그러나 유교는 내세관이 없는 현실 종교였다는 점이 특이하다.

유교는 현실의 도덕과 윤리를 관장하는 예제禮制이자 세계관이었는데 그 원칙은 하늘의 궁극적 진리天理에서 도출된다고 믿었다. 하늘이 궁극적 진리이자 만물의 기원이라는 이 믿음을 바탕으로 천리와 천도天道를 구축했던 것이 유교였다. 퇴계가 어린 선조에게 그려 준《성학십도》의 첫 그림이 태극도太極圖다. 천리와 천도로써 백성을 다스려야 한다는 군주의 십계명이 알기 쉽게 풀이된 지침서였다.

그렇듯 그것은 사대부, 즉 지배계급의 종교였다. 고경古經 독해 능력을 갖춘 사대부는 성리학의 태극관을 마음으로 느낄 수 있었지만, 무지한 인민들은 하늘의 종교적 의미를 아무리 강조해도 신심의 갈증을 채우지 못했다. 인민들은 민속과 주술신앙으로 그것을 달랬다. 백여 가지도 넘는 귀신 명부에 이저벨라 비숍이 매혹되었던 것도 이런 연유에서다. 조선 인민들은 자신들의 공포와 바람을 각종 귀신들에게 의탁하고 있었던 것이다.

이런 인민들에게 서교西敎가 출현했다. 그 맹아는 사실상 양반계급에서 발아되었는데, 종교가 아닌 학문의 형태로 접했던 것이 화근이었다. 북경에 파견된 부경사赴京使 행원들에 의해 반입된 서학서는 거의 360여 종에 이르렀는데, 그중에《천주실의》가 끼어 있었다. 문자 그대로 '천주의 실제 의미'라는 뜻으로 예수회 신부 마테오 리치(이마두利瑪竇)가 1603년에 저술한 저서다. 이 새로운 책을 권력에서 밀려났던 남인 계열의 학자들이 돌려보았는데, 그 가운데 자발적 교인이 탄생했다.

이벽, 양반 가문의 자손이자 다산 정약용의 절친한 친구였던 그는 이 책을 읽고 개종을 결심했다. 최초의 천주교도가 태어난 것이다. 그는 '천주공경가'를 언문으로 짓기도 했고, 친구들을 불러 모아 교리연구회를 개최하기도 했다. 1779년 천진암 주어사에서 교리연구 모임이 최초로 열렸다. 정확히 밝혀지지는 않았지만 이승훈과 이벽이 당대 최고의 학자인 정약용, 권철신에게《천주실의》를 강의했을 것이다.

《천주실의》는 마테오 리치가 직접 한문으로 쓴 서학서다. 그는 매우 명석한 청년 신부였다. 광대한 동양 대륙에 천주교를 전파하려면 중국인의 신심 구조와 논리체계를 파악해야 한다는 것을 깨닫고 10여 년을 중국 경전 연구에 바쳤다. 그는 중국의 성리학을 파고든 끝에 그 전반적 체계가 천주교와 흡사함을 알아차렸다. 다른 것이 있다면 성리학의 천天은 비인격적 우주인 데 반하여, 천주교가 섬기는 창조주는 인격적 신이라는 점이다.

현명하고 영리했던 마테오 리치는 유교의 궁극적 원리가 비롯되는 상제上帝를 하늘의 주인이라는 뜻의 천주天主로 개념화했다. 상제를 천주로 교체하여 개종의 문턱을 낮춘 것이다. 그는 유교를 훼손하지 않고 포교가 가능하다고 생각했다. 상제를 천주로 표기하고 만물 창조와 운영의 기원으로 정의하면 수많은 중국인들이 천주교도가 될 수 있다는 자신감이었다. 그러나 그의 영리한 바람은 중국이 아니라 조선에서 실현됐다.

서양 선비西士가 중국 선비中士를 설득하는 대화체로 쓰인《천주실의》의 초점은 태극설을 천주설로 바꾸는 데에 있었다. 즉 무의 공간인 하늘에서 유가 비롯된다는 우주관을 바꾸려 한 것이다. 성리학이 사물의 근원으로 설정한 태극은 서양의 경험론과 실증론에 입각한 마테오 리치에게는 '아무것도 없는 것' 또는 허공으로 보였다. '허공에서 만물이 어떻게 비롯되는가?'라는 서사西士의 질문에 중사中士는 답을 못 한다. 서사는 단도직입적으로 말한다. 만물은 하늘에서 비롯되는데, 그 '천'은 바로 천주다. 천주는 누구로 말미암아 생기는 것이 아니고 그 자체 천지를 기르고 주관하는 '지극히 위대한 소이연所以然'이다. '그 소이연은 누가 만들었나?'라는 중사의 질문에, 그것은 '원초적 소이연'이어서 그 위에 누구를 상정할 수 없다는 서사의 대답. 서사는 아예 만물의 분류 도표를 그려 설득에 나섰다. 사물의 범주를 실체(자립자)와 속성(의뢰자)으로 구분하여 실체에서 속성이 나온다는 것을 논리적으로 설파했다.

만물의 소이연인 하늘은 속성이 아니라 실체여야 하므로 태극은 허공이 아니라 천주라는 인격체여야 한다는 것, 천지 만물에는 원주가 존재하고 그것이 상제로서 천주라는 것, 천주는 도와 덕이라고 말할 수 없으며 도덕의 근원이라는 것을 논했다. "우리(서양)의 천주는 바로 (중국의) 옛 경전에서 말하는 '하느님'이다."

허공 속의 상제가 인격신으로 대체된 천주는 중국인들보다 조선인의 마음을 파고들었다. 한반도에 천주교도들이 속속 생겨났다. 조정의 박해를 피해 심심산중에 교우촌이 형성됐다. 이 벽지 산촌을 밀입국한 프랑스 신부들이 찾아다녔다. 1866년까지 12명의 프랑스 신부가 참수되었다. 1779년 여주 주어사에 모였던 회원들은 모두 참수형에 처해졌다. 정약용의 만형 정약현도 참수당했고 그의 사위 황사영은 그 유명한 백서 사건으로 참살되었으며, 그 자신도 중형 정약전과 남도로 유배길에 올랐다. 이후 1만 5천 명에 달하는 신자들이 참형을 당했다. 서강나루 절두산이 신자들의 피로 붉게 물들었다.

1896년, 피어린 절두산 모래로 만든 벽돌로 명동성당이 건축됐다. 종루에서 퍼진 최초의 타종이 유교의 붕괴와 종교 자유를 만천하에 알렸다. 한반도에 성당과 교회가 속속 들어선 배경에는 《천주실의》가 놓여 있는 것이다. 이런 역사적 사실들이 《강화도》에 스며들었다.

경계인 신헌

신헌이 천주교도는 아니다. 소설에서는 천주교에 호의好意를 가진 무장武將으로 설정했다. 적어도 천주를 숭앙하는 서민들의 신심에 거짓이 없다는 사실을 인정하는 인물이다. 신헌이 군문에 들어선 1830년대만 해도 경기도 일대에는 천주교도들이 숨어 살던 교우촌이 많았다. 천주교도들이 많았던 지역을 '여리양광'이라 했듯이 여주, 이천, 양주, 광주가 교도들의 중심이었다.

신헌은 28세 때인 1839년 경기감영의 중군장을 지냈으므로 그의 주된 임무는 여리양광 지역으로 출동해 천주교도를 체포하는 일이었다. 체포돼 감옥에 갇힌 천주교도들은 서강 새남터 백사장에서 망나니의 칼을 받았다. 순교 직전 천주교도의 표정은 환하고 밝았다. 구원받은 모습이 그러할까. 신헌은 의아했다. 그럴 때마다 혜련이 주고 간 주머니 속 십자가를 내만졌다. 구원의 의문은 풀리지 않았다.

그에 비해 무력의 본질은 분명했다. 양선이 한강 양화진까지 올라와 연기를 뿜어 댔고, 돌아가는 길에 그들은 강화도에 상륙해 살상과 약탈을 일삼았다. 1866년 병인양요에 이어, 신미양요 당시에는 미국 함선과의 전투에서 강화도 수군 340명이 전사했다. 그리고 왜倭가 왔다. 사대부와 전국 유림들은 여전히 척왜양斥倭洋

을 부르짖었다. 그들이 상륙하면 강토가 오염되고 아녀자들이 도륙을 면치 못한다고 궁중에 상소했다. 조약문을 둘러싸고 양국 대관들 간 치열한 논쟁이 일던 2월 중순경, 광화문에는 최익현의 상소단이 진을 쳤다.

신헌은 기가 막혔다. 풍전등화의 순간에 필설과 논리로 나라를 방어할 수 있는가. 무력에 굴복하는 것도 묘책이 아니지만, 무력을 좇지 못하는 허약한 나라가 무엇으로 그들을 막을 수 있는가. 천주교를 막는다고 연기처럼 스며드는 천주의 은총을 막지 못하듯, 군대와 무력이 빈약한 조선은 양선의 침입을 어쩌지 못한다. 신헌은 여기서 혼란에 빠진다. 광화문 상소 행렬을 보며 신헌이 이렇게 되뇐 이유다.

> 내가 생사를 넘나들고 있을 때 그대들은 이념의 생사를 넘나들었구나. 내가 병사의 시체를 거두고 있을 때 그대들은 논리의 찬란한 휘광을 거두고 있었구나. 내가 살면 그대들이 살고, 내가 죽으면 그대들도 죽는데, 서로 삶과 죽음의 방향이 엇갈렸구나.
>
> 나의 품위와 너의 품위가 이리 엇갈리고, 나의 무武와 너의 문文이 이리도 다르니, 나의 칼은 어디를 향하고 있었는가. 군졸의 총과 포수의 화포는 어디를 향하고 있었는가.
>
> 국가의 안위는 오도吾道가 아니라 강화도에 달려 있다. 서원 철

폐가 그리 망국의 길이라면, 먼저 진신장보縉紳章甫가 총과 대포로 양적을 막을 일이다. 양적으로 망하나, 서원 철폐로 망하나, 망하기는 한 길인데. 내부의 망국과 외부의 망국이 서로 다투는 경계에서 신헌은 망연자실했다.

의정부 당상들도 뾰족한 궁리가 없어 우왕좌왕하다가 모두 운현궁의 결단을 기다려 보자고 이구동성으로 말했다.

무력에 대한 조선 지배층의 생각이 이럴진대 천주교에 대한 이단적 시선 역시 다를 바 없다. 그들은 천주교가 성리학적 통치 이념의 기반을 갉아먹는다고 판단했다. 유교가 상정한 천도의 운영자 상제上帝를 천주교의 천주天主로 바꿔치는 위험천만한 사교邪敎일 뿐이다. 그러나 신헌의 눈에 비친 천주교는 그렇지 않았다. 저쪽의 진실을 인정하지 않을 수 없는 상대적 이해가 경계인의 조건이다. 신헌은 경계인이었다. 안충은 그래서 나왔다. 강화도가 완충이듯, 신헌도 완충이다.

나는 완충이다. 완충에서 홀로 스러지는 것이 나의 운명이다. 밀어내고 밀고 오는 두 힘 사이에 완충지대를 만들어야 한다. 강화도는 완충이었다. 반짝이는 한강 물이 넘실거리며 흘러가 닿은 곳, 그리움의 퇴적이 강화도였다. 조정과 촌락에서 만들어 낸 모든 정의와 불의가, 시기와 관용이, 정론과 이단이 뒤섞여 흘러 퇴적물로 쌓이는 섬이 강화도였다. 나의 삶은 그 경계에 서 있었다. 정의, 관용, 정론과 불의, 시기, 이단의 어느 한쪽에도 거들지 못한 허허로움으로 살았다.

강물은 강화도를 육지에서 밀어냈다. 그 강물에 그리움을 실어 나도 떠내려갔다. 내가 상륙한 강화도는 원양遠洋의 역류를 온몸으로 버텼다. 양적이, 왜적이 바다를 밀고 올라왔다. 그 역류는 천년의 고립을 끝내라는 제국의 욕망이었다. 밀쳐 내고 밀려드는 두 개의 힘이 맞부딪혀 와류가 만들어지는 섬, 나의 완충 강화도. 그리운 여인에게 갈 수 없는 완충에 나의 작은 십자가가 있는 것처럼. 천주교도를 쫓아내는 나의 임무와 그녀를 향한 그리움이 완충하는 곳이 강화도였다. 함대와의 협상은 완충으로 살아온 자신의 삶을 그렇게 마감한다는 마지막 결재였다.

막이 내리고 있다. 길고 긴 조바심과 균열과 허허로움이 끝을 향해 달려가고 있음을 깨달았다. 조정과 백성에게 새로운 시련을 뜻하는 그 완충은 나에게는 허기진 부유浮遊가 몸을 겹쳐 눕는 최후의 안식처였다.

작가 김훈과 강화도로

나는 사실 이 작품을 작가 김훈을 의식하면서 썼다. 그의 짧고 강렬한 문장이 가득 찬 작품 세 편을 이미 감명 깊게 읽었기 때문이다. 게다가 역사적 고증도 철저해서 인물들의 제각각 특성과 품성을 형상화하는 데에도 성공한 작품들이다. 연필로 꾹꾹 눌러쓰는 그의 문장들을 흉내 낼 수도 없으려니와 문장과 함께 각인되는 주인공들의 비애와 고뇌의 찬란한 찬연鑽研을 따라갈 사람이 없다. 《칼의 노래》 서문은 누구나 쉽게 쓸 수 있는 문장이 아니다. 나는 서문을 외울 정도로 여러 번 읽었다. 《남한산성》에 반복적으로 출현하는 김상헌과 최명길의 논쟁, 존엄한 삶과 생존의 궁핍한 미학 간 접선 없는 논리가 끝없이 전개되는 평행선에 터지는 용골대 군내의 홍이포가 조선의 운명을 좌우하고야 마는 스토리는 작가의 문장과 시선에 의해 더욱 매혹적으로 변한다. 그리고 천주교도의 수난을 그린 《흑산》. 흑산도와 강진으로 각각 유배 간 정약전, 정약용 형제, 그리고 큰형인 정약현의 맏사위 황사영의 얘기다. 이순신과 왜적, 궁중 대신들의 이념 논쟁, 그리고 천주교도의 수난, 이 세 가지가 근세에서 근대로 옮겨와 서로 얽히며 만들어지는 일대 사건이 바로 《강화도》다.

《강화도》 출간 직후 〈조선일보〉 박해현 문화부장이 전화를 했다. 작가 김훈이 《강화도》를 읽는다면 약간 아쉬워할 거라고, 작가 자신이 흥미롭게 다뤘던 그 세 가지 주제가 한꺼번에 얽히는 이 사건을 놓쳤다고 말이다. 사실 나도 맞장구쳤다. 이 주제는 작가 김훈 것이 맞다고 말이다. 집필하면서 내내 김훈 작가를 염두에 뒀다는 말을 덧붙였다. 그랬더니 박 부장이 제안을 했다. 작가 김훈과 함께 그 역사적 현장인 강화도로 가보자고. 2017년 6월이었을 거다. 초여름 날씨가 화창했다.

우리는 작가가 사는 일산에서 반갑게 상봉했고, 곧 강화도로 향했다. 김훈의 입담은 격조 높은 것이어서 그의 글맛만큼이나 시큼 달달했다. 작품 구상과 집필 얘기, 출간 이후 독자들의 반응, 집필 중인 소설 얘기…. 끝이 없었다. 강화도에 도착하자 얘기꾼이 나로 바뀌었다. 김훈 작가가 역사적 사건의 세세한 부분을 워낙 궁금해했기 때문이다. 그는 이미 《강화도》를 독파한 듯했다. 우리는 구로다 함대가 정박한 초지진, 일본군이 상륙한 덕진진과 광성보, 조선 수군이 화포를 설치하고 방어막을 구축했던 갑곶돈대를 둘러봤다. 늦은 점심에서 소주 한잔을 걸치자 김훈 작가가 고백했다.

"나는 수병들이 상급 군지휘소에 보낸 장계가 마음에 들더군. 그 수병들의 묘사가 당시의 세상을 보던 그들의 시선과 초라한 현실을 담고 있거든."

그리고 또 이렇게 말했다.

"구로다 함대가 공중에 발사한 포탄이 터지는 장면을 보고 조선 수군이 놀라는 그 모습이 그렇게 흥미로울 수가 없어!"

이 시대의 대표 작가가 이렇게 말하는 데에 모골이 송연해지지 않을 신입 작가가 어디 있으랴. 나는 소주를 더 마셔야 했다. 그랬더니 약간 뻔뻔해졌다.

"그 묘사는 내가 한 것이 아니라 신헌 대관이 《심행일기》에 쓴 것을 인용한 것이지요! 그게 본부에 접수된 장계라서 '인용의 인용'이랄까요. 원작자는 풍도와 대부도 등 인근 섬에 근무하던 이름 모를 수병! 그리고 초지진과 덕진진 수병이 폭탄이 하늘에서 터지는 모양을 직접 봤으니까요."

장계에 묘사된 모습은 이렇다.

> 풍도 앞바다에 화륜선 네 척이 출현했습니다. 어느 나라 선박인지 확인할 수 없는데, 신시申時경 멀리 수평선에서 검은 연기를 뿜으며 다시 한 척이 나타나 합류했습니다. 날이 저물어 더 볼 수 없습니다. 계속 지켜보겠습니다.(의정부 접수 장계)

> 멀리 화륜선 두 척이 나타나 강화도 쪽으로 올라갔습니다. 빠르기가 바람 같고 크기는 판옥선 세 척을 합한 것만큼 컸습니다. 검

은 연기를 뿜으며 금시 시야에서 사라져 어느 나라 배인지 확인되지 않습니다.(영종첨사)

큰 전함 한 척이 검은 연기를 뿜으며 대부도 인근에 정박했습니다. 요망색리瞭望色吏를 시켜 정탐시켰는데 배 옆구리에 현무환玄武丸이라 쓴 글자가 뚜렷했습니다. 왜선인 듯합니다. 얼마 후 현무환은 원양으로 나아갔습니다. 계속 지켜보겠습니다.(대부첨사)

이양선 두 척이 왜병을 태우고 염하를 향해 올라갔고, 강화 갑곶진에 상륙했습니다. 이양대선 한 척이 작은 섬에 상륙해 흰 깃발 세 개를 꽂고 측량했습니다.(통진부사)

이양 삼범선三帆船이 신시경 영종 경내로 진입했습니다. 덕진진 파수장에 의하면, 병선 한 척이 해안에 접근해 대포를 한 차례 발사했습니다. 하늘에서 터졌습니다.(부평부사)

진시에 이양대종선 두 척이 통진 경내로 진입했습니다. 다음 날에는 왜인 20여 명이 상륙해 산에서 멀리 관측한 다음 배를 타고 한강 하류로 들어갔습니다.(풍덕부사)

검은 연기를 뿜으며 소종선 한 척이 통진 앞바다를 지나갔습니다.(통진부사)

소주를 마시던 식당 앞 염하鹽河(강화도와 통진 사이 해협)에 노을이 지고 있었다.

《강화도》 서문

경계인, 신헌

나는 논리 밖으로 자주 외출해 소설과 밀회했다. 논리는 세상을 재단할 뿐 공감하려 하지 않았다. 세상은 감성의 바다에 떠다녔다. 민얼굴의 인간과 사회가 거기 있었다. 오래 미뤄 뒀던 생각을 실행에 옮기기로 했다.

신헌을 접한 것은 오래전 일이다. 그는 봉건과 근대가 겹치는 19세기 중후반을 살았던 무장이다. 그는 봉건과 근대 사이에 선 경계인이었다. 진영논리가 대치하는 21세기 한국에서 경계인의 자리는 좁다. 나는 과거와 미래, 내부와 외부를 끊임없이 진자 운동하는 사회학자로 살았다. 그 경계선 위에 올라앉아 옛것과 새것, 민족과 세계, 시세와 처지를 관찰하는 문사文士를 자처했다.

19세기 후반, 신헌은 검은 연기를 뿜으며 밀려오는 일본 함대를 몸 하나로 대적했다. 밀려오는 왜양倭洋과 사대부의 척사斥邪 사이에서 진자 운동하는 신헌의 내면이 궁금했다.

*

신헌이 쓴 《심행일기》는 19세기 《난중일기》다. 이순신 장군은 명량과 노량에서 수없이 몰려드는 왜선과 대적했다. 거북선과 판옥선, 조총과 총통이 전부였다. 해류의 본능과 군졸의 공포를 읽지 못했으면 조선은 그곳에서 익사했을 것이다. 조정의 헷갈리는 기류氣流에 휩쓸리지 않은 무장의 굳건한 심지가 조선인을 지금 여기의 한국인으로 살게 만든 역사의 방벽이다.

방벽을 무너뜨리려 1876년 정월, 일본 함대가 왔다. 단출했지만 신식 화기로 무장한 무적함대였다. 전함 9척, 보급선 3척에 1천 병력과 기마병, 대포와 회선포를 실었다. 사령관은 36세 나이의 구로다 기요타카.

판중추부사 신헌은 강화노로 나아갔다. 빈손이었다. 경병 1천 명과 강화해협 포대가 숨을 죽이고 있었으나 막강함대의 화력에 비하면 빈손과 마찬가지였다.

《심행일기》는 1876년 2월 1일(양력)부터 2월 28일까지 한 달 동안 강화도 수호조규 체결 과정을 소상히 적은 기록이다. 《난중일기》는 이순신 장군의 담대한 성격처럼 당시 상황과 전투에 대한 상세한 묘사나 심경 토로가 거의 없다. '나는 배설의 목을 벴다' 이런 식이다. 신헌 역시 무장이다. 전라우수사를 지냈고 수도 방위를 담당한 오위청 지휘관을 골고루 역임했다. 그런데 매일 일어난 사건과 의정부 공문, 관문 및 지방관이 올린 장계를 상세히 기록했다. 심지어는 익직溺職을 신청해 물러난 강화유수 조병식의 상소문까지 수록했다.

가끔 '울화가 치밀다', '분노가 끓다', '담화증(천식)에 가슴이 막힌다' 등 사적 표현을 고려해도 그것은 훌륭한 역사 문건이다. 오히려 사적 표현은 강화도 수호조규에 임하는 외교책임자의 심정을 헤아리게 해주는 풍향계 같아 고맙기도 하다.

왜倭가 왔다. 검은 연기를 뿜으며 밀려오는 왜선은 임진왜란 때의 그 목선이 아니었다. 화력으로 발진하는 화륜선이었다. 에도 말기 일본은 근해를 항해하는 화륜선을 더러 목격해 경계심을 키웠다. 1853년 페리 제독이 이끄는 흑선 함대가 우라가항港에 입항해 대포를 발사하자 전 일본열도가 공포에 떨었다. 조슈번 사무라이 요시다 쇼인吉田松陰이 일본도刀의 강인함을 보여 주려 우라가항에 출정했는데 흑선의 위용을 보고 그 자리에서 무릎을 꿇었다. '존왕양이尊王洋夷를 실행하려면 흑선을 배우는 게 먼저'라는 그의 깨달음에서 메이지유신이 발아했다.

19세기 초반 이후 조선에 흑선은 여러 차례 왔다. 모두 쫓아 보냈다. 프랑스와 미국 함대는 강화도에 상륙해 살상을 저질렀다. 강화도는 수도를 지키는 보루였다. 수도 심心을 지키는 해문海門이란 뜻에서 강화도는 유수留守가 거처하는 심沁이다. 일본으로 치면 강화도는 요코하마항港이다. 강화도는 화륜선이 향하는 목표 지점이자, '은둔의 나라', '신비의 나라'에 근대와 제국주의가 몰려드는 입직구入直口다. 근대와 봉건, 만국공법과 화이華夷질서가 맞부딪힌 섬.

유수가 거처하는 또 다른 수도방위대 광주에는 남한산성이 있다. 남한산성은 병자호란의 격전지로서 명청明清교체기, 존화론과 주화론이 맞부딪혔다. 존화론에 집착한 조선은 엄청난 전화戰禍를 감당해야 했다.

정주학에서 발원한 이 명분론은 240년 후 강화도 수호조규에도 버젓했는데, 박규수와 신헌이 조정사대부와 유림의 완고함을 뚫고 주화론을 주입했다. 제국의 도래와 바뀐 시대에 대처해야 함을 깨달았던 선각자는 드물었다.

강화도 얼무낭에서 대좌했던 신헌과 구로다 기요타카는 수호조규가 가져올 미래의 사태를 대강은 짐작했겠는데, 제국 일본의 팽창, 조선 강점, 중국 침략, 그리고 태평양전쟁까지는 생각이 미치지 못했을 것이다.

20세기 동아시아의 비극이 거기서 발원했고, 위안부 소녀상, 독도, 사드 배치와 같은 최근 쟁점의 본적이 거기에 숨어 있다.

구로다와 대적하는 신헌은 서로 밀치는 두 개의 힘 사이에서 비장했는데 사대부와 유림은 천명天命의 정당성을 두고 각축했다.

2017년, 갈피를 못 잡는 정치권과 내부 싸움에 여념이 없는 한국 사회와 어딘가 닮지 않았는가? 그런 의미에서 이 얘기는 '오래된 미래'다. 안타까운 과거에서 발원하는 통한의 성찰을 진취적 사고로 갈아 끼우지 못한 채 반복의 덫에 빠져드는 누추한 미래, 그것이다.

*

무슨 연유인지 모르겠으나 봄이면 나는 강화도로 가끔 낚시를 다녔다. 그냥 그곳으로 갔다. 한강 변을 따라 펼쳐진 강 하류가 어딘지 쓸쓸했다. 철새가 내려앉는 강물의 흐름은 느렸다. 철조망이 쳐진 하류를 벗어나 김포와 통진의 번잡한 시가지로 들어서면 풍경이 낯설었다. 개발시대를 연상케 하는 번잡한 시가지가 21세기라는 시대적 배경에 좀 생뚱맞았다.

강화읍은 여전히 1970년대식이었다. 재래시장과 노점상이 늘어섰고 지붕이 낮은 식당이 줄을 이었다. 예전에 서울에서 시외버스를 타고 내리면 마주하는 그런 익숙한 풍경이었다. 시내를 조금 벗어나면 서문西門이 나온다. 나는 그곳에서 차를 세우고 점심을 먹었다. 시외버스 주차장, 편의점, 대중화장실이 그곳에 있었다. 봄 햇살이 내리쬐는 넓은 공터를 무심히 바라봤다.

거기서 고개를 넘어 20여 분을 달려가면 낚시터가 나온다. 섬 치고는 그 고개는 가팔랐고, 산도 우악스러웠다. 나는 그 고개를 가능하면 천천히 넘는다. 벚꽃이 절정일 때면 꽃비를 맞을 수 있다. 도로에 분홍색 꽃잎이 비단처럼 깔린다. 벚꽃 터널을 지나 너른 들이 나오고, 논밭에 물을 대주는 저수지가 펼쳐진다. 봄 붕어가 몇 마리 잡혀 주면 나의 강화도행은 그저 풍경이다.

그런데 어느 날, 나는 나의 낚시행이 역사 기행임을 알았다. 몇 년 전, 《인민의 탄생》과 《시민의 탄생》을 쓰면서 신헌과 강화도를 발견한 것이다. 내가 잠시 머물러 점심을 먹던 그 자리가 함대영이 있던 중영, 주차장과 대중화장실 자리가 열무당과 연무당 옛터였다. 고풍을 그대로 간직한 서문에는 첨화루瞻華樓(아름답게 번성하는 세상을 우러르는 누각) 편액이 걸렸다. 동문과 남문은 무너져 새로 개축했다. 진해문은 사라졌다.

북쪽 송악산 사면을 따라 성벽이 개축됐다. 동문 근처 강화도령이 살던 집은 '용흥궁龍興宮'이란 근사한 이름이 붙었고 그 옆에 강화도 한옥 성당이 있다. 벚꽃 고개는 고비재, 산은 고려산이고, 그 골짜기에 국화리가 있다. 옛 지명이 국정골이다.

눈으로 어림잡은 강화부성은 상당히 넓었다. 전함을 앞세운 근대가 진격해 온 자리에서 신헌과 구로다의 영혼을 불러내는 일은 그리 어렵지 않았다. 19세기 전국에서 처형된 2만여 명 천주교도의 영혼이 함께 화답했다. 대박래선大舶來鮮, 서양 함대와 천주교는 동형이다. 무력과 구원이 함께 왔다.

미국과 중국의 함대가 남중국해에서 맞붙고, 사드 배치로 한류가 쫓겨나고, 촛불과 태극기 물결이 광화문에서 대결하던 작년(2016년) 12월, 오랫동안 방치했던 문학의 세계로 잠시 이주했다. 논문으로는 도저히 화해시킬 수 없는 세상 현실을 언어의 바다에 절이고 싶은 욕망을 따라가고자 했다. 언어의 상상력은 때로 현실을 재구성한다. 40년 전 평론을 쓰던 대학 시절이 새삼스러웠다.

*

겨울, 신헌의 일대기를 추적하다가 그의 묘소가 춘천 부근에 있다는 기록을 접했다. 장남 정희가 쓴 행장에 '춘천 유점의 언덕에 모셨다'고 했다. 춘천 유점리. 유점鍮店이라면 놋그릇 파는 가게이고, 유점리는 그런 가게가 모인 동네라는 뜻이다. 아마, 놋그릇을 만들어 북한강 뱃길로 한양에 공급하던 동네였을 거다. 생전에 다산 선생이 사돈을 뵈러 화천 가까운 곳까지 물길로 왕래했던 터라 그런 짐작이 가능했다.

20년 전 춘천시 북한강 주변의 작은 농가를 집필실로 개조해 쓰면서 가끔 들었던 지명이었다. 어느 날 정오를 지나 유점리를 찾아 나섰다. 한나절을 찾아 헤맸으나 유점리를 아는 사람은 드물었다. 강변 어디께라고 일러 준 노인정 어른들도 정확한 위치를 대지 못했다. 결국 사료를 뒤져야 했다. 한림대 박물관을 생각해 냈다. 다행히도 답사 기록이 남아 있었다.

해가 뉘엿뉘엿 지던 시각이었다. 산동네를 가로질러 오솔길로 올라서니 언덕배미에 묘역이 나타났다. 놀랍게도 그 묘역은 내가 20년을 다니던 찻길 바로 위 능선에 숨어 있었다. 집필실로 가려면 북한강을 따라가다가 절개지를 타야 한다. 그 절벽 길이 시작되는 산 능선에 신헌 묘역이 있었던 거다. 스무 해, 그곳을 드나드는 나를 보고 있었다니!

집필실에서 지선거리로 일곱 마장, 약 3킬로미터 정도, 그러니까 농민들 어법으로는 한동네인 셈이다. 신헌이 우리 동네에 잠들어 있었다! 지명은 용산리로 바뀌었다.

'보국숭록대부 판중추부사 겸 병조판서 평산신공휘헌지묘.'

6·25가 남긴 총탄의 흔적으로 군데군데 파인 비석에 그리 쓰여 있었다. 가져간 소주를 올리고 재배했다.

집필이 끝나자 봄이 왔다. 산기슭의 잔설이 녹아 햇빛에 반짝였다. 마을에 장작 타는 냄새도 많이 걷혔다. 산벚꽃이 흐드러지게 핀 날, 이 소설과 소주를 들고 다시 참배할 작정이다. 얘기를 자꾸 해주는 동네 어른께 말이다.

2

김사량을 위한 변명

《다시, 빛 속으로》

2009년 봄, 필자는 두 달간 교토대학 초빙 교수로 갔다. 대학은 고색창연했고 캠퍼스는 한적했다. 교수도 학생도 잘 보이지 않았다. 모두 어디엔가 들어앉아 강의를 듣거나 연구에 몰두했다. 필자도 연구실을 하나 얻어 독서삼매에 빠졌다. 주로 2차 세계대전 당시 일본의 상황과 조선 문제를 다룬 책들이었다. 가미카제神風 대원들의 심리를 연구한 저서는 충격적이었다. 일반적으로 알려진 것과는 달리 젊은 대원들은 출격 직전 공포에 떨었으며 가족들을 그리워했다. 죽음의 공포를 극복하기 위해 니체와 키르케고르를 읽었다. 천황에 생명을 바친다는 최후의 비장한 각오가 일본 제국 신민들의 심금을 울렸다고는 했지만 사실상 강요된 것이었다. 아무리 세뇌됐다 해도 자폭 비행을 앞두고 여전히 늠름한 청년이 어디 있겠는가? 자폭 비행으로 유명한 '제로센' 전투기 꼬리 부분에는 천황의 상징인 벚꽃이 새겨져 있다. 벚꽃이 그들의 생명을 지켜 준다고 믿었고, 영혼의 세계에서도 그들의 벗이 된다고 했다.[1]

강요된 친일: 냉소와 연민

마침 4월이어서 벚꽃이 온 도시를 덮었다. 교토는 벚꽃이 아름답기로 유명한 도시다. 필자의 숙소 앞에도 벚꽃이 만발했고, 대학 캠퍼스는 물론 교토를 가로지르는 천변이 벚꽃 천지였다. 낮에는 벌이 잉잉거렸고, 밤에는 달빛이 내려앉았다. 정신이 몽롱해졌다. 교토 시민들도 다를 바 없었다. 밤마다 공원과 술집과 골목 식당은 만원이었다. 모두 밖으로 나와 벚꽃을 만끽하는 것 같았다. 벚꽃 축제가 따로 없었다.

필자는 교토대학에 오기 전부터 마음에 둔 사람이 있었다. 김사량. 그가 25세에 쓴 〈빛 속으로〉는 신선하고 아픈 충격이었다. 동경제대 재학 시절 그는 문우들과 '세틀먼트'라는 서클을 만들어 활동했는데, 주로 대학 부근 빈민가에서 빈민 아동을 가르치거나, 상담하는 일이었다. 김사량이 만난 아동은 우연히도 조선인 어머니와 일본인 아버지를 둔 혼혈아였다. 이 아이와 만나는 과정에서 어렴풋이 민족이라는 개념을 깨쳐 가는 얘기가 〈빛 속으로〉의 주요 내용이다. 김사량이 일부러 그 개념을 주입하려 했던 것은 결코 아니다. 그 빈민 아동(하루오)이 조선인 선생(미나미)을 대하는 우월감과 경멸적 태도를 점차 버리게 되는 심정의 흐름, 끝내는 하루오가 미나미 선생을 받아들이는 과정에서 싹트는 동질적 정서에서 민족 감정이 암시되고 있는 것이다.

〈문예수도〉에 실린 이 작품이 1940년 일본 문학의 최고봉인 아쿠타가와상을 받을 줄 누가 예상이라도 했을까. 당시 심사위원은 가와바타 야스나리川端康成였다. 1940년이라면 일본 제국이 태평양전쟁을 예비하면서 대동아공영권을 주창하고 국체명징운동과 국민총화운동을 더욱 철저하게 펴나가던 해였다. 1938년 제국정부의 국가 총동원령이 내려진 상태에서 민족 개념은 불온사상으로 낙인찍혔는데 어떻게 〈빛 속으로〉와 같은 작품을 아쿠타가와상 수상작으로 만천하에 공표할 수 있을까. 결국 당선작 없는 후보작으로 강등될 수밖에 없었다. 김사량은 후보작 수상자가 됨으로써 일약 조선 문단의 총아로 떠올랐다.

김사량의 본명은 김시창. 그 형 김시명은 교토제대 법학부를 다녔다. 김사량은 17세(1931년)에 평양고등보통학교에서 학생시위 주동자로 퇴학 처분을 받았는데, 형의 도움으로 일본에 밀항했다. 형이 일본 고등학교 제복을 구해 와 관부연락선을 탔다고 했다. 그 후 교토의 사가佐賀고등학교로 진학해서 학업을 이어 나갔고, 22세가 되던 해(1936년) 동경제대 독문학부에 입학했다. 3년 후, 대학 재학 시절인 1939년 〈빛 속으로〉를 발표했다. 말하자면 8년 만에 일본어에 통달하고 최고의 문장으로 작품을 써냈던 것이다. 평양고등보통학교 시절 '내지어內地語' 수업을 받았다 해도 경이로운 일임에 틀림없다.

필자는 인터넷을 뒤져 가며 김사량 작품집을 수소문했다. 마침 중고로 나온 1973년 가와데쇼보신사 간행《김사량 전집》(전 4권)을 발견했다. 가격은 우리 돈으로 약 50만 원 정도였다. 필자가 소장한 책 중에 가장 비싼 책이었는데, 전집이 배달된 날은 하루 종일 책을 뒤적이며 지냈다. 일본어에 익숙지 않아 완독이 어려웠지만 감개무량했다. 1950년 10월 원주 치악산에서 죽음을 맞이할 때가 36세, 불과 15년 동안 이렇게 많은 작품을 썼다는 것, 그리고 모두 시대의 고뇌와 민족의 수난을 담은 문제작이라는 사실이 감동적이었다. 넘기는 페이지마다 청년 작가의 감수성이 조선의 현실과 부딪혀 불꽃을 피웠다.

동경제대 재학 시절부터 소설과 희곡을 썼던 김사량은 주로 일본어로 작품을 냈다. 아쿠타가와상을 수상한 1940년(26세)에야 비로소 조선어로 쓴 소설《낙조》를 〈조광〉에 연재할 정도였다. 틈

틈이 춘천과 홍천을 여행하는 도중에 만난 빈민들과 화전민들의 삶의 모습을 취재한 〈동아일보〉 기사들, 소설 〈지기미〉, 〈매일신보〉에 게재한 현장 취재기 〈해군행〉과 소설 《바다의 노래》를 제외하고는 대부분 일본어 작품이다.

화전민 마을에서 우연히 마주친 중학교 은사(코풀이 선생)가 일제 관료들 앞에서 보인 우스꽝스러운 아부를 냉소적 시선으로 풀어낸 작품 〈풀이 깊다〉 역시 일본어 작품이다. 갑신정변을 일으켜 혁명을 꿈꾸던 일가족이 결국 실패하고, 낙원을 찾아서 태백산으로 쫓겨 들어와 벌어지는 부자간의 갈등과 촌민들 간 생존 투쟁에 관한 지극히 조선적인 서사 《태백산맥》(1943)도 일본어 작품이다. 그도 그럴 것이 조선어 말살 정책에 의해 조선어 사용이 전면 금지됐던 1940년부터 〈동아일보〉와 〈조선일보〉를 비롯한 모든 문학지가 폐간되면서 작가들의 활동 무대는 사라졌다. 이태준, 최재서, 안함광, 김남천, 이기영, 한설야 등 당시 문단을 대표하는 작가들이 생존의 틈새를 찾고자 했다.

황국신민의 기치가 높이 외쳐지는 가운데 작가들은 친일문학으로 나설 것인지 아니면 절필을 선언해야 할지 기로에 섰다. 그것이 비록 친일이라도 숨통이 필요했다. 이태준의 〈문장〉과 최재서의 〈인문평론〉 등 모든 잡지가 폐간된 후, 최재서는 제호를 바꿔 〈국민문학〉을 간행했다. 작가들은 본격적 친일문학의 길로 들어설 수밖에, 다른 선택지가 없었다.

이런 상황에서 김사량이 주목받은 것은 당연하다. 그 이전까지만 해도 김사량의 상상력과 감각은 일제 통치하에서도 '비교적' 자유로웠다. 《낙조》를 발표한 1940년만 해도 조선 지배층의 부패와 탐욕을 비판하고 이에 저항하는 서민들의 애환을 마음껏 그려낼 수 있었다. 〈토성랑〉과 〈윤주사〉는 부패한 봉건 친일 권력에 짓눌린 평양 하층민과 기생 얘기이고, 대학원 시절의 작품들, 〈천마〉, 〈풀이 깊다〉, 〈광명〉 모두 식민지인의 민족적 애환과 비애를 다뤘다. 일제의 통치가 계급적, 신분적 모순을 더욱 첨예하게 만들면서 조선의 현실을 왜곡하고 굴절시키는 외적 모순임을 암암리에 드러내도 일본 문학지에 게재될 수 있었다.

그러나 시국은 급박히 얼어붙었다. 조선총독부가 조선 문단의 총아이던 김사량에게 황국 문학의 선봉대 역할을 요구한 것이다. 친일단체인 국민총력조선연맹이 김사량을 해군견학단에 파견했고, 그 관찰기를 쓰도록 지시했다. 〈해군행〉이 그렇게 쓰였으며, 조선의 소년이 해군을 선망해 결국 해군에 자원하는 얘기로 끝나는 《바다의 노래》(1943)가 그렇게 창작됐다. 조선인 징병제가 예정되고 있던 때였다.

〈국민문학〉과 〈매일신보〉가 그를 불러냈다. 그의 창작 의욕에 이상이 발생한 것은 당연하다. 1942년 이후 태항산 탈출(1945년)

까지 그가 썼던 작품의 양은 1940년과 1941년에 발표했던 분량에 비해 현격히 줄어들었다. 그러나 붓을 꺾지는 않았다. 〈문장〉을 주도하던 이태준은 결국 붓을 꺾고 그의 고향인 철원으로 낙향했다. 그의 소설《해방 전후》(1946)를 보면 종전 다음 날인 8월 16일에야 비로소 해방 소식이 철원에 전해졌고, 버스로 상경해서 해방된 서울 거리를 본 것이 그다음 날이었다.

1945년 12월 말경, 서울 봉황각에서 문인들의 좌담회가 열렸다. 당대의 문인들과 김사량이 평양에서 상경해 참석했다. 이 자리에서 김사량은 절필을 선언했던 작가들에게 이렇게 말했다.

> 절망적인 구렁에 빠졌으면서도 희망은 꼭 있다고 생각한 분들이 붓을 꺾은 후 그나마 문화적 양심과 작가적 정열을 어디다 쓰셨는가요? 여기서 문제는 전개된다고 생각합니다. 쉽게 갈라놓자면 문화를 사랑하고 지키는 문학자와 또 그래도 싸우려고 한 문학자, 이 두 갈래. 그러나 일언으로 말하자면 문화인이란 최저의 저항선에서 이보퇴각, 일보전진하면서도 싸우는 것이 임무라고 생각합니다…. 좀 힘들어지니까… 쑥 들어가 팔짱을 끼고 앉았던 것이 드높은 문화인의 정신이었다고 생각하는 데는 나는 반대합니다.[2]

일본어로라도 조선 문제를 다루고 그 속에 내재된 모순과 고통을 끄집어내는 일이 작가의 업무라는 김사량의 논조에 모두 숙연해졌다. 그는 조선의 현실에 연민을, 일제 통치에 냉소를 보냈다. 그러나 대부분의 작품이 일본어로 쓰였는데 그것을 조선 문학이라 할 수 있을까? 이 질문 앞에 김사량도 궁색해진다.

김사량은 1940년 "조선 문학이 조선어로 쓰이지 않으면 안 된다는 것은 엄연한 진리다"라고 썼는데, 불행히도 매체는 〈조선문화통신〉이 간행하는 〈현지보고〉라는 일본어 잡지였다. "내지어가 조선어보다 우수하고 독창적이기에 모두 내지어로 써야 한다"고 주장한 〈국민문학〉의 최재서보다는 정신을 차리고 있었지만, 김사량 역시 궁색한 것은 마찬가지다. 타협 공간은 없다.

필자는 소설 속에서 이 문제를 대화 형식으로 다룰 수밖에 없었다. 연안에서 평양으로 귀환하는 도중에 연안파 지도자 김두봉과 국문학자 김태준이 김사량을 불러다 놓고 각자의 의견을 피력한다. 김두봉이 묻는다.

> "흠… 그렇다면 사량 동무는 조선 문인이오? 아니면 일본 문인이오? 무엇을 어떻게 쓰건 내지어로 쓴다면 그건 황은皇恩에 보답하는 황도주의 문학이 될 것인데…."

김두봉의 말은 책망에 가까웠다.

분위기가 다소 험악해졌다. 그러자 김태준이 나섰다.

"꼭 그런 것은 아닙니다. 내지어로 쓴다 해도 소신이 좀 다르지요. 장혁주, 김용제처럼 일본어를 신주 모시듯 해서 궁핍한 조선 현실을 훌륭한 일본어 공간에서 녹여 내야 내선일체가 완성된다고 주장하는 사람이 있어요. 구제 불능 인간들이지요. 반면, 유진오나 이효석처럼 조선적인 에피소드를 슬쩍슬쩍 끼워 넣어 거기에 쓸데없는 애착을 보이는 애달픈 유형이 있고요. 이런 작가들은 저항정신을 키우기보다는 체념적이고 굴종적인 결말로 흘러가기 십상이에요."

김태준은 김두봉과 김사량을 번갈아 쳐다본 후 말문을 이었다.

"그래도 조금 가치가 있는 작업들이 있어요. 조선 현실의 뒤틀리고 비틀어진 형태를 사실적으로 묘사하는 방식이지요. 이 경우는 시선이 좀 달라요. 식민지 조선을 뒤틀린 형태로 재현한다고 할까요. 그렇게 해서 일제 통치의 모순을 드러내 보여 주는 방식, 일종의 거울을 들이대 일제가 자성하도록 하는 효과는 발휘하지요. 작가가 엄동설한에서 얼마나 그런 긴장을 유지하느냐는 별개의 문제지만 말이지요."

김두봉이 다시 받았다.

"그렇다 해도 일본어를 아는 독자가 조선에 얼마나 되오? 또 그런 거울을 들이대도 저 지독한 일제가 자성할까요? 어림없는 소리! 왜놈들은 천황주의와의 혼일적 융화라는 용광로 속에 주변부의 모든 목소리를 쓸어 넣어 일본 색으로 만들어 버릴 것이오. 내지어로, 내지 매체에 그런 작품을 발표하다 보면, 결국은 주목받고 눈에 띄고 싶어 일본 권력에 차츰 다가가는 것 아니겠소? 시대적 고민을 짊어진 작가라도 옷과 밥을 구해야 하고, 작품을 발표라도 할라치면 저 무단적 강압에 타협하거나 결국 굴복하기 마련이오. 김태준 선생의 옹호를 십분 받아들인다 칩시다. 요 이삼 년간 조선어 말살 정책하에서 일제의 자성을 촉구하는 용감한 작품이 나왔나요? 일본어로 쓴 작품을 포함해서 하는 말이오!"

일제에 대한 냉소와 조선 현실에 대한 연민 사이를 오락가락했던 김사량으로서는 감당하지 못하는 질문이자 타박이었던 셈이다. 김사량은 침묵했다. 그 문제가 앞을 가로막아 결국 연안행을 택하지 않았던가.

그는 1944년에 중국을 두루 돌아보면서 일본이 저지른 전쟁의 참상을 목격했다. 식민지 조선에서는 그의 문학적 이상이 짓밟히고 말 것임을 처절히 느껴야 했다. 이미 그때부터 그의 마음속에는 탈출 계획이 꿈틀거렸다. 톈진에 개업한 오랜 친구를 만났고, 상해 지구로 차출된 누이의 사위를 만나러 부대를 방문하기도 했다.

탈출기 〈노마만리〉를 보면, 북경반점에서 만난 태항분구 정보원 Y대인이 1944년 후반 어느 시점에 중국을 방문한 김사량을 접촉하려 했으나 실패했다는 서술이 나온다. 그는 몇 년 전부터 탈출을 기획하고 있었음에 틀림없다. 〈노마만리〉에 그런 이른 결심을 암시하는 구절이 나온다. 석가장을 지나 일본 포대가 드문 안전한 지대로 들어선 김사량은 팔로군의 부탁을 받고 일본군 포로와의 대화를 통역한다. 그 끝에 가슴을 두드리는 회한이 엄습했다.

> 충실하였느냐 조국 앞에? 그동안 내가 찾아 헤매던 것이 무엇이냐? 안일이었다. 하찮은 자기변호의 그늘 밑이었다. 자포자기의 독배를 들며 나날이 여위어 가는 팔다리를 주물던 일이 결코 자랑일 수 없으며 깊은 골짜기로 찾아 들어가 삼간초옥에서 나물을 먹고 물 마시며 팔을 베고 도사인 양 주경야독하며 누웠대서 결코 아름다울 수 없을 것이다. 아니 엄정히 말하건대 도리어 놈들의 총칼 앞에 무릎을 꿇기가 일쑤였던 치욕의 반평생 — 뉘우침에 치가 떨렸다.[3]

그는 탈출했다. 1945년 조선학도병위문단의 일원으로 시인 노천명과 함께 북경에 파견된 기회를 노렸다. 위문을 마친 김사량은 태항분구의 정보원에게서 탈출 일정을 받았고, 5월 29일 북경역 평한로에서 남행 기차를 탔다. 1만 리에 달하는 장정이 시작된 것이다. 떠나기 전 노천명에게 부탁한 비밀 편지는 '여불비餘不備'로 끝을 맺는다. 평양에 있는 처妻 창옥에게 탈출 실행을 알리는 일종의 암호였다.

둔한 말駑馬이 만 리를 가다

평생 글만 써온 작가가 일본군과 밀정의 감시를 피해 태항산채로 잠입해 들어간다는 것은 생명을 건 모험이다. 태항분구에서 파견한 훈련된 정보원들이 작가를 안내하고는 있으나 역과 길목마다 지키는 일본군 끄나풀들 때문에 사선을 넘는 것은 거의 불가능한 일이었다. 마을에 들어선다 해도 술집과 식당, 여관은 물론 들판에서도 수상한 낌새가 포착되는 순간 일본 순찰대에 체포되거나 포대의 총격을 받기 십상이다. 그러나 작가 김사량은 정보원의 은밀한 안내를 따라 선뜻 길을 나섰다.

북경역을 떠난 기차가 남하하다가 전파全破된 석가장역을 천천히 통과했다. 기차가 들판에 나서기 무섭게 미국전투기의 공습을 받았다. 화부가 총에 맞아 죽었고 기차가 파손됐다. 몇 시간을 지체한 끝에 기차는 다시 움직이기 시작해 순덕역에 도착했다. 일본군의 봉쇄선을 뚫으려면 거기서부터 밭길과 산길을 가야 한다. 천신만고 끝에 산중 작은 마을에 도착했다. 밥을 걸렀다. 저 멀리 일본군 경비대의 불빛이 보였다. 급히 허기를 때우고 다시 밤길을 나섰다. 골목을 돌자 누군가 막아섰다. 민병대원의 불시 검문이었다. 민병대는 중국팔로군이 조직한 촌민 군대조직이다. 촌민이 어둠 속에서 갑자기 총부리를 들이대면 안내원이 중국어로 뭐라 밀답을 해야 한다. 암호가 틀리면 총기가 난사될 숨 막히는 순간이었다.

한밤중 산 밑을 돌아 나갈 때 총소리가 났다. 인근 일본 토치카에서 발사한 위협사격이었다. 새벽 3시경 캄캄한 어둠에 뒤덮인 산중 어느 민가에 도착했다. 팔로군이 만든 일종의 초소이자 연락참이었다. 여기에서야 비로소 안내원과 수인사를 나눌 수 있었다. 백 동무와 현 동무.

1945년 5월 하순, 북경역을 떠난 김사량이 조선의용군과 독립동맹 본부가 구축된 태항산채에 도달할 때까지 이런 숨 막히는 순간의 연속이었다. 위험천만한 여정이었는데 김사량의 마음에는 새로운 희망의 지평선이 열리는 듯했다. 일본은 물론 조선 국내에서조차 한 번도 맛보지 못한 자유를 호흡했음은 물론 꽉 막힌 민족의 나아갈 길이 보이는 것만 같았다.

일본 봉쇄선을 지나친 다음은 맨 걸음으로 한 달 열흘 정도를 줄달음쳐야 하는 험난한 길이었지만 김사량의 가슴에는 새로운 희망과 기대가 가득했다. 그런데 왜 태항산채에 진을 친 조선의용군을 선택했을까? 당시 중경에 있던 대한민국 임시정부도 광복군을 조직해 무장투쟁을 전개하고 있었다. 김사량은 왜 중경을 택하지 않았을까? 바로 이 점이 우리의 관심사다.

1945년 5월 말 연안행 탈출을 시도하기 전까지 김사량의 정치적 성향에 대해서는 알려진 바가 없다. 그의 작품들도 일제 통치의 모순과 민족의 설움을 주로 다뤘고, 신문 기고문에서도 화전민의 궁핍한 생활 상태에 초점을 뒀기 때문에 정치 성향이 무엇인지 가늠하기 어렵다. 다만 동경대 학생클럽인 세틀먼트가 사회주의 성향이라는 사실이 드러나 있을 뿐인데, 흔히 학생 시절에 갖는 낭만에 해당한다고 볼 수 있겠다.

학병 세대의 주요 관심사는 제국주의의 대안으로서 사회주의였다. 이병주의 《지리산》과 《남로당》에서 보듯 그 비전이 공산주의로까지 진전되기 위해서는 여러 단계의 실질적 체험들을 거쳐야 했다. 하준규는 징병을 피해 입산했다가 결국 남로당 빨치산 부사령관이 됐다. 그는 공산주의자였을까? 작가 이병주는 우연의 결과라고 했다.

김사량은 공산주의자일까? 설령 공산주의자라고 해도 마오쩌둥의 민족 독립투쟁 노선이 1960년대 문화혁명으로까지 번지리라 예상하지는 못했을 것이다. 다만 1938년 국공합작이 좌초된 이후 장개석과 국민당 군대가 보인 약탈과 권력 투쟁, 그리고 일제와의 선택적 공모와 인민 탄압에 비애를 느꼈을 것이다.

1945년 당시 중경의 임정은 연안의 독립동맹 및 조선의용군과 접촉해서 연합전선을 구상하고 있었다. 임정은 장건상을 연안에 파견해서 독립투쟁 조직의 포괄적 연대를 구축하고자 했다. 그는 김사량이 태항산채에 도착한 지 며칠 지나지 않은 7월 7일 연안을 방문해서 김두봉과 군사 지도자들을 만났고, 실질적 동맹 계획을 한 단계 끌어올렸다. 이때는 지청천을 중심으로 한 광복군 투쟁 전과도 어느 정도 알려진 상태였다. 그럼에도 그는 연안을 택했던 것이다. 왜 그랬을까?

가장 손쉬운 답은 연안이 비교적 가깝다는 점이다. 북경에서 중경까지 거리는 연안까지 거리의 거의 두 배에 달하기에 탈출하는 도중 일본군의 포로가 될 위험이 몇 배는 높았다. 그래도 임정이 신념이라면 가야 한다. 그는 연안으로 갔다. 〈노마만리〉에 그 이유가 두어 군데 등장한다. 잠시 살펴보면,

무엇보다 중경이란 곳에 매력이 없었던 것도 사실이다. 이야말로 구도자의 성지가 아니요 반동의 거지인 아시아의 마드리드인 것이다. 국가와 민족의 신성한 이익을 배반하여 투항과 퇴각의 일로로 만 리 오지에 도망해 들어가 내전의 흉계를 꾸미기에 영일이 없는 반동정부의 수도, 이런 정부의 뒤를 창녀처럼 따라다니며 장개석의 테러단으로 유명한 남의사藍衣社와 CC단이 던져주는 푼전으로 목을 축여 가는 행랑살이 임시정부 선생들의 독립운동 영업집에 찾아 들어가기에는 계산이 너무 어두웠다…. 실상 듣누리없이 재중경 임시정부의 파쟁과 자리싸움이 귓결에 들려오고 있었다.[4]

이 부락을 떠나 다시 보행을 시작한 우리는 길가에서 전방으로 전선으로 진군하는 군대와 여러 번 마주치게 되었다…. 나라를 아끼고 평화를 사랑하는 노동자, 농민, 지식인으로 이루어진 인민의 전위대. 중국 인민이 외적의 침략을 받고 있는 한, 봉건의 쇠사슬이 풀리지 않는 한, 제국주의의 착취가 없어지지 않는 한, 장개석의 독재가 무너지는 날까지 단결하여 영원히 저항하며 진격할 인민의 군대였다…. 이 팔로군이 있는 한 이 나라와 인민의 역사는 미더운 걸음으로 전진하여 민주주의의 승리는 동아의 큰 덩어리 대지 위에 또한 확고부동하게 될 것이다. 우리도 같이 만세를 불렀다.

중국공산당의 위대한 영도자 모택동 만세!

인민의 군대 팔로군 만세![5]

일제와 협잡하지 않고 투쟁하는 군대, 인민의 환영을 받는 군대, 그것이 중국공산당이자 마오쩌둥이고 팔로군이었다. 장개석의 국민군은 농민을 탄압하고 약탈하기 일쑤였는데, 팔로군은 양식을 양표와 바꾸었고, 민가에 폐를 끼치지 않으려 노지에 야영했으며, 떠난 자리는 깨끗했다. 팔로군은 인민의 환영을 받을 수밖에 없었다. 그러니 장개석과 협력하는 중경 임시정부는 선택지가 아니었으며, 인민들이 스스로 몸을 일으킨 팔로군에게서 희망을 보았다. 그것이 우연히도 중국공산당이자 마오쩌둥이었다.

김사량의 마음에는 애초부터 중경이 아니라 조선의용군의 태항산이 있었다. 인민 스스로 택한 군대라는 점에서 김사량의 그런 서술은 어느 정도 이해된다. 그렇다면 그는 진정 공산주의자인가? '중국공산당의 위대한 영도자 마오쩌둥 만세!'를 가두 인민들과 같이 불렀다. 그는 공산주의자인가? 그럴지도 모르겠다. 그러나 일제와 투쟁하는 군대라는 점이 우선이었고, 중국공산당과 마오쩌둥은 나중이었을 것으로 판단된다.

말하자면, 독립투쟁과 반제투쟁이 김사량의 사고 속에 큰 비중을 차지하고 있었다. 반제투쟁에서 승리한 이후 공산당이, 공산주의가 인민의 자유를 더욱 확대했다면 김사량은 공산주의자가 되었을 것이지만, 실상은 그렇지 않았다. 1945년 해방 이후 평양으로 돌아온 김사량의 고뇌가 더욱 깊어진 것은 이런 까닭이다. '이론적 공산주의'는 실제 정치에서는 완전히 딴판으로 전개되었던 것이다. 위 인용문에서 '노동자, 농민, 지식인으로 이루어진 인민의 전위대'라고 했는데, 정작 김사량 본인은 김일성 정권의 혁명정치에서 그런 '지식인'에 포함되지 못했다. 즉 핵심계급이 아니라, 동요계급 혹은 적대계급에 분류되었던 것이다. 해방 공간에서 김사량은 공산주의가 인민의 본질로부터 멀리 이탈하고 이념 우위의 권력 투쟁과 민족 및 계급을 앞세운 음모 정치로 치닫는 양상을 감내해야 했다.

태항산으로 향하는 탈출 여정에서 김사량이 자주 목격한 일제의 촌락 파괴, 살인, 약탈 현장의 참혹함은 조선의용군과 팔로군에 대한 그의 신뢰를 더 두텁게 만들었다. 중국 인민을 상대로 한 일본군의 잔학상은 익히 알려져 있는데, 김사량은 그 현장을 자주 보았고, 그때마다 동행한 안내원들의 설명을 기록했다. 예를 들면,

> 밭도랑 밑을 저핏저핏 더듬어 나가 숲 사이를 꿰뚫은 뒤에 토성을 끼고 돌아 부락 안으로 들어섰을 때에는 이미 어둑어둑하였

다. 통신원이 손을 들어 가리키는 대로 이 골목 저 골목 속으로 하나씩 숨어들었다. 가슴속이 두방망이질을 한다. 일군日軍의 토벌 피해가 얼마나 심했는지 무너진 담, 떨어진 지붕, 총탄 자리, 불에 타 꺼멓게 죽은 나무, 너절하고도 스산한 마을이었다. 이따금 걸레처럼 말라빠진 개가 발밑을 달아나며 짖는다.[6]

일군이 소탕 때에 몰고 들어온 군용견에 무고한 백성이 물려 살을 뜯기고 뼈를 갈리고 목숨을 잃는 일이 비일비재였다. 민병 포로들을 나무에 끌어매고 주민을 모아다 놓고 그 아버지 어미니 처자들이 보는 앞에서 피에 주린 군용견을 풀어 놓아 물어뜯어 죽이게 한 몸서리치는 일도 수두룩하였다…. 용기를 내 구해 보려고 뛰어나오는 자는 동류라고 하여 그 자리에서 쏘아 죽였다…. 울음소리를 터뜨리는 부인네가 있으면, 보라 우리는 양민을 해치지 않고 이런 년이나 잡아간다고 붙들어다 씻을 수 없는 능욕을 주고 나서 환도로 목을 자르거나 총검으로 가슴패기를 찔렀다.[7]

북경을 떠난 지 한 달여, 김사량 일행은 태항산채 하남점 남장촌에 도착했다. 태항분맹의 대대적 환영 행사가 있었다. 김사량은 감격의 눈물을 흘렸다. 그리고 본부의 지휘관들을 만났다. 평양에서 반동을 명목으로 김일성의 숙청이 몰아칠 때 다시 만날 사람들이었다. 김창만, 이유민, 서휘, 이익성, 최창익이 그들이고, 후에 김두봉, 김태준, 박효삼, 무정과 대면했다. 〈노마만리〉의 김사량의 여정 경로에서 동행했던 통신원과 정보원들을 표기하면 다음과 같다.

북경에서 석가장: 현 동무와 백 동무

석가장에서 순덕을 거쳐 산길: 삐오넬과 셰퍼드 개, 청년 S 군

이후 산행: 한 동무와 C 동무

태항산 인근: N 동무와 C 동무, 노인

이 인물들은《다시, 빛 속으로》에서 평양으로 돌아오는 만 리 귀향길의 동행인으로 재설정되었다. 특히 현 동무와 17세 소년 삐오넬이 중요한 인물로 등장한다.

천신만고 끝에 도착한 태항산채에서 전투 기록과 종군기를 맡아 일하던 김사량은 느닷없이 해방 소식을 듣는다. 그리하여 지휘부는 여러 날 논의 끝에 9월 2일 오전 10시 귀향길에 오른다. 이 귀향길에 대한 기록은 없다. 다만 연변대학에서 펴낸《조선의용군사》에 조선의용군의 귀향길이 상세하게 적혀 있는데, 이 경로에 김사량도 합류하였다.

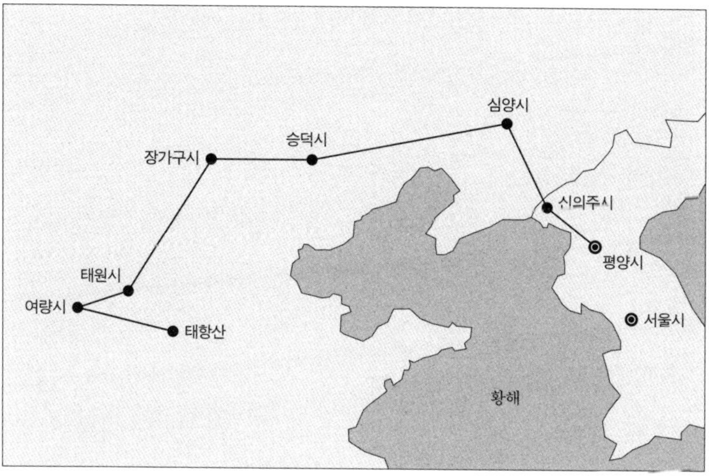

김사량의 귀향길. 《다시, 빛 속으로》를 쓰기 위해서 김사량이 기록하지 않은 그의 여정을 추적했다. 그의 최종 목적지가 서울이었다면 어땠을까.

그 여정은 대체로 위의 그림과 같다. 소설에서는 태항분맹 정치위원 최장익을 등장시켜 귀국 경로를 밝혔다.

> 출발 날짜가 하달되었소. 태항분맹은 내일모레, 9월 2일 오전 10시에 출발하오. 일차 집결지는 장가구張家口시, 팔로군이 해방한 장가구시로 결정되었소. 거기서 집결해 다시 대오를 편성하고 회래怀来현과 만리장성을 넘어 하북성 승덕承德시로 갈 것이오. 승덕시에서 다시 출발해 금구를 거쳐 우리의 종착지인 심양沈陽에 도착할 것이오. 심양 도착일은 10월 31일로 정해졌소. 거기서

팔로군과 함께 대표자회의를 열어 사후 입국 계획을 세울 것이오. 동무들은 자유의사에 따라 의용군에 남아도 좋고 고향으로 가도 좋소!

평양에서

김사량은 조선의용군과 함께 평양으로 돌아왔다. 조선의용군 주력은 만주 심양에 남았고, 개인 의사에 따라 조선으로 귀국할 사람들이 부산행 열차를 탔다. 김사량은 평양역에서 가족들과 상봉했다. 11월 초순이었다. 이때부터 1946년 여름까지 김사량의 활동 범위는 넓어졌다. 서울에서 열리는 문학자 좌담회에 참석해서 많은 작가들을 만났다. 남한의 작가들은 이미 8월 테제를 발표해서 친일문학 청산에 들어갔는데, 이태준을 제외하고 일본어로 작품을 집필하지 않은 작가들이 없어 침울하고 위태로운 분위기가 감돌았다.

북한 역시 마찬가지여서 1946년 3월 초에 이르면 공산당의 문학예술조직의 윤곽이 거의 드러났다. 월북 작가들이 그러했듯이 김사량 또한 북한에 들어설 정권의 성격과 문화예술계에 불어닥칠 정치적 풍파에 예비하지 못했다.

1946년 2월 김태준에 의해 조선문화건설의 기본 강령이 발표되었다.[8] 김태준은 이 문건에서 조선의 현실을 부르주아 민주주의 건설 단계로 규정하고, 반제, 반봉건, 민주주의적 민족문화 완성을 우선적 목표로 설정했다. 그런 다음에 프롤레타리아 공산혁명으로 나갈 것임을 명시했다. 이런 강령하에 조직된 최상급 조직이 북조선문학예술총동맹이고, 그 휘하의 문학 분야 조직이 조선작가동맹이었다. 두 조직은 향후 북조선문학예술의 기본 노선과 방향을 결정하는 가장 중대한 기관으로서 조선노동당의 지시를 받았다. 김사량은 이 두 조직의 중앙상임위원으로 임명되었다. 여기까지는 그런대로 순항이었다.

김사량은 연안행에서 들은 영웅적 전투와 농민의 투쟁담을 〈호접〉(호가장 전투), 〈더벙이와 배뱅이〉라는 희곡으로 발표하였고, 〈호접〉은 아랑극단에 의해 서울 공연도 이뤄졌다.

그런데 3월에 공표된 토지개혁과 6월의 노동개혁 법령에 의해 사정이 달라졌다. 그 법령에 의하면 김사량 집안은 지주이자 자본가로서 청산 대상이었다. 김사량 자신도 친일 작품을 여럿 발표하고 황군위문단 등 총독부의 명령을 수행한, 지탄받아 마땅한 작가로 분류되었다. 그는 중앙상임위로부터 평안남도 예술연맹 위원장으로 강등되었다. 노동자와 농민이 핵심계급이라면, 지식인은 동요계급이었다. 게다가 자본가, 지주 집안 출신인 김사량은 자신의 뜻과는 상관없이 적대계급과 동요계급 사이를 오갔다.

1947년까지 집안의 재산은 대부분 몰수되었을 것이다. 김사량은 당국의 지시에 따라 사상교육 과정을 밟은 것으로 짐작된다. 평양 시내 화학공장에 파견된 것을 필두로 함경북도 아오지 탄광과 함흥·원산 공장지대를 두루 다녀야 했다. 일종의 유배이자 사상교육이었다.

노동자의 굳건한 혁명 의지를 찬양하고 그것을 더욱 고조시키는 글을 써야 한다는 정치적 과제 앞에서, 김사량의 고뇌는 한층 깊어졌다. 민족의 애환과 일제 통치의 모순을 파고들었던 그의 감성적 문체는 혁명 의지를 선동하고 노동당 정권의 정당성을 옹호하라는 문화혁명의 요구와는 잘 맞지 않았다. 당국에 제출된 그의 작품은 그리 좋은 평가를 받지 못했다. 북조선문학예술동맹 상임위원장 안함광의 혹평은 그를 위기상황으로 내몰았다. 그는 다시 분발했다. 정치적 환경에 적응하고, 북조선문학예술총동맹의 호평을 얻어 혁명 전선에 계속 참여하기 위해서였다.

1946년 후반기부터 1950년 전쟁 발발 직전까지 그가 쓴 작품들은 아쿠타가와상을 받았던 김사량의 작품이 아니었다. 구성은 엉성해졌고, 문체도 거칠어졌다. 자신의 것이 아닌 내용, 스스로 원치 않은 내용을 글로 옮겨야 했던 고역은 결국 육신의 병을 악

화시키는 결과를 낳았다. 부정맥이 도져 평양 병원에 자주 입원해야 했다. 거기서도 작품을 써야 했다. 두 편의 예를 들어 보자.

> 이 구국 대표들이 미국 씨.아이.씨와 반동 경찰들이 닥치는 대로 막 체포하여 악형에 처하고 있다는 고약한 소식들이 연달아 들려왔다.

> 드디어 저한테도 사령관 동무의 허락이 내렸습니다. 연연히 연달린 긴 대오가 새벽안개를 헤치며 산속을 향하여 움직이고 있었습니다. 전송하러 떠난 가족부대들도 그 뒤를 따라나섰습니다. 선두에서 일어난 김 장군의 노랫소리가 안개 속을 번지듯 흘러 펴지며 대오 전체가 우렁찬 화창을 일으켰습니다.

앞의 글은 〈남에서 온 편지〉(1948. 9.), 뒤엣것은 〈대오는 태양을 향하여〉(1950. 4.)다. 남한정부의 단독선거에 즈음하여 그 부당함을 고발하는 작품, 전쟁을 앞두고 그린 빨치산의 영웅적인 투쟁 얘기다. 여기에 북한 정권이 표방한 슬로건이 두루 출현한다. 미군정과 반동 경찰, 그리고 김 장군 찬양. 적대계급으로 몰린 김사량의 생존을 위한 투쟁기다. 그러나 주제의 혁명성에 비해 문장에 힘이 없고, 읽는 이의 심금을 울리지 못한다. 김사량의 문학적 기질과 지향이 그것과 맞지 않는다는 사실을 암시한다. 그는 자주 아팠다. 강요된 사상과 작가 기질의 충돌이 육체의 파열로 나타났다는 증거다. 아니면, 정치적 현실을 따라가지 못하는 작가 자신에 대한 회한이 그를 좌절의 골짜기로 몰고 갔을지도 모른다.

그의 변신은 놀라웠다. 자율적일지 타율적일지는 분간하기 어려웠는데, 아무튼 무정이 이끄는 2군단 종군작가로 참여했고 몇 편의 종군기從軍記를 썼다. 진주 부근 지리산정에서 그는 이렇게 썼다.

> 아! 울려라 우리들의 군단포
> 노래하라 지스트리! 막심!
> 땅크들이여! 원쑤들의 가슴을 타라!
> 모터찌클들이여 구름처럼 달리라!
> 동무들 돌격 앞으로!
> …
> 오각별 삼색기 펄럭이며 위대한 령수 노래 부르며 바다를 향해 전진하리라!
> 바다가 보인다, 거제도가 보인다.
> 바로 여기가 남해 바다다.

〈바다가 보인다〉라는 제하의 마지막 종군기다. 날짜는 1950년

9월 17일로 돼 있다. 이 종군기를 쓰고 곧바로 퇴각 명령이 내려졌을 것이다. 인천상륙작전이 성공했다는 소식이 들려왔다. 그는 진주와 산청을 거쳐 퇴각하는 2군단을 따라 북으로 향하다가 원주 치악산 부근에서 동굴로 배치됐다. 중환자를 버린 채 퇴각하는 인민군대가 내린 결정이었다. 10월 중순경 환자 동굴에 배치된 김사량, 그것이 생애 끝 장면이다.

그는 김일성주의자였을까? 글쎄다. 가족의 안전과 자신의 생존을 위한 불가피한 선택이었을 개연성이 크다. 자율적 선택이라면 그의 문장과 작품 구성이 그런 방식으로 전개될 수는 없다. 김사량의 문학적 본질과 해방 공간에서 쓴 작품들 간 거리는 매우 멀다. 태항산채로 탈출했을 때 품었던 작가의 기대는 작가가 당면했던 김일성 정권의 현실에 비추면 환상이자 공상에 불과했다. 그는 다른 몇몇 작가들과 마찬가지로 사회주의 정권의 실체를 예견하지 못했던 것이다. 원산의 작가 구상具常은 퇴폐적 정서로 지탄받았던 동인지 〈응향〉 사건(1947)을 일으켜 자아비판에 내몰릴 정도였으니. 김사량도 자발적 김일성주의자가 아닐 가능성이 더 크다. 다만 심정적 판단이기에 확실한 증거가 궁색하기는 하다.

이 '심정적 판단'을 더 깊게 펼친 것이 《다시, 빛 속으로》다. 필자는 주인공의 한 사람인 〈동아일보〉 기자 채원을 통해 이렇게 변명을 늘어놓아야 했다. 소설 속에서 채원은 아버지 김사량의 궤적을 좇는 김봉현 기자의 연인이다. 채원은 봉현의 부탁을 받고 해방 공간에서 출간된 김사량의 작품과 행적을 조사해 봉현에게 말한다. 좀 길지만 인용해 보기로 하자.

> 해방 전 작품과 해방 후 작품은 감성과 정서, 문장에서 확연히 다르다. 해가 갈수록 감성과 정서, 민족적 비애는 사라지고 현장 재건과 인민 계몽 쪽으로 흘러간다. 해방 후 작품들에는 〈빛 속으로〉의 작가가 쓴 것이 맞나 의심할 정도로 급격한 단절이 발견된다. 작가 고유의 시선과 감성이 개입할 소지가 사라지고, 주인공들도 개성과 일탈이 없는 사회주의 건설형 인물들이다. 문장이 투박하고 때로는 서툴러지는 것은 그 때문이다.
>
> … 그건 해가 갈수록 발표작이 줄어드는 것과도 연관된다. 아버지는 해방 전에 정말 왕성한 집필활동을 했다. 1년에 10여 편을 집필하기도 했으니까. 장편을 신문에 연재하면서 다른 소소한 작품들을 발표하기도 했으니까. … 이념적, 외적 강압 혹은 현실적 검열이 그렇게 강하게 심리적 압박을 가중시켰다는 증거다. 문제는 편수가 줄었을 뿐 아니라, 필력도 줄어들었다. 이념적 강요가 밖으로 돌출돼 작품의 문학적 완성도가 현격하게 떨어졌다. 이념적 강요가 상상력을 갉아먹은 탓이다.

… 아버지는 이데올로기적 외압을 소화할 만큼 준비가 되어 있지 않으셨다. 원래 일제 통치가 빚어낸 민족적 비애의 속살을 보여 주는 데에 능숙하였듯이, 일제 통치가 민족주의를 표방한 북한 정권으로 교체되면서 정권과 인민 사이의 마찰과 새로운 고통을 들춰내야 했다. 그 틈새가 문학이 서식하는 곳인데, 북한 정권은 그걸 용납하지 않았다. 아버지의 자리가 소멸된 것이다. 갈수록 팸플릿 문학 형식을 띤 것은 이런 배경에서이다.

1948년에 발표된 〈남에서 온 편지〉는 이런 관점에서 눈여겨 볼 만하다. 1948년 4월에 아버지는 인민병원에 입원한 것으로 되어 있다. 거기서 들은 빨치산 투쟁 얘기를 서사 형식으로 기록하고 있다. 르포인지 소설인지가 헷갈린다.

1950년 초에 발표된 〈대오는 태양을 향하여〉 역시 같은 소재이고, 재입원해서 병원에서 들었던 투쟁 얘기에 약간의 스토리를 얹어 재구성한 것이다. 태양은 물론 김일성이다. 이 글들도 힘이 없다. 타의적인 느낌이 많이 든다. 김일성 찬양문학을 하지 않으면 생존이 위험해진 것이다.

흥미로운 것은 1949년 6월에 발표된 〈칠현금〉이다. 국영제철소 문학동맹 중앙위원회에서 파견된 작가 S는 김사량이다. 그때까지 문학동맹 중앙위원 직함을 갖고 있었다.

… 1948년 병원에 입원 중 아버지는 김일성 장군을 노골적으

로 찬양한 글 〈뇌성雷聲〉을 썼다고 알려졌는데 입수할 방법이 없다. 왜 그랬을까? 자의의 공간은 소멸되고 체념이 마음을 장악한 것이다.

필자는 김사량이 진정 김일성주의자가 아니라는 감感을 이렇게 묘사했다. 그러나 이 부분은 문학적 상상력일 뿐, 심층 연구가 필요한 쟁점이다. 컴컴한 동굴에서, 그것도 남쪽 산중에서, 죽음을 목전에 두고 그는 무슨 생각을 했을까.

두 통의 편지

채원의 설명은 사실상 필자의 심정적 판단에 불과하다. 그 변명은 사실이 아닐 수도 있다. 달리 말하면, 소설적 진실이다. 필자는 치악산 동굴에서 죽어 간 김사량의 최후 순간에 집중했다. 그는 어떤 생각을 했을까. 회한에 잠겼을 것이다. 해방 공간의 출구 없는 상황을 돌파하고자 했던 그의 결행이 잘못됐다고 뉘우쳤을 수도 있겠다. 맞지 않는 옷을 입고 전쟁에까지 내몰린 그의 운명은 해방 직전까지 쓴 그의 작품을 모조리 부정해 버렸으니까. 그의 이름이 친일문학사에 오르내릴 뿐, 근현대문학사에서는 영구히 제명됐다. 문학사적, 사상사적 아픔과 현실적 어긋남을 어찌할 수 없어 후세대는 쩔쩔매고 있는 것일까. 그것이 역사일까. 다른 돌파구는 없을까?

문학사는 허용하지 않지만, 문학은 상상의 돌파구를 허용한다. '낭만적 거짓과 소설적 진실'의 공간에서 작가의 상상력이 불타오르면 된다.

필자는 편지 형식을 도입해 해결하기로 했다. 종전 후 작가회의 참가차 평양을 방문했던 어느 일본인 작가는, 개성의 중학교 교사로부터 김사량이 건넨 만년필과 창작 노트를 가족에게 전했다는 말을 들었다고 한다.[9] 틀림없이 창작 노트에 가족에게 전하는 편지도 들어 있었을 거란 상상이 가능하다.

소설에서는 그의 처 창옥이 편지를 받아 울음을 터트린다. 그 편지에 가족들이 월남하기 어렵다면 아들(봉현)이라도 큰댁이 있는 서울로 월남시키라는 당부를 필자가 적었다. 또한, 소설에서는 김사량이 죽음을 맞는 최후의 장소를 홍천 화전민 마을 이장댁으로 설정했다. 〈풀이 깊다〉와 〈화전 지대를 가다〉의 배경인 그 마을, 그의 젊은 시절 빛이었던 민속적, 원초적 삶이 살아 있는 그 마을에서 최후를 맞는 것으로 말이다.

두 통의 편지를 통해 김사량이 결국은 자유의 공간을 그토록 갈망하고 있었음을 심정적이나마 보여 주고 싶었다. 그것이 헝클어진 자유이고, '이승만 도당과 미제국주의'에 의해 훼손된 공간이라 할지라도 종군기의 작가를 남한으로 끝내 안내하고 싶었던 거다. 처 창옥에게 보내는 두 통의 편지에 이렇게 썼다.

사력을 다해 글을 쓰오. 인민군은 승전을 코앞에 두고 후퇴해야 하는 상황에 직면했소. 유엔군이 참전했고, 인천에 미제국 군대가 상륙했소. 허리가 잘렸으니 일단 퇴각하는 수밖에 다른 도리가 없다는 군사령부의 판단이오. 나는 원주 산악 지역에서 요양하고 있소. 심장병이 도져 도보로 이동하기 힘이 드는구려. 차량은 모두 버린 상태요. 살아 돌아가리다.

만에 하나, 전세가 계속 불리해진다면, 부탁이 있소. 어머니를 모시고 가족 모두 월남하기 바라오. 낙산 형님 댁에 당분간 더부살이하다가 독립할 수 있을 거요. 그게 힘들다면, 곱단네에게 부탁해서 낭림이라도 월남하게 하시오. 그게 우리의 살길이오. 편지는 불태워 버리시오. 여불비餘不備.

이제 생명이 얼마 안 남았음을 느끼오. 여보, 내가 한 번도 그리 불러보지 못했는데 처음이자 마지막으로 그리 부르고 있소. 여보, 창옥이. 고생 많았소. 낭림이, 정림이가 그립소.

어머니 병환은 좀 어떠오. 전장에 나와 절망이 더 쌓였소. 회복할 기력이 없구려. 생명의 마지막 심지가 꺼지고 있소. 역사가 나를 밀어낸 것이오. 한 사람의 미약한 작가가 파도처럼 밀려드는 물결을 감당하기엔 벅찼소. 우리의 고난이 후손들에게 반복되지 않을 것을 바랄 뿐이오. 빛은 없었소, 우리의 생애엔. 한 줄기 빛을 보았던 이곳에서 다시 시작하고 싶었소.

그러나 여기에서 생과 작별하는 것만으로 만족해야 하오.

혹시 남하하거든 언젠가 나의 무덤을 발견하게 될 것이오. 낭림이, 정림이, 어머니를 부탁하오. 잘 사시오.

어제저녁 별빛이 유난히 찬란했소. 새벽에 별빛이 스러지면 내가 왔다 간 줄 아시오. 여불비.

치악산에서 병사한 작가 김사량의 마지막 언어는 무엇이었을까? 처 창옥에게 보낸 이 편지의 내용이었을까? 그의 마지막 말은 분단 속에 영원히 묻혔다.

《다시, 빛 속으로》 서문

교토의 봄

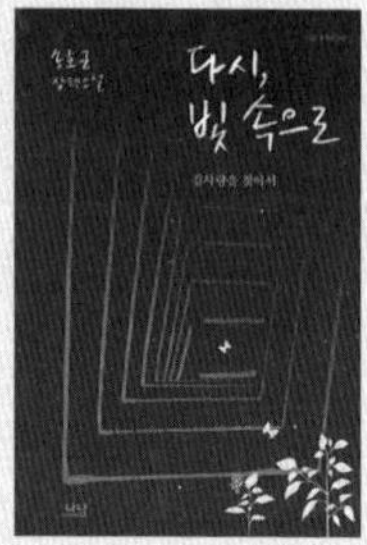

10년 전, 교토의 봄밤은 하얬다. 만개한 벚꽃이 무심히 내려앉는 어둠을 밀어 올렸다. 잠을 잊은 벌들이 하얀 꽃잎에 취해 밤새 잉잉거렸다. 나는 김사량金史良과 함께 밤을 뒤척였다. 1940년 일본 문학계 최고봉인 아쿠타가와상을 수상한 작가, 식민지 조선의 뒤틀린 세계를 일본어로 실어 낸 작가 김사량의 혼백을 불러내 벚꽃 잎이 후드득 떨어지는 교토대학 교정과 시내를 걸었다.

벚꽃에 취한 행인들의 발걸음은 자유로웠는데, 70년 전 일본에 유학한 식민지 청년의 얘기를 들으며 걷는 식민지 후예인 나는 자주 발걸음을 멈춰야 했다. 가슴속에 고이는 비애를 달래려 시내 천변을 헤맸다는 대목에서는 숨을 죽였다.

'신성한 근대', 일본이라는 천개天蓋에는 정신의 환풍기가 허용되지 않았다. 김사량은 일본어로 민족의 감각과 현실을 벼려 구원의 작은 구멍을 뚫었다. 25세에 쓴 그의 수상작 〈빛 속으로〉는 식민지 접경에서 구원의 빛을 찾아 출발하는 식민지 청년의 출항 고동이었다. 그가 탄 배는 일본어였다.

김윤식 교수가 '이중어 글쓰기' 세대라 불렀던 그 불운한 시대를 그렇게 건넜다. 그의 배는 짓눌린 조선의 감성, 풍속, 문물을 가득 싣고 광기의 바다를 헤쳐 나갔는데 정작 그의 작품은 일본에도 조선에도 등록되지 못했다. 1973년 일본의 가와데쇼보신사가 발행한 4권짜리 《김사량 전집》의 내면세계는 조선이고 형식은 일본이다.

도쿄제국대학 시절, 김사량은 조선어를 그리워하며 조선의 산천을 품에 안고 나녔다. 그는 방학이면 관부연락선을 타고 귀국해 강원도를 자주 돌아다녔다. 나는 그의 기행문을 읽고 족적을 좇아가 보기도 했다. 그는 춘천 봉의산에 올랐다가 소양강을 건너 오봉산을 넘었다. 북한강 변 화전민 초옥에서 며칠 밤을 지냈다. 《태백산맥》과 〈풀이 깊다〉의 배경이 된 홍천 두촌면 가리산과 가마연봉은 아직 인적이 드문 자작나무 숲이다.

그의 작품에는 박경리의 역사적 울혈, 백석의 토속적 감성, 김승옥의 근대적 감각의 원형原形이 도처에 발견된다. 그럼에도 한국문학사에 편입되지 못하는 운명적 이유는 해방 공간에서 쓴 작품의 이념적 편향 때문이다.

6·25 전쟁 종군기의 작가를 한국문학사는 결코 용납할 수 없다. 종군기는 뜻밖의 변신이었다. 〈빛 속으로〉의 작가가 썼을 거라고

는 결코 믿기지 않는 필체이자 문장이다. 김사량 문학 연구자들은 연안 태항산太行山에서 돌아온 후 1950년 10월 원주 치악산 부근에서 병사할 때까지 그가 남긴 작품들 때문에 한 발짝도 나아가지 못한다.

나는 계속 물었다. 왜, 무엇이 당신의 예상치 못한 변신을 재촉했는가 하고. 그것이 자율적 선택이었는지, 생존을 위한 잠정적 타협이었는지를 말이다. 묻는 나도, 머뭇거리는 김사량도 곤혹스럽긴 마찬가지였다. 벚꽃이 흐드러진 식민 종주국 고도古都에서 그걸 다투기가 비감하다는 느낌이 들 즈음 벚꽃은 모조리 낙하해 바닥을 덮었다.

교토의 봄은 그렇게 끝났다. 귀국 후에도 나의 의식 속에는 화톳불이 계속 켜졌다. 추적해 보기로 했다. 이 소설은 1945년 봄 북경에서 연안으로 탈출하면서 김사량이 썼던 〈노마만리駑馬萬里〉의 후속편에서 시작한다. 1부 제목이 '고향만리'다. 평양으로 돌아온 후 6·25 전쟁에서 전사할 때까지 그의 행적은 단편적으로만 알려져 있다. 그 단편적 사실을 골격으로 상상의 집을 지어 올렸다. 〈빛 속으로〉의 작가를 원점에서 생각하고 싶었다. 식민지 후손인 우리에게, 분단 현실을 살아가는 우리에게 '빛'이란 무엇일까를 생각하면서. 그래서 제목이 '다시, 빛 속으로'다.

3

잊힌 비애

《연해주》

대체 연해주는 어떤 곳인가? 필자의 첫 방문은 〈중앙일보〉가 주관했던 2013년 '평화오디세이' 때로 기억한다. 백두산에서 용정으로, 용정에서 연변을 거쳐 두만강 하구로, 그곳에서 연해주로 넘어갔다. 가는 길에 들른 용정 부근 일송정과 해란강은 기대했던 것보다 작고 초라했다. 가곡 〈선구자〉에 나오는 그 웅장하고 비장한 모습은 없었다. 일송정은 불에 타 다시 신축되었는데 매우 초라했으며, 그 옆에 어른 키 두 배만 한 소나무가 새로 식재돼 자라고 있었다. 평화오디세이 일행 중 한 분인 가수 장사익의 구성진 노래가 없었다면 아무런 감흥도 받지 못했을 뻔했다.

머릿속에만 존재했던 두만강도 한강처럼 넘실거리며 흐르는 큰 물결은 아니었다. 군데군데 여울진 곳이 많았고, 강폭이 좁아

도강渡江이 가능했다. 강 건너편 둑에 북한군 초소가 자주 보였던 것도 그럴 만한 이유가 있었다. 마침 두만강 하류에 세워진 전망대에 올라서니 북한발 기차가 연해주 해안을 따라 올라가고 있었다. 러시아에 원료와 자재를 공급하는 기차였을 것이다.

잊힌 땅, 연해주

조선인들의 도강은 1860년대부터 시작됐다. 헐벗고 못살아서 두만강을 건넜다. 두만강 바로 건너편 러시아 땅인 연추와 그 위쪽에 펼쳐진 연해주에는 경작을 기다리는 드넓은 땅이 있었다. 청나라 시대부터 거의 사람이 살지 않았던 북간도 지역도 조선인들의 정착지가 됐다. 1890년대에 이르면 월경越境 조선인이 만주 지역을 합쳐 거의 30만 명을 헤아릴 정도로 불어났다. 주인 없는 광활한 땅을 조선인들이 농경지로 일궈 나갔다. 불안과 설움을 안고 감행하는 월경이 쉬운 것만은 아니었다. 함경북도 두만강 태생의 시인 이용악의 시에 서러운 울음이 깔린 이유다. 가령,

> 길이 마음의 눈을 덮어줄
> 검은 날개는 없느냐

두만강 너 우리의 강아
북간도로 간다는 강원도치와 마조 앉은
나는 울 줄을 몰라 외롭다

— 이용악, 〈두만강 너 우리의 강아〉

두만강은 그런 서러움의 강이자 희망의 강이기도 했다. 강 건너편에는 미지의 땅이 기다리고 있었다. 주인 없는 땅, 아무도 가꾸지 않는 땅이 천지에 널려 있었다. 그런 소문이 무성한 가운데 조선인들은 속속 강을 건넜다. 땅에 대한 꿈이 도강의 위험을 상쇄했다. 강을 건넌 조선인들은 북간도를 중심으로 연추 지역과 간도로 널리 퍼져 나갔다.

연변에서 러시아 쪽으로 올라가면 크라스키노가 있다. 함경북도 경흥과 온성에서 블라디보스토크로 가는 길의 중간 정도 위치인데, 여기가 그 유명한 안중근 의사의 단지동맹斷指同盟이 이뤄진 곳이다. 1909년 2월, 안중근과 그의 동지인 김기룡, 백규삼 등은 암살결사대를 조직해 투쟁에 나설 것을 결의했다. 안중근은 이토 히로부미를 겨냥했고 결국 목표를 이뤘다. 안중근 의사의 쾌거를 기리기 위해 러시아에서도 단지동맹 기념탑을 그곳에 세워 두었다. 평화오디세이 일행들은 숙연한 채로 기념탑에 묵념했다.

거기서 남쪽을 보면 큰 산맥이 가로놓여 있는데, 안중근과 독립의군부가 그 산맥을 넘어 조선 국경을 감시하는 일본군과 자주 전투를 벌였다. 이토 히로부미를 처단하러 산맥을 넘는 안중근의 뒷모습이 어른거렸다. 동행했던 작가 김훈은 남쪽 산맥을 한참 주시했다. 아마 《하얼빈》에 대한 문학적 구상이 뭉게구름처럼 피어오르고 있을 터였다.

작가 황석영은 두만강 국경을 가로질러 연해주로 올라가는 기차를 한참 바라봤다. 그러고는 《철도원 삼대》를 구상하고 있다고 말했는데, 장춘에서 기관사로 근무했던 조부가 떠올랐을 것이다. 그는 장춘에서 만주로, 만주에서 영등포 공작창으로 이어지는 철도원 삼대 이야기를 몇 년 후 출간했다.

2015년 KBS가 기획한 〈동아시아 역사 기행〉은 하얼빈, 장춘을 거쳐 연해주 블라디보스토크에 닿는 긴 여정이었다. 하얼빈역에는 안중근 의사의 거사를 기리는 기념관이 조촐하게 마련되어 있었으며, 당시 거사와 관련된 사진과 그림이 전시돼 있었다. 말로만 듣던 그 역사적 현장에서 마음이 숙연해졌다. 플랫폼에는 안 의사가 총을 발사한 장소, 이토 히로부미가 쓰러진 위치가 상세하게 표시돼 있었다. 예기치 않은 눈물이 고였다. 안 의사가 총을 발사한 직후 외쳤던 '코레아 우라!'가 가슴속 파장을 일으켰다.

메이지유신의 기초를 만들고 제국 일본의 거침없는 행군을 지휘한 황국의 거목이 독립의군부장 안중근 의사에 의해 쓰러지는 장면을 누가 예상이라도 했을까. 동맹을 맺은 지 불과 8개월이 지난 시점이었다. 일본 경찰과 정보국이 전혀 눈치채지 못했던 그 엄청난 거사를 약소국의 이름 없는 의인이 실행에 옮길 줄이야 누가 예상이라도 했을까.

하얼빈에서 장춘으로 이동한 역사 기행 팀은 국경 도시 쑤이펀허에서 야간 기차를 타고 블라디보스토크로 향했다. 러시아 국경을 지날 때 국경 경비대가 잠시 검문을 한 것 외에는 별다른 일이 없었다. 기차에는 국경을 오가며 물건을 사고파는 중국 상인과 러시아 상인이 섞여 있었다. 이들 간에는 대화가 오고 가지 않았다. 야간 기차답게 덜커덩거리는 소리 외에는 사방이 조용했다. 기차는 쑤이펀강江을 건너 드넓은 시베리아 평야로 진입했다. 창문으로 지평선 같은 희미한 선이 달빛 속에 드러났다. 쏟아지는 달빛에 취해 필자는 잠을 청하지 못했다.

창문으로 보이는 풍경은 예사롭지 않았다. 멀리 자작나무 숲이 보였다가 스쳐 지나가고, 다시 달빛에 물든 평야가 끝없이 펼쳐졌다. 달빛에 몽롱해서인지 어디선가 늑대 우는 소리가 들리는 것도 같았다. 영화 〈닥터 지바고〉의 한 장면이 환상처럼 나타났다가는 사라졌다. 연해주로 가는 길은 달빛에 흠뻑 젖는 꿈같은 여정이었다. 새벽까지 이어진 그 달빛 여정은 필자와 같은 후세대 여행객에게는 축복이겠지만, 독립투쟁을 위해 미지의 땅으로 향하던 백년 전 조선 청년에게는 운명이었을 것이다.

달빛에 젖은 시베리아 평원의 밤 풍경은 망명길에 오른 주인공 김경천의 심정과 섞여 소설《연해주》에 이렇게 재현되었다.

[1]

창밖에 눈발이 휘날렸다. 시베리아의 눈은 폭풍처럼 몰려왔다. 가문비나무 가지가 눈 무게를 이기지 못해 부러지는 소리가 여기저기서 났다. 천장이 무너지는 소리 같았다. 우두두두. 소리가 날 때마다 경천은 천장을 올려다봤다. 소나무 줄기로 만든 천장은 괜찮은지 걱정이 됐다. 눈은 그치지 않았다. … 연해주에서 맞은 세 번째 겨울에 경천은 고향 겨울 풍경이 그리웠다. 눈은 친숙했지만 눈 속 풍경은 낯설었다. 통나무집은 마을과 약간 떨어진 거리에 있어 의무대원 경옥과 중국인 의원, 음식과 식량을 나르는 일꾼 외에는 인적이 끊겼다. 상처는 많이 아물었다. 방 안을 홀로 어슬렁거리다가 문밖에도 잠시 나가 보고는 했다. 고요와 적막이었다.

… 세상사가 멀리 가버렸다. 아니 눈 속에 파묻혔다. 세상사가 눈 속에서 완전히 결빙되면 경천과 경옥을 다시 공격해 오지 않을 것이다. 오랜만에 느끼는 행복이었다.

대한독립은 먼 곳에 있었다. 그걸 향한 혁명가의 생애는 거칠고 험난하기 그지없었다. 혁명은 꿈이다, 나의 인생을 바친 꿈이자 먼 곳에서 울리는 포성이다…. 사랑은 혁명 의지를 허무하게 만든다. 사랑은 혁명의 집을 허무는 달콤한 향연이다. 그 향연에 몸을 맡기고 싶었지만 경천은 마음을 다잡아야 했다. 사랑과 혁명은 둘 다 이뤄지지 않는다. 사랑과 혁명은 서로 시기하고 서로 헐뜯어 결국 둘 모두가 진창 속에 내동댕이쳐질 것임을 깨닫는다. 혁명을 버리고 경옥과 함께 어디론가 갈 수도 있다.

시베리아는 광활하고 익명이다. 산림과 더불어 사는 사람들은 야생 동물처럼 이름이 없다. 늑대에 이름을 붙이지 않듯, 그냥 늑대고 여우다. 경천과 경옥이 아니고 그냥 사람이다. 익명을 보장하는 삼림이 마치 부드러운 이불마냥 느껴졌다.

혁명을 버리고 어디론가 숨어 들어갈 수 없을까. 인생을 괴롭히는 세상사로부터 도피해 아늑한 자연 속으로 영원히 망명할 수는 없을까. 경천은 퍼뜩 정신을 차렸다. 현실이 돌아왔다. 눈발이 휘몰아쳤다. 가문비나무는 눈을 잔뜩 이고 힘겹게 휘청거렸다.

[2]

차창으로 시베리아 초원이 펼쳐졌다. 초원은 달빛으로 은은했다. 달빛이 온통 초원에 쏟아져 내려 은백색 풍경이 됐다. 구릉이 가끔 지나갔고 자작나무 숲이 끝없이 이어졌다. 스치는 마을도 은백색 풍경에 얌전히 안겨 있었다.

몇 자리 앞에 중국 상인으로 보이는 노부부가 서로 끌어안은 채 잠들어 있었다. 저런 게 인생이려니 싶었다. 국경을 넘나들면서 필요한 물품을 팔고 사는 사람들의 인생을 그려 봤다. 우수리스크 야시장으로 가는 상인일 것이다. 거기서 또 중국인들이 좋아하는 말고기와 양고기를 잔뜩 짊어지고 기차에 오를 것이다.

국경을 오가는 삶, 양쪽의 인민들이 좋아하는 상품을 조달하는 삶도 아름다울 것이란 생각이 들었다. 달빛 때문이었다. 오늘 유난히 달빛이 환해 기차는 경천을 싣고 옛날 젊은 시절로 데리고 가는 듯했다. 은빛 차창에 정화의 얼굴이 비쳤다. 지아비 없는 생활에 정화는 얼마나 힘들었을까. 경찰서의 성화가 얼마나 힘들었으면 밀항을 결단했을까. 경천의 마음은 쓰렸다.

… 끝없는 초원에 옛날 고구려 부여 사람들이 말을 달렸으리라 생각하니 가슴이 다시 벅차올랐다. 나, 경천도 그러고 싶다. 그러려고 여기 연해주로 왔다. … 대한 청년들이 이 초원에서 더 목숨을 잃으면 독립은 올 것인가.

경천은 생각에 빠졌다. 나는 시작일 뿐이다. 요원한 독립을 향해 첫발을 떼는 것이 나의 운명일 거다. … 막막했다. 앞으로 어떤 일이 펼쳐질지 상상하기 어려웠다.

새벽녘에 경천은 살포시 잠이 들었다가 기차가 덜컹 서는 바람에 깼다. 우수리스크역에 도착했다. 새벽 공기가 서늘했다.

[1]은 김경천이 파르티잔스크 골짜기 전투에서 당한 부상을 치료한 오두막 주변의 풍경이다. 도쿄에서 만난 간호학교 출신 장경옥이 독립의병대의 의무대원이 되어 김경천의 치료를 맡는다. 트레치푸진 산속 한인 촌락에서 김경천은 오랜만에 평온함을 느낀다. 시베리아 겨울의 전형적 풍경이다. 눈이 숲을 덮고 경천의 마음도 덮는다. 그는 사랑과 혁명을 생각한다. 경옥과 함께 눈 풍경 속으로 사라질 수 있다면, 아무리 봐도 요원한 독립의 꿈에서 멀리 달아나 저 타이가 숲속에서 경옥과 익명으로 살 수만 있다면 얼마나 좋으랴. 그러나 사랑과 혁명은 동시에 이뤄지지 않는다. 현실은 냉혹하다. "사랑과 혁명은 서로 시기하고 서로 헐뜯어 결국 둘 모두가 진창 속에 내동댕이쳐질 것"이다.

[2]는 볼셰비키로부터 무장 해제당하고 재기를 노리던 김경천이 오랜만에 그의 동지인 지청천과 신팔균을 국경 부근에서 만나 앞날을 논의하고 돌아오는 기차 안 장면이다.

10여 년 전 필자가 달빛에 젖었던 그 밤의 야간 기차다. "초원은 달빛으로 은은했다. 달빛이 온통 초원에 쏟아져 내려 은백색 풍경이 됐다."

그는 경성을 떠나 연해주로 온다는 아내 정화의 전갈을 받고 앞날에 대한 근심에 잠긴다. 동시에 그가 사랑하는 여인 경옥의 모습도 떠오른다. 처연한 달빛은 근심에 잠긴 경천의 얼굴에 사정없이 쏟아진다. 잠이 살짝 들었는데 덜컹하는 소리에 깼다. 우스리스크역에 도착했다. 경천은 거기서 볼셰비키 정보원에 의해 연행된다. 사랑과 혁명 모두를 무너뜨리는 운명이 기다리고 있었던 거다.

볼셰비키 혁명에 휩쓸리다

김경천이 망명을 결심했을 때 목적지는 서간도 신흥무관학교였다. 신흥무관학교는 이회영, 이시영 형제가 1910년 경술국치를 당하자 간도로 망명해 세운 독립투쟁 사관학교였다. 처음에는 간도 삼원보에서 신흥강습소로 출발했다가 1919년 신흥무관학교로 개칭해 청년 독립투사들을 길러 냈다. 안동의 유림 대표이자 지주인 이상룡 선생과 김동삼 선생이 합류해서 국내의 뜻있는 청년들을 독립투사로 만드는 데에 혁혁한 공로를 세웠다. 1919년경에는 중국의 압력과 자금 부족으로 유하현 고산자로 이주해 어렵사리 운영을 지속하고 있었다. 김경천과 지청천이 망명한 것도 바로 3·1 운동 직후였다. 일본 정규군 장교 두 명의 합류는 하늘에서 내린 축복과도 같았다. 기운을 잃어 가던 무관학교 학생들의 사기를 북돋웠을 뿐 아니라, 전술 면에서도 새로운 활로를 뚫어 주었다. 김경천은 기마병, 지청천은 보병이었는데 두 전술의 융합은 청년 독립단원들의 전과를 효과적으로 이끌어 냈다.

그런데 군자금과 무기 조달이 신흥무관학교가 풀어야 할 고질적 문제였다. 지청천과 김경천은 패주하는 체코군으로부터 무기 구입이 가능하다는 정보를 입수하고 일단 북간도로 가서 사정을 알아보고자 했다. 지청천은 북간도로 갔고, 김경천은 가던 도중 목적지를 연해주로 바꿨다. 무관 신팔균이 이들을 배웅했다. 서로 뜻이 통했던 이 셋은 신흥무관학교에서 이른바 '삼천맹약'을 맺었나. 모두 끝 자를 친天 지로 개명한 다음 대한독립이 이뤄지는 날까지 일본군과 싸우기로 맹세했다. 그렇게 김광서는 김경천, 지석규는 지청천, 신팔균은 신동천이 되었다. 민족과 자신의 명예를 걸고 맺은 맹약이었다.

세 사람이 맞을 운명은 기구했다. 지청천은 북간도로 가서 독립의병대를 지휘했고, 봉오동 전투의 홍범도, 청산리 전투를 이끈 김좌진과 함께 국내에 승전보를 알렸다. 그러나 일본군이 두 전투의 패배를 만회하고자 두만강 유역과 연추 지역의 한인 마을을 무차별 포격하고 촌민을 살상한 경신참변 때, 군대를 끌고 북쪽으로 이동하지 않을 수 없었다. 중국 국경 도시인 밀산에 겨우 자리를 잡은 이들을 기다린 것은 그 유명한 자유시 참변이었다.

볼셰비키 지휘부가 한인무장대를 적군赤軍으로 재편하려는 시도에 반발해 한인 독립군 간 총격이 발생한 사건이었다. 수십 명이 죽고 수백 명이 볼셰비키군의 포로로 잡혔다. 포로가 된 한인 무장대원들이나 그들의 지휘관들도 볼셰비키군의 위협 앞에 별다른 수를 쓰지 못했다. 지청천은 포로가 되었다가 반년 만에 풀려나 밀산으로 탈출한 김좌진 부대에 천신만고 끝에 합류했다.

한편 남만주에서 새로 재편된 대한통의부 장교를 맡았던 신팔균은 소흥안령 왕청면 군사훈련소에서 신병들을 훈련하던 도중 일본군의 매수에 넘어간 중국 마적단의 기습으로 목숨을 잃었다. 1924년, 향년 42세 나이였다(신팔균의 예기치 않은 죽음을 소재로 필자는 엽편소설을 썼다. 이 장 끝에 수록한 〈만주에 뜬 별〉이다).

김경천이 지청천처럼 북만주에 남아 활동했거나 1930년대에 중경 임시정부와 합류했다면 그의 독립의 꿈은 이뤄졌을 것이다. 그러나 그는 연해주를 선택했다. 지청천은 서울이 고향이고, 김경천은 함경북도 북청 출신이었다. 아버지 김정우는 조선 말 무관 고위직이었던 윤웅렬이 북청 감사로 재직할 당시 군문에 들어와 윤웅렬의 부관이 됐고, 후에 대한제국 육군군기창장으로 승진했다. 그의 형 김성은도 일본 육사 출신의 대한제국 육군공병 부령으로 고종 근위부대의 일원이었다. 윤웅렬이 다시 한양으로 돌아올 때 김정우가 온 가족을 데리고 한양으로 이주했던 결과였다. 김경천도 일본 육사 출신이니 삼부자가 모두 대한제국을 지키는 무관이었던 것이다. 김경천은 어린 시절에 한양으로 왔기에 북청에 대한 기억은 별로 없었겠지만, 연해주에서 만난 많은 사람들이 함경북도 출신이어서 각별한 동지애를 느꼈을 가능성이 크다.

지청천과 신팔균이 김경천에게 상해 임시정부에 합류하자고 가끔 권유했으나 그때마다 망설였던 것은 다름 아닌 고향 사람들에 대한 동정 때문이었다. 김경천은 1923년경 상해를 다녀오기도 했는데, 임시정부 간부회의가 상호 비난과 언쟁으로 일관된 장면을 보고 깊은 회의를 느꼈다. 고향 사람에 대한 깊은 동정뿐만 아니라 점점 더 깊은 수렁에 빠져들어 가는 독립투쟁의 암울한 미래도 그를 연해주에 묶어 두었던 것이다.

당시 연해주와 시베리아 북동부 지역에는 100여 단체에 달하는 크고 작은 한인독립의병대가 활약하고 있었다. 만주와 연해주로 이주한 한인 가족의 자식들과 조선에서 망명한 청년들이 주력이었다. 모두 합해 2~3천 명에 달하는 수였다. 이들의 활약으로 1920년대 초반 연해주는 독립투쟁의 발원지이자 전진기지로 주목받고 있었다. 블라디보스토크는 1910년대부터 독립지사들의 활동 근거지가 되었는데 도시 외곽에 건설한 신한촌新韓村이 중심이었다. 1919년 3·1 운동 직전에 상해 독립투쟁의 중심인물인 여운형과 조소앙이 연대 전략을 논의하기 위해 신한촌을 방문하기도 했다.

3·1 운동 직전인 1919년 2월 1일, 만주 길림과 연해주 대표들이 〈무오독립선언서〉를 발표해 독립투쟁의 선봉에 설 수 있었던 배경이다. 연해주에는 한인들이 모여 사는 촌락이 많아서 독립의병대를 물심양면으로 지원했다. 오래전 이주해 살림 기반을 잡은 한인을 원호原戶, 이주한 지 얼마 안 돼 빈곤한 생활을 면치 못한 궁핍한 한인을 여호餘戶라고 불렀는데, 원호는 독립투쟁의 후원자 역할을, 여호는 독립의병대에 자식을 보내는 인력 제공의 역할을 맡았다.

두 집단 간 갈등은 잦았다. 볼셰비키가 토지 국유화를 선언했을 당시 원호들은 극렬히 반대했던 반면, 여호들은 환영해 마지않았다. 의병대 인력자원이었던 여호들이 볼셰비키 혁명 직후 집단농장에 배속되자 인력 충원의 문제에 부딪힌 사정도 어렵지 않게 짐작할 수 있다.

김경천이 블라디보스토크 인근 파르티잔스크에서 고려의병대를 조직해 활약할 당시만 해도 볼셰비키의 이런 이념적 특성을 잘 알지 못했을 것이다. 육사 시절 수업을 통해 볼셰비키의 본질을 인지했다 해도 볼셰비키와의 협공을 수용하지 않을 도리가 없었다.

백군을 극동 지역에서 함께 괴멸시키면 두만강 국경을 넘어 조선 진격을 돕겠다는 볼셰비키의 약속을 믿었던 것이 탈이었다. 일본군과의 치열한 전투를 감행했던 김경천이 백군의 마지막 보루, 극동공화국의 중심 도시 이만시 공격에 가담한 이유도 이것이다.

볼셰비키군과 함께 진격한 이만시 전투는 성공적이었다. 그 전투 장면을 상상하는 데에 영화 〈닥터 지바고〉가 큰 도움이 됐다. 영화의 전투 장면은 이렇다. 볼셰비키군이 매복한 숲 건너편에서 백군 부대가 조심스럽게 진군한다. 시베리아 한파로 얼어붙은 강변에 백군이 도달하는 순간 건너편 숲속에서 적군의 기관총이 난사된다. 백군의 시체가 강변에 너부러진다. 지바고는 빨치산에 납치돼 의무대원으로 종군한다.

이만시 전투에서 김경천은 독립의병대와 적군 빨치산 합동부대를 지휘한다. 이 전투는 볼셰비키 혁명을 완료하는 중요한 사건으로, 여러 영화의 소재로 자주 등장했다. 알렉산드르 콜차크 제독이 이끄는 극동공화국이 적군의 공세로 무너지는 과정을 그린 영화 〈제독의 연인〉이 대표적이다.

김경천은 극동공화국 붕괴 직후 백군 장교들과 러시아제국의 귀족들이 블라디보스토크로 쫓겨와 탈출과 망명을 모색하는 장면을 목격했을 것이다. 한 치 앞을 예상하지 못하는 한인들도 불안하기는 마찬가지였다. 그 장면들을 소설에서 이렇게 묘사했다.

연안 지역에 백군 잔당들이 여기저기 흩어져 은신해 있었고 일본의 첩자들이 활약했다. 한인들 중 집도 절도 없이 떠도는 외품자리들, 반역죄로 찍혀 당국의 처벌을 피할 수 없는 한인 부호, 무질서와 혼란의 와중에 일거에 한몫을 잡아 보려는 유랑자들이 백군과 일본의 매수공작에 걸려들었다. 블라디보스토크 연해에는 해외로 몰래 탈출하려는 부호와 지주들이 밀항선을 구하느라 첩자들과 선을 대고 있었다.

… 혁명은 완수됐으나 소비에트가 원하는 사회 질서를 향한 내부 투쟁은 이제 시작이었다. 무엇보다 유산자와 무산자의 갈등을 무마하고 종파분자들을 제거하는 일이 급선무였다. … 생계 터전을 바꾸게 하는 것은 인민들의 불만을 촉발했다. 있는 사람들의 불만은 하늘을 찔렀던 반면, 없는 사람들은 그런대로 만족했다.

경천은 생애 처음 겪는 이러한 혁명 사회가 부자연스럽고 심지어는 기괴하게 보이기까지 했다. 경천이 꿈꾼 혁명과 소비에트의 혁명은 한참 달랐다. 경천의 현실을 짓밟은 소비에트 혁명의 소용돌이에 밀려 대한독립이라는 경천의 혁명은 멀리 물러나 있었다.

… 모스크바에서 무슨 일이 일어나고 있는지 사람들은 수군거렸다. 스탈린 체제가 완성돼 가고 있었다. 쿨라크(부농)에 대한

대대적인 처형이 진행되고 있다고 했다. 많은 부호들이 시베리아 강제수용소로 끌려갔다. 콜호스가 전국적으로 퍼져 나갔다. … 스탈린 치하 소비에트는 처형과 암살이 마치 유행병처럼 번졌다. 사람들은 입을 다물고 얼어붙었다.

… 그런데 갑자기 적이 사라졌다. 볼셰비키 정부도 일본과 협상 관계로 들어갔다. 무기를 내려놓으란 명령은 이제 더 이상 무력투쟁을 하지 않는다는 선언이었다.

이미 모든 것이 멀리 가버렸다는 불안감이 그를 덮쳤을 것이다. 백군을 괴멸시키면 조선 진격을 돕겠다던 볼셰비키의 약속은 허공으로 흩어졌고, 모스크바에서 일어난 정치적 사건들은 연해주까지 들려왔다. 혁명을 좇아 연해주로 향했던 김경천의 운명이 그렇게 볼셰비키 혁명의 파도에 휩쓸리고 있었다.

저 막막한 심정을 어떻게 이해해야 할까? 그의 일기《경천아일록》을 몇 번이고 다시 펼쳐 보았다. '(1922년 무장해제된) 독립군들이 겨울을 당하여 각지에서 걸인같이 방황하는 모습을 차마 눈뜨고 볼 수 없다.'

혁명의 끝

집단농장에서 재기의 기회를 노리고 있던 김경천은 1936년 종파·반역 혐의로 국가정치국에 체포되었다. 일본과의 전쟁 가능성이 높아지자 연해주 지역에 산재한 위험요인을 사전에 제거하려 했던 스탈린의 민족 재배치 전략이었다. 모스크바 당국은 조선인들이 일본과 비밀리에 협력하거나 일본군 전진 초소를 구축한다면 전쟁 수행에 엄청난 차질이 빚어질 것을 우려했다. 연해주뿐 아니라 폴란드와 우크라이나에서도 대규모의 민족 재배치가 실행됐다. 내란의 소지를 사전에 제거하려는 목적이었다.

17만 명에 달하는 한인들은 수십 년간 일군 삶의 터전을 버리고 기차를 타야 했다. 1939년까지 3년간 약 100여 편의 기차가 수시로 블라디보스토크역을 떠났다. 기차가 당도한 곳은 카자흐스탄 평원이었다. 목적지를 아는 한인들은 없었다. 러·중 국경선을 따라 시베리아 한가운데를 통과해 서쪽으로 달린다는 것 외에는 아무런 정보도 없었다. 인류 역사상 그렇게 잔인한 대규모 이주정책은 찾아보기 어렵다. 20세기는 그런 시대였다. 이데올로기적 '극단의 시대'.

이 극단의 시대가 빚어낸 두 차례의 전쟁으로 유럽에서만 천만 명이 죽었고 동아시아에서도 수백만 명이 죽었다. 연해주 한인의 강제이주는 죽음을 향한 여정이었다. 김경천은 카자흐스탄 카라간다 정치범수용소에 감금되었다. 일본군 장교이자 한인독립군 사령관 경력의 김경천은 모스크바 당국이 극도로 의심하는 일급 감시 대상이었다. 그러니 카라간다에 그대로 놔두지 않았다. 솔제니친의 소설로 세상에 알려진 시베리아 '수용소군도'로 다시 이송되었다. 생환 가능성은 없었다. 김경천은 그곳에서 생을 마감했다. 강제이주 기차를 탄 그는 회상에 잠겼다. 다시 꿈을 펼칠 수 있을까. '달빛 유언'은 이뤄질 수 있을까.

> 기차는 덜컹거리며 계속 앞으로 나아갔다. 달빛은 기울었지만 아직 침묵의 유언장을 쓸 사람은 많이 남았다. 내일도 유언장을 쓸 시간은 있다. 그들은 잠에 들었다. 바아나톨리도 소총을 어깨에 멘 채 잠에 빠졌다. 경천은 누운 채로 유언을 들었다. 경천 자신은 아직 유언을 말할 때가 아니라고 생각했다. 운명의 끝과 맞닥뜨리고 싶었다.
>
> … 경천은 다짐했다. 혁명은 끝나도 또 다른 꿈을 꾸는 사람이 태어나는 한, 정화와 가족이 초원 저쪽 어딘가에서 기다리고 있는 한, 경옥이 차량 벽에 기댄 채 같이 흔들리고 있는 한 침묵의 유언은 아직 이르다고. 아버지와 형이 말하고 있었다. 아직 네 일은 남아 있다고, 지구 어딘가에 버려져도 네 할 일이 남아 있다고.

경천은 스르르 눈을 감았다. 고향 별빛이 쏟아졌다.

경천의 서사는 이렇게 끝났다. 달빛 유언은 디아스포라Diaspora 한인들의 가슴에 스며들었다. 85년이 지난 오늘날, 그 유언은 어떻게 피어나고 있는가.

《연해주》 에필로그

역사는 몸속을 흐른다

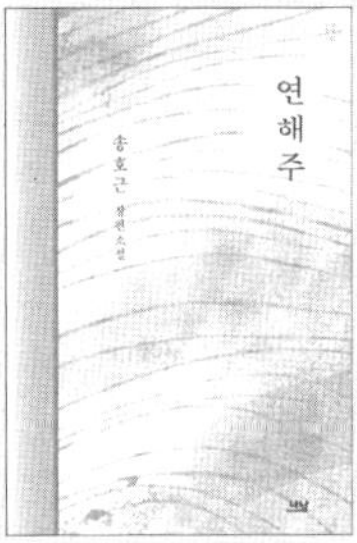

필자는 이 소설의 무대인 북간도와 연해주 일대를 두루 답사하는 기회를 가졌다. 2015년 초겨울, KBS가 광복 70주년을 맞아 특별 기획한 〈동아시아 기행〉이라는 프로그램이었는데 자료에서만 보던 그 장소에 직접 가보니 감회가 새로웠다.

창춘에서 하얼빈으로, 하얼빈에서 국경 도시인 쑤이펀허綏芬河, 여기서 국경을 넘어 우수리스크를 거쳐 블라디보스토크에 닿았다. 이 소설의 주인공 김경천이 연해주로 망명한 경로였다. 수많은 독립지사들의 결기와 애환이 묻혀 있었다.

초겨울 블라디보스토크 항구에는 짙은 바다 안개가 피어났다. 그 해무海霧는 신한촌, 스베트란 거리, 혁명광장에 내려앉았다가 서서히 북쪽으로 이동해서 타이가 삼림과 만난다. 숲 안개로 변하는 순간이다. 겨울 햇빛에 잠시 증발했다가 다시 살아나는 숲 안개처럼, 17만 명 러시아 이주민들의 숨결은 땅과 숲에서 여전했다.

볼셰비키 혁명은 한인 독립운동과 이주민들의 삶을 덮쳤다. 조선인들이 1863년 두만강을 건너 연추 지역에 새로운 터전을 일구고 해안을 따라 북쪽으로 삶의 영역을 넓혀 갈 때 그런 일이 닥치리라곤 상상하지 못했다. 김경천이 연해주를 독립투쟁의 근거지로 결정할 때조차 볼셰비키 혁명은 고려 대상이 아니었다.

무오독립 선언서가 길림에서 공표되었고, 최재형, 이상설, 이동휘, 정재관 같은 독립투사들이 연해주에서 활약했다. 김경천은 러시아 적군과 연합해 백군과 싸우리라곤 전혀 예상하지 못했을 것이다.

김경천이 연해주로 건너갔을 때는 우연히도 콜차크 극동 정부가 무너지고 백군의 마지막 잔당이 연해주로 퇴각한 시기였다. 그 공간은 〈닥터 지바고〉의 마지막 장면과 겹친다. 작가 파스테르나크는 소설 말미에서 그 공간에서 일어난 사건들을 여주인공 라라의 딸로 추정되는 타티아나의 기억으로 재현했다. 타티아나는 2차 대전 대독일 전선에 투입된 러시아 병사들의 옷을 빨아 주는 세탁부다. 그녀는 1920년 초반 극동 어느 지역에서 구출돼 러시아 전역을 떠돌다가 동부 전선에 투입됐다. 1943년이었다. 전선에는 수용소 군도에서 차출된 병사들이 많았다. 그들에게 전쟁은 해방이었다. 전쟁은 정화의 폭풍우, 신선한 공기, 구원의 바람이었다. 타티아나는 병사들에게 왜 자신이 떠돌이가 됐는지를 말한다. 그녀는 어렸을 때 시베리아의 동쪽 끝, 카자크 지역 저편, 중국 국경 근처에서 일어난 일을 상세히 기억했다. 영화의 마지막 장면은 1920년대 타티아나의 어린 시절 기억을 상징적으로 처리했다.

'화염이 치솟고 건물이 불탔는데 아버지가 내 손을 놓았어요.'

화염이 치솟고 건물이 불타 무너지는 공간이 연해주다. 볼셰비키 적군의 공격에 의한 것이거나 일본군과 백군의 반격에 의한 것일지 모른다. 김경천이 뛰어든 공간이다. 운명이었을까.

17만 한인 이주민들은 중앙아시아 불모지에 버려져 고려인으로 피어났다. 간도에 살고 있는 조선인들과 함께 코리아 디아스포라Korea Diaspora의 원적元籍이 됐다. 연해주 독립투쟁은 중국 충칭으로 옮겨져 광복군으로 살아났다. 1940년, 김경천이 수용소군도에 강제노역을 할 때다. 김경천의 소원대로 지청천이 지휘한 광복군은 상해임시정부의 적통을 살려 대한민국 건국의 밑거름이 됐다.

'침묵의 유언'이 소원대로 집행된 것은 아니다. 역사는 개개인의 소망을 짓밟고 질주하는 야생마 무리와 같다. 우리가 운위하는 '역사'는 도덕적이고 진보적인 개념이지만 역사라는 피륙을 짜는 현실의 올들은 대체로 그렇지 않다. 역사는 개별 주체들의 고통의 총합이다. 역사는 우리 몸속에 흐른다. 육체와 혼, 의식과 무의식에 산재된 흐름에 길을 터주는 것은 비단 문학만의 일은 아니다.

만주에 뜬 별*

소흥안령에 아침 해가 떴다. 여름 햇살이 계곡을 따라 내려가자 밤새 누웠던 작고 하얀 바람꽃이 몸을 일으켜 햇살을 맞았고, 자작나무 숲 위로 매가 날았다. 동천東天은 산마루쯤에서 걸음을 멈췄다. 저 멀리 남쪽으로 내리뻗은 산줄기를 따라가면 조선에 이른다. 동천은 고향인 충청북도 진천을 잠시 생각했다. 고향 초가지붕에도 아침 햇살이 내려앉을 것이다.

소흥안령 왕청문에 대한통의부 군사훈련소를 설치한 지 벌써 2년이 성큼 흘렀다. 동천이 정성을 쏟았던 신흥무관학교는 일본 제국 군대가 압록강을 넘자 견디지 못하고 무너졌다. 정신적 지주였던 이상룡과 김동삼 선생은 남은 인력과 물자를 겨우 수습해 북

* 이 엽편소설은 〈조선일보〉에 발표됐다. 〈조선일보〉는 해방 80주년을 맞아 2025년 8월 15일부터 독립투쟁에 관한 내용을 주제로 엽편소설을 게재했는데, 이 글은 8월 15일 자에 실렸다.

간도에서 학교를 열었다는 소식이 들렸다.

남만주 전역에 흩어진 독립지대를 통합해 발족한 대한통의부 역시 고전하기는 마찬가지였다. 일본군과의 잦은 교전으로 생명과도 같은 무기와 식량을 잃었고, 병사들도 사기가 떨어졌다. 그나마 보름 전 선허강江 남쪽까지 치고 올라온 일본군 전진 소대를 급습해 전과戰果를 올린 덕에 병사들의 표정은 다소 밝아졌다.

동천과 지휘부가 구상한 치밀한 급습 작전으로 일본 소대 병력은 전멸했다. 오랜만에 맛보는 승전이었다. 포승줄에 묶인 와타나베 소위는 죽음을 두려워하지 않았다. 일본 게이오대학을 뛰쳐나와 독립군에 가담한 김영후 소대장이 다그쳤음에도 굳게 닫힌 입은 열리지 않았다. "황군은 천황을 배신하지 않는다." 한결같은 답이었다.

지휘부 회의에서 생포자 즉결 처형이 결정됐다. 와타나베 소위는 자결 기회를 달라고 간청했지만 그럴 수는 없었다. '천황 만세!' 총성이 울리기 직전 그의 입에서 터져 나온 절규에 동천은 잠시 동요했다. "의義는 산악보다 무겁고 죽음은 깃털보다 가볍다"는 황군의 〈군인칙유〉가 그토록 무섭게 느껴진 것은 처음이었다. 대한독립군 병사들의 앳된 가슴에는 무엇이 있을까.

오늘따라 동천의 단단한 마음은 향수鄕愁에 젖어 떨렸다. 초소 급습 때 입은 어깨 통증도 밀려드는 향수를 어쩌지 못했다. 어젯밤 꿈

때문이었다. 관복을 차려입은 조부祖父가 손을 천천히 저어 뭐라 말씀하셨는데 알 수가 없었다. 강화도조약 접견대관이었던 조부 신헌은 구로다 기요타카 함대를 혈혈단신 대적한 조선의 무관이자 외교관이었다. 뭐라 하셨는가. 만주에서 일본군과 싸우는 손자가 대견하다고 했는가.

몇 달 전 북경에서 조우한 아내도 떠올랐다. 아내 임수명은 아이 셋을 데리고 천신만고 끝에 북경으로 이주했다. 품에 안긴 아내와 아이 셋은 우주를 떠도는 별자리였다. "몸조심해요." 봉천행 기차에 오르는 동천에게 아내가 건넨 애틋한 말을 플랫폼에 남겨뒀다. 전장에서 그리움은 또 다른 적敵이다.

동천은 병영 쪽으로 발걸음을 돌리면서 마음을 추슬렀다. 오랜만에 찾아온 상념이었다. 무기와 식량 조달에 걱정이 가시지 않았고, 갓 입대한 신병들 훈련에 동천의 일상은 조각났다. 가끔 산 아래 한인 마을로 식량 보급을 나가곤 했는데 한층 강화된 일본군 수색과 마적단의 포악한 등쌀에 한인들도 몸을 사리는 형편이었다. 일본 수색대는 의병대에 아들을 보내는 한인 가옥엔 사정없이 불을 놓았고 가축들을 도살했다.

청천과 경천은 잘 있는가. 오늘따라 그들이 그리웠다. 5년 전 가을, 신흥무관학교에 도착한 망명 일본군 장교의 환영회는 희열 그 자체였다. 패기와 열정을 갖춘 장교들의 출현에 생도들은 열광했다.

든든한 동지였던 두 장교는 북간도와 연해주로 떠나 그곳의 독립군 지도자가 됐다. 이들이 무기 구입차 북만주로 떠나기 전날 셋은 모닥불에 둘러앉아 결의를 다졌다. 조국 독립을 이루기 전에는 눈을 감지 않겠다고. 이름도 천天 자를 붙여 개명했다. 하늘에 운명을 맡긴다는 뜻이었다. 지석규는 지청천, 김광서는 김경천, 그리고 신팔균은 신동천, 삼천맹약이었다. 동녘 하늘 샛별이 유난히 반짝였다.

며칠 전 연락책이 동천에게 쪽지를 전했다. 작은 글씨로 이들의 근황이 적혀 있었다. 자유시 참변을 당해 러시아군 감옥에 억류됐다가 풀려나 밀산密山 김좌진 부대에 합류했던 청천의 소식은 반가웠다. 이제 겨우 전열을 정비했다는 것이다. 독립군 간 총격전이 벌어져 수십 명이 사망하고 수백 명이 볼셰비키군 포로로 붙잡힌 그 사건의 충격은 컸다.

경천의 사정은 더욱 난감했다. 볼셰비키와 일본군의 비밀협약으로 독립의병대가 무장 해제당했고 자신은 연해주 집단농장에 투입되었다고 했다. 통탄할 일이었다. 그럼에도 국내 진공의 맹약을 기어이 지키리라는 다짐을 잊지 않았다. 날이 갈수록 만주와 연해주의 독립군은 사면초가였다. 볼셰비키는 대한독립군과 맺었던 애초의 약속을 배신했고, 만주 군벌은 의병대를 눈엣가시로 취급했으며, 일본군에 매수당한 마적단은 닥치는 대로 의병대 병영을 약탈했다.

운명은 하늘에 달린 것이라고 되뇌는 순간 〈독립군 아리랑〉이 들렸다.

독립군 아리랑 불러를 보세
일어나 싸우자 총칼을 메고
일본 놈 쳐부숴 조국을 찾자
아리아리 쓰리쓰리 아라리 났네

부관 김영후 소대장이 달려와 경례를 붙였다.

"총검술 훈련을 실시합니다."

2백여 명 남짓한 신병들을 몇 개의 소대로 나눠 고참 사병들이 훈련에 돌입했다. 보름 전 승전 탓인지 신병들의 동작에 그런대로 힘이 실렸다. 동천의 마음이 다소 놓였다. 신병들은 한인 자식들이 많았는데 국내에서 망명한 청년들도 섞였다. 입대 초기에 의기충천했음에도 전투를 치르고 동료들의 죽음을 목격하면 탈영하는 병사가 생겼다.

무기 조달이 가장 어려운 문제였다. 체코제와 일본제 소총은 어떻게든 구했는데 기관총과 박격포는 손에 넣기가 정말 어려웠다. 보름 전 기습에서 노획한 박격포 5정은 병영 후사면 포대에 배치했고, 동천이 가장 아끼는 기관총 3문은 병영 입구가 내려다보이는 진지에 배치했다. 기습에 대비해 경계 강화가 필요했다. 두어 시간이 흘렀을까, 신병들이 잠시 휴식에 들어가는 순간 머리 위로 박격포탄의 날카로운 굉음이 울렸다.

— 쾅, 쾅, 쾅

병사 여럿이 비명을 지르며 동시에 쓰러졌다. 박격포탄은 병영을 들쑤셔 놓았다. 비명소리가 여기저기 들리고 갈피를 못 잡고 헤매는 병사들이 속출했다. 쓰러진 병사들의 몸에 피가 흥건했다. 동천은 일본군의 기습 공격임을 본능적으로 감지했다. 보름 전 참패를 만회하려는 보복전이었다. 예상은 했건만 이렇게 빨리 은밀하게 기습하다니! 경비 태세를 강화했는데 어떻게 발각되지 않았을까, 의심하면서 동천은 외쳤다.

"신게, 산게!"

아수라장이 따로 없었다.

"1, 2소대는 입구 쪽에, 3, 4소대는 병영 뒤편에 진을 쳐라!"

동천은 부대원들에게 수비대형을 일렀다.

박격포탄이 여기저기를 들쑤셨다. 까마귀와 참새 떼가 날아올랐다. 측면 수풀 속에서 기관총이 난사됐다. 동천은 목격했다. 신병 십여 명이 총을 든 채 쓰러지는 것을. 동천의 입에서 신음이 새 나왔다. 그때 병영 측면 비탈진 곳에서 낯선 기마병들이 쏟아져 내려왔다. 그곳이 항상 마음에 걸리긴 했다. 마적단인가, 아니면 일본군? 질러 대는 고함으로 봐서 혼성부대 같았다. 마적단이 선봉을 맡고 그 뒤로 일본군이 따르는 대형이었다.

뒤늦은 아군의 대응 사격이 기마병의 진격을 잠시 주춤거리게 만들었다.

"기관총, 기관총 사격!"

동천의 명령과 동시에 아군 기관총이 불을 뿜었다. 적의 박격포탄에 불붙은 마구간에서 군마가 힝힝거리며 뛰쳐나왔다. 동천의 애마愛馬였다. 동천은 몸을 일으켰다.

— 탕, 탕, 탕

등과 복부에 날카로운 칼날이 스치는가 싶더니 곧 엄청난 통증이 엄습했다. 동천은 그 자리에 고꾸라졌다. 맑은 여름 하늘이 보였다. 흑마를 탄 마적이 쓰러진 동천을 넘어 어디론가 달려갔다. 소문으로 듣던 마적단 두목 같았다. 수십 명이 엉켜 육탄전을 벌이는지 비명과 함성이 섞여 들렸다. 피가 튀었다. 의식이 흐릿해졌다. 김영후 부관이 포복 자세로 다가와 몸을 흔들었다. "대장님, 대장님, 정신 차리세요!"

부관이 울부짖는 소리가 감미롭게 들렸다. 흐려지는 의식 속에서 조부가 나타났다 사라지고 아내와 아이들 영상이 몽롱하게 스쳤다. 동천은 독립을 보고서야 눈을 감겠다는 삼천맹약은 지킬 수 없음을 알았다.

이제 만주의 별이 되어 그대들을 지켜주겠네.

김영후 부관의 절규가 날아가는 새처럼 멀어졌다.

동천의 눈이 감겼다. 독립투쟁 17년째, 1924년 7월 2일이었다. 향년 42세.

신팔균 생애

1882년 한성부 소정동계(현 중구 정동)에서 출생했다. 그의 조부는 강화도조약 접견대관을 맡은 신헌. 신헌은 아들을 셋 두었는데, 장남이 한성판윤을 지낸 신정희, 둘째가 한성부판윤을 지낸 신석희, 셋째가 강화도조약 당시 신헌을 보좌한 신낙희다. 신팔균은 둘째 신석희의 아들이다. 평산 신씨는 위아래 모두 무관을 지낸 전형적 무관 명문가다.

신팔균은 1902년 대한제국 육군무관학교 2기 졸업, 1903년에 대한제국 육군 참위로 임관했다가 1907년 구식 군대 해산 때 신민회에 가입해 독립을 모색했으며, 1910년 한일병합에 항거해서 만주로 망명해 독립운동을 이끌었다. 신흥무관학교 교관을 지낼 때 망명해 온 김경천과 지청천을 만나 독립군을 키워 냈다. 이 셋은 이름에 천天자를 넣어 개명하는 '삼천맹약'을 맺었다. 1922년에는 만주와 간도 지역 무장독립단체를 규합해 만든 대한통의부 군사위원장을 맡았다. 1924년 7월 2일 만주 흥경현 왕청문 이도구 밀림 지역에서 독립의병대 훈련 도중 마적단의 습격을 받아 사망했다.

3부

사회비평: 칼럼과 르포

나는 오랫동안 칼럼을 써왔다. 팔자에 있는 것인지는 몰라도 취향에는 맞았다. 지금까지 거의 700여 편을 썼으니까. 원고지로 환산하면 8,400매에 달한다. 시작은 〈한겨레〉 칼럼이었다. 1989년 당시 한국은 노동 문제로 몸살을 앓았다. 마침 노동 문제로 학위를 받은 필자에게 한국의 진로에 대해 글을 써달라는 청탁이 왔다. 1987년 노동대투쟁 당시 한국에 들러 현장 답사를 했던 경험을 살려서 노동정치의 현실과 개선책에 대해 방향을 제시했다. 반향이 컸다.

1989년 봄, 휴교령을 이용해서 마산 수출자유지역 현장을 살피러 갔다. 살벌했다. 담장으로 둘러쳐진 수출자유지역 출입은 결코 자유롭지 않았는데 친구의 도움을 빌려 내부 진입에 가까스로 성공했다. 당시 TC전자가 파업 농성을 벌이고 있었다.

전자업체가 이미 떠나 버린 공장을 지키는 50여 명의 여공을 목격했고, 대표자를 인터뷰했다. 그들의 허망한 사정과 절박한 심정이 가슴을 울렸다. 한국 노동정치의 모순을 짊어진 젊은 여성들이었다. 그런데 노조대표들과 함께한 저녁 자리는 인간미가 흘러넘쳤다. 생활의 인고를 지우는 웃음이 떠나지 않았다. 문학의 공간이자 사회학적 공간이었다. 황석영의 소설 〈객지〉가 떠올랐다. 문학과 사회학의 경계는 그곳 현장에서 허물어졌다. 필자는 그런 감성으로 칼럼을 썼다. 논리로 무장한 칼럼에도 감성은 빼놓을 수 없는 요소다. 글 바닥에 감성이 없는 논리는 독자의 마음을 움직이지 못한다.

칼럼과 르포는 사회 참여의 중요한 통로이자, 사회비평의 중요한 방식이다. 사회적 쟁점으로 떠오른 현상의 본질을 규명하고 그 의미를 새롭게 해석한다는 점에서 그렇다. 또는 한 사회가 해결해야 할 쟁점을 공론장에 공시하는 장르이기도 하다. 의제 설정이 저널리즘의 중요한 기능이라고 한다면 칼럼과 르포가 그런 역할을 맡는다.

지식인들의 사회 활동은 여러 분야에서 가능한데 칼럼과 르포처럼 글을 수단으로 하는 사회 참여는 연구실이나 서재에서도 가능한 방식이다. 시민운동과는 달리 비교적 품이 적게 드는 간편한 참여다. 그러나 독자들이 폭넓게 분포되어 있기에 그 책임은 무섭나. 주의를 집중하지 않으면 필화筆禍를 일으킨다.

필자도 그런 일을 두어 번 겪었다. 겪었다기보다, 스스로 만들었다. 2005년 황우석 사건이 터졌을 때다. 황우석 교수가 줄기세포 논문을 조작했을 가능성이 있다는 소문이 항간에 나돌았는데, MBC 〈PD수첩〉을 보고 나는 아예 논조를 바꿨다. PD와 사진기자가 실험실 주변 연구원과 동료들을 심층 취재하고 조작 가능성을 제기했다. 나는 그 방송을 보고 약간 분노했다. 마치 군부정권 때 정보원이 실험실에 진입해 이것저것 증거를 수집한 것 같은 당혹감을 금치 못했다. 일종의 피해의식 같은 것이었다. 진위를 확증하려고 미국에 가 있던 황우석 교수에게 전화로 물었다.

"조작했다는데 맞아요?"

황우석 교수의 절박한 목소리가 터져 나왔다.

"그럴 리가요, 수의과 대학교수라고 얕잡아 봐요. 어떻게 그런 걸 조작하겠습니까?"

황 교수의 절절한 해명에 나는 그를 거드는 칼럼을 썼다. "〈PD수첩〉은 군부정권 때처럼 실험실을 뒤졌다…"로 시작한 그 칼럼은 "그의 고백대로, 연구를 시작했던 2002년 후반기에는 그를 인도할 지도나 이정표도 존재하지 않았다. 실크로드를 개척했던 중세의 카라반에게는 별자리라도 있었지만, 과학에서 미지와의 접경지대에는 희미한 달빛도 없었다. 자주 방향을 잃었고 때로는 주저앉기도 했다"는 논조로 그를 옹호했다.

그런데 사태는 걷잡을 수 없게 전개됐다. 점점 그의 허위성을 입증하는 증거가 드러나기 시작한 것이다. 2005년 12월 말경, 〈PD수첩〉이 방영된 지 두 달 만에 결국 조작으로 판명되었다. 국민도 그랬지만, 필자도 허탈했다. 가짜를 옹호했으니 칼럼 집필을 그만둬야 했다. 신문사 데스크에 그런 뜻을 전했더니, "우리도 속았는데요…"라는 멋쩍은 답이 돌아왔다. 새해 벽두, 몇 번의 승강이 끝에 이런 사과의 글을 써야 했다.

> 가짜 대학생에게 모든 미래를 걸었던 순진한 시골 처녀의 심정이 이런 것인가요? 독자들도, 독자들의 자녀들도 이 빗나간 사랑의 상처를 달래려고 몸부림깨나 쳤을 겁니다. … 정치와 과학이 섞여서는 안 된다는 것을, 천신만고 끝에 밝혀낸 방송사의 처절한 승리의 본질을 이제 국민들은 알고 있습니다. … 진짜 사랑을 위해 오늘은 황우석 교수와 이별합니다.

첫 번째 옹호 칼럼은 언론방송학 교재에 잘못된 칼럼의 전형적 사례로 올랐다고 한다. 정신을 번쩍 차리게 만든 쓰린 체험이다. 독자들의 판단을 혼미하게 만들었으니 말이다. 그 이후로는 칼럼 주제에 대한 주변 취재와 자료 조사에 많은 시간을 들인다. 섣불리 잘못 판단할 우려를 줄이려는 노력이다. 독자를 호도糊塗한 사람이 무슨 자격이 있을까마는, 그래도 실수를 반복하지 않으려 애쓴다.

'칼럼이란 무엇인가'의 문제는 본문에서 다루기로 하고, 그동안 터득한 내 나름의 글쓰기 요령을 얘기하는 것으로 서두를 삼고자 한다. 10여 년 전, 〈동아일보〉에서 강연 요청이 왔다. 칼럼 쓰기에 관한 강연이었는데, 프로들 앞에서 입을 떼기가 그리 쉽지 않았다. 필자가 터득한 다섯 가지 요령이 반드시 최선은 아니지만 참고는 될 수 있겠다.

첫째, 시의성이다. 저널리즘의 속성상 시효가 지난 쟁점은 피해야 한다. 필자는 열흘, 조금 넉넉하게 잡아서 보름을 기준으로 정한다. 15일이 지난 쟁점은 다루지 않는다. 현재 진행형인 최고의 논쟁거리를 화두로 잡아 독자적 논리를 내놓아야 한다. 최고의 쟁점을 피해 가는 칼럼니스트는 스스로 이류二流임을 선언하는 것과 마찬가지다.

가령, 작년(2024년) 12월 3일 밤에 발생한 '한밤의 쿠데타'는 그 정치적 의미를 해부해서 독자에게 평가서를 줘야 한다. 위험천만한 작업이지만 전공 영역을 벗어난다고 회피하다 보면 평생 일급 칼럼니스트가 될 수 없다. 후쿠시마 오염수 방수, 북한의 연평도 포격 사건 등이 반드시 대적해야 할 쟁점이다. 쟁점 사안이 자신의 전공 영역을 벗어나는 것들이 태반이므로 그만큼 더 연구 시간을 투입해야 한다.

아마추어의 시선으로는 독자가 기대하는 신선한 출구와 해결책을 제공해 줄 수 없다. 급박한 사태가 발생할 수도 있다. 2006년 7월 남북한 화해무드를 깨고 김정일이 미사일 도발을 감행했을 때,

필자는 이미 썼던 칼럼을 폐기하고 이 사건의 국제정세적 의미를 부각해야 했다. 원고 마감 몇 시간 전이었다.

둘째, 독자성이다. 김정일 미사일 도발 관련 칼럼은 다음 날 조간신문에 게재됐다. 이런 경우는 조금 다급하기는 했지만 칼럼니스트에겐 행운이다. 어떤 논리든 자유롭게 전개할 여유 공간이 주어지기 때문이다. 독자적 논조는 칼럼의 생명이다. 종이신문과 인터넷신문을 포함해 하루에 약 500여 개 칼럼이 나온다고 한다면, 독자적 논리가 아니고는 글은 사장死藏된다. 독자적 글이라도 며칠 뒤면 독자들의 머리에서 사라진다. 저널리즘계에서는 새로운 것만이 살아남는다. 그게 어디 쉬운가. 생존하고자 한다면 새로운 시각과 틈새를 찾아 논조의 독자성을 살려 내야만 한다.

셋째, 독자적 논조가 자칫 이념적 편파성과 연결되는 것을 경계해야 한다. 진보와 보수로 나뉜 현재의 저널리즘계에서는 강한 이념적 성향이 강한 생존력을 보장하겠지만, 모든 쟁점에 이념적 구분선이 작동하지는 않는다. 게재 신문에 따라 좌우파가 갈라져 있는 현실 속에서도 일급 칼럼니스트라면 이념성을 가급적 자제하는 것이 바람직하다.

나이가 들면 자신도 모르게 연령효과가 나타난다. 보수화된다는 말이다. 보수 논객이 좌파로 급변하는 경우는 거의 드문 반면, 좌파 논객이 차츰 보수 쪽으로 다가서는 현상은 그 때문이다. 필자는 발을 중간 지대에 담그고 사안에 따라 좌우 영역을 적절하게 선택한다. 그 때문에 기회주의라는 비난을 듣기도 하는데, 정확한 평가다. 사안에 따라 좌우 진자 운동을 한다. 필자 자신을 가만 돌아보니 경제는 보수, 노동은 진보, 사회는 중간지대에 위치해 있었고 지금도 그러하다. 칼럼니스트는 이데올로그가 아니다. '자유부동적 인텔리겐치아' 역시 종국에는 가치평가적 입장을 선택해야 할 운명이지만, 글 내용과 전개 방식에서 은연중 드러나게 하는 것과 직설적 표명은 다르다. 직설적 표명을 택하면 글의 시각이 좁아지고 독자가 끼어들 여지가 사라진다. 칼럼을 읽는 과정에서 독자들이 평가할 공간을 마련해 줘야 한다.

넷째, 핵심 논조를 글머리부터 직설적으로 명료하게 발설하면 글맛이 사라진다. 결론부터 성급하게 내놓는 글이 그렇다. 이미 필자의 결론을 터득한 터에 더 읽을 기분이 들지 않는다. 독자들이 흥미를 느끼도록 다양한 소재와 작은 에피소드를 배치하면서 서서히 핵심 논리로 다가서는 것이 좋다. 여러 소재와 에피소드의 동원 및 배치가 짧은 글의 디자인에 해당하는데, 건축의 디자인이 매혹적이어야 독자들이 진입한다. 소재와 에피소드가 독자들을 유인하는 글의 재료다.

독자는 바쁜 사람이다. 시간을 쪼개 신문을 훑는데 번뜩 눈이 가야 글로 진입한다. 제목이 중요한 이유가 그것이다. 타당하지만 평범한 제목으로는 독자들을 유혹하지 못한다. 일단 독자 유인에 성공해도 첫 문장이 인상적이지 않으면 독자들은 곧 퇴장해 버린다. 독자들이 진퇴를 판단하는 데는 1초도 걸리지 않는다. 첫 문장은 짧고 강렬할수록 좋다. 칼럼도 스토리텔링의 한 분야다.

다섯째, 문장과 호흡이다. 대부분의 칼럼니스트들은 논조와 논리에 십중하느라 이 점에는 그리 관심을 두지 않는다. 칼럼은 글이다. 음악이나 회화가 아니다. 부사와 미사여구를 동원해 호흡이 자주 멎는 문장은 논리의 독창성을 해친다. '의심의 체계화'를 통해 독자를 설득하는 것, 필자의 상상력이 사회 현실에 내려앉아 스스로 말하게 하는 것이 칼럼의 생명이다. 자, 칼럼의 세계로 진입해 보자.

1

칼럼의 유혹*

검객과 늑대

필자가 귀국해서 막 교수 생활을 시작했던 1989년 봄, 생애 최초로 〈한겨레〉의 요청을 받았다. 당시 민주화 이행기였으므로 한국의 민주주의와 노동 문제에 관련된 주제였던 것으로 기억한다. 젊은 시절에는 대체로 진보 성향을 표방하기 때문에 〈한겨레〉의 논조와 아무런 충돌도 없었다. 멋있는 칼럼을 쓰려고 거의 밤을 지새웠다. 대중적 인기에 해당하는 이 사회적 자산을 획득하려는 의도는 없었는데 '멋진 칼럼'이란 말 속에 이미 그런 욕심이 내장돼 있었던 거다.

* 이 장은 필자의 칼럼집 《다시 광장에서》(나남, 2006)의 서문이다. 칼럼이란 무엇인가를 궁리한 글인데 현재적 시각에 맞춰 수정했다.

동료들은 시간과 열정을 칼럼에 대거 투입하는 필자의 행동을 이해하지 못했다. 그건 나도 그랬다. 왜 그렇게 공을 들였는지 나 자신도 이해할 수 없었다. 글을 통한 사회 참여! 필자는 칼럼을 그렇게 정의한다. 구체적 행동보다 훨씬 더 묵직하고 무거운 책임을 져야 하는 행위임을 무의식적으로 내면화한 결과였다. 지식인은 글로 책임진다는 말보다 더 무서운 것은 없다.

이후에는 차츰 우파 성향 신문으로 이동했다. 〈경향신문〉, 〈한국일보〉를 거쳐 1990년대 말에는 메이저 3사에 닻을 내렸다.

아무튼 열심히 썼다. 초고가 완성되면 평균 10여 차례 수정을 가했고, 마감 직전까지 소리 내 읽어 보고 흡족하다 싶으면 송고했다. 초고에서 탈고까지 적어도 이삼 일은 걸렸다. 월평균 2회를 쓴다면 적어도 10여 일은 칼럼에 할애해야 했다. 강의와 논문에 바쁜 교수로서는 결코 쉬운 일이 아니다. 남보다 더 많은 작업 시간을 확보해야 가능하다.

칼럼이란 무엇인가

정성을 들인 글과 그렇지 않은 글은 확연히 차이가 나는데, 데스크에서는 그런 사정을 귀신같이 알아챈다. 필자가 정성을 들이게 된 배경에는 유명 칼럼니스트를 존경하는 마음이 도사리고 있음을 나중에 알았다. 중고등학교 시절 유명 주필들의 칼럼을 스크랩하던 습관은 글쟁이들에 대한 존경심의 발로였다.

1972년, 미국이 공산주의 중국과 외교 관계를 수립하는 데에 가교 역할을 한 에드거 스노E. Snow 기자, 그의 약혼자이자 만리장정의 종착지인 연안에 들어가 공산당 지도부를 취재했던 님 웨일스N. Wales 역시 좋은 본보기였다. 성인이 된 후에는 〈뉴욕타임스〉의 폴 크루그먼P. Krugman과 토머스 프리드먼T. Friedman 같은 세계적 칼럼니스트가 머릿속에 맴돌았다. 확실히 필자에게는 기자 기질이 꿈틀댔다. 저널리스트 지망생이었으나 광주 항쟁의 여파로 인해 기자의 꿈을 접었던 젊은 시절의 욕망은 숨죽인 채 남아 있었던 거다.

특종 기사도 그러하지만, 특종 칼럼 역시 여론의 흐름을 바꿔 놓는다. 욕을 먹든 칭찬을 받든 상관없이 여론을 들끓게 만들면 일단 성공한 칼럼이다. 촌철살인의 논조와 문장이 그렇게 만든다. 어떤 불행한 전국적 사건으로 사회 분위기가 얼어붙었을 때 그것을 위무하고 부드럽게 녹여 주는 것도 칼럼의 임무고, 특정 사건의 숨겨진 의미를 찾아 대중에게 알려 주는 것도 칼럼의 중요한 기능이다.

논리와 문장은 칼럼을 구성하는 가장 중요한 두 요소다. 공론장을 들끓게 하지 못하면 그것은 죽은 칼럼이다. 공론장에 폭탄을 투하하는 것도 중요하고, 물을 끼얹어 조용하게 만드는 것도 그만한 값어치가 있다. 그러나 신문지상에 출현하는 대부분의 칼럼은 그냥 흘러간다. 사라진다. 다음 날 신문이 인쇄되는 자정 가까운 시각, 새로운 칼럼이 등장하는 그 시각이 바로 칼럼의 장례시간이다. 그럼에도 각별한 논조와 문장으로 이뤄진 칼럼은 비교적 오래 기억된다. 대중 독자를 향한 대중적 글인 칼럼을 결코 대중적이지 않은, 공론장의 반짝이는 별로 만드는 것은 논리와 문장이다.

논리는 사회학적 상상력과, 문장은 문학적 상상력과 연결된다. 논리와 문장의 결합이 상상력 공간에서 이루어지는데, 그 결합의 역학이 칼럼 구조를 형성한다.

한국은 칼럼니스트의 천국이다. 쓸거리가 넘친다. 매달 두 번씩 칼럼을 쓰면서도 주제가 없어서 고민한 적은 없다. 돌아서면 사건이 발생하고, 쉬어도 사건이 발생한다. 더욱이 땅덩어리가 작고 전국이 하나의 통신망으로 묶여 있어서 저 멀리 작은 섬에서 발생한 일이 전국을 뒤흔들 개연성은 항시 존재한다. 이념투쟁과 그에 따른 사회 갈등은 칼럼니스트들의 호재다. 지난 10여 년간에는 거리에서 흔히 보이는 사람들은 물론, 평소에 접촉이 잦은 여러 주변 사람들의 마음도 물기를 잔뜩 머금은 적란운積亂雲 같은 집단기류에 뒤덮여 있었다. 그것은 자주 마른번개를 내치기도 했고, 천둥소리를 동반한 호우를 퍼붓기도 했다. 온 국민이 겪은 유별난 이념 갈등 탓이다.

최인훈의 〈광장〉은 6·25 전쟁이 남긴 고유의 상처다. '균열과 배타적 담론'들로 광장이 얼룩진 것은 최인훈의 시대만이 아니라 이 시대에도 여전히 유효한 명제다. 다만, 6·25 전쟁이 수행한 이념적 정화 작용 때문에 극좌極左가 사라지고 좌와 우의 이념적 거리가 상대적으로 가까워졌다는 점, 여기에 세대 변화와 경제적 풍요를 배경으로 자라난 탈물질주의 이념들이 가세해서 이념적 대립 구도가 매우 복잡해졌다는 점이 다를 뿐이다. 최근의 이념투쟁은 살육 행위를 동반하지 않는다.

그러나 이견異見을 이단異端으로 간주하는 행위는 여전하고, 이단을 척결하는 방식은 때로 야만적이다. 그런 양상은 좌파나 우파나 마찬가지여서 이념 대립의 접점을 만들어 내기가 쉽지 않다.

이념투쟁의 연속성과 차별성은 매우 흥미로운 사회과학적 주제일 터인데, 필자의 관심은 다른 곳에 있다. 이념투쟁의 역사 현실과 그 속에 던져진 자신 사이에 놓인 모순과 꿈의 긴장을 규명하는 삶의 방식으로 최인훈은 소설이라는 장르를 택했다는 사실 말이다.

독자들은 이 관심 속에 작가적 시선이 투사되어 있음을 알아차렸을 것이다. 1·4 후퇴 당시, 소년 시절을 보낸 원산에서 해군상륙정을 타고 낯선 항도 부산에 마치 짐처럼 내던져진 작가 최인훈. 그에게 '나는 누구이며, 왜 이렇게 되었는가, 어떤 삶의 방식이 가능한가'라는 질문은 자연스러운 것이다. 그가 택한 것은 소설이었다.

소설은 현실과 나 사이에 꿈의 개입을 가능하게 한다. 현실과 나 사이의 거리 측정이 아니라 '의식意識이 스스로 연기演技하여 꿈을 발생시키는' 것, 그것이 소설이다. 김윤식 교수의 해석을 다시 빌리면, 소설은 '나'의 바깥에 있는 현실로서, 꿈을 향한 의식의 유희다. 꿈을 꾸는 한 '나'는 자유로워진다. 현실에 구속받지 않는 자유민이 되기 위해 최인훈은 〈구운몽〉, 《회색인》, 《서유기》, 〈총독의 소리〉 등 의식이 연기한 기록을 생산했다. '자유민 되기'를 도와주는 한, 소설은 적어도 '해방의 장르'였다.

필자가 묻고 싶은 질문이 이것이다. 칼럼은 쓰는 사람을 자유민이 되게 하는가, 꿈꾸기를 가능하게 하는가, 그리고 더 거창하게는, 해방의 문을 열어 주는 장르인가? 최인훈의 광장을 빗대어 현실 구조를 건져 올린다고 해서 작품 〈광장〉이 작가의 삶에 부여한 의미만큼 칼럼이 필자에게 무엇인가를 선사할 것인가? 대부분의 역량 있는 소설가들은 소설이 자신에게 운명 그 자체임을 부인하지 못한다. 칼럼은 쓰는 사람에게 운명 그 자체인가, 아닌가?

글쓰기와 자신에 관한 이런 질문은 글과 독자의 관계에도 동일하게 제기된다. 소설이 독자를 꿈의 영역으로 안내한다고 하면, 칼럼은 어떠한가? 만약 그러지 못한다면, 왜 신문지상에 이런 글을 계속 쓰는가? 칼럼이 독자들의 꿈을 오히려 파괴한다면, 칼럼이란 장르는 왜 존재해야 하는가?

칼럼의 필자들은 주로 언론계와 학계 그리고 다양한 전문가 집단에 편재되어 있다. 요즘은 유명세를 타는 배우, 가수, 운동선수 등 연예인과 대중스타도 칼럼의 필자로 자주 등장한다. 일반 대중의 관심을 유발하는 흥미로운 일들이 그 주변에서 많이 일어나고, 또 스타의 시선을 통해 나오는 묘사와 해석은 충분한 매력을 갖기 때문이다.

그들도 그럴지 모르지만, '직업으로서의 글쓰기'를 선택한 교수들은 칼럼을 '잡문雜文'으로 폄훼하는 경향이 있다. 한국에서는 대중 독자를 상대로 한 저널을 잡지雜誌라고 하므로, 거기에 실리는 글을 잡문이라 불러도 이상한 것은 아니다.

그런데 잡문이라고 부르는 순간 글 쓰는 사람의 혼魂은커녕 정성도 실리지 않은 경박한 글로 치부되기 일쑤다. 전공논문만 진정한 글로 생각하는 교수들이 특히 그러한데, 잡문 쓰는 일은 일종의 부업이고, 따라서 잡문에 매달리는 사람은 진정한 학자가 아니라고 생각한다. 달리 표현하면, 칼럼을 잡문으로 비하하는 생각의 습관에는 전공논문을 제일로 치는 학문적 원칙주의와 그것을 지켜 나가는 은근하고 폐쇄적인 자존심이 내재되어 있다.

실제로 그런 면이 없다고 부인하지 못한다. 10여 매 남짓한 칼럼 원고를 쓰는 일은 100여 매에 가까운 전공논문을 쓰는 것보다 훨씬 수월하고 마음도 가볍다. 준비와 집필 시간이 별로 들지 않고 문장 서술에도 까다로운 규칙이 적용되지 않는다. 그런 마음으로 쓰는 사람들이 정성을 들이는 사람보다 많고, 별로 사줄 만한 글이 많지 않은 것도 현실이다. 그러니 경박한 글쓰기 또는 잡문이라고 할 만하다.

어떤 경우는 원칙주의에 과도하게 사로잡힌 나머지 결벽증 같은 증세를 보이는 사람들도 있다. 그런 글도 글인가 하는 식이다. 그렇다면, 이렇게 질문해 보자. 〈광장〉은 최인훈에게 '운명'이었던 데 비해, 칼럼은 운명은커녕 '장난'에 지나지 않는 것인가? 그야말로 일순간의 감성에 약간의 논리만 입힌 천박한 글인가? 품위 있는 논문만 고집하는 순결주의자에 비하면 칼럼을 자주 쓰는 교수들은 시정의 인기에 더 연연하는 아류 학자인가? 칼럼을 잡문으로 비하하는 교수 집단 중 많은 사람이 인기 있는 칼럼니스트로 활동하고 있는 게 저널리즘 현장의 모습이라면, 왜 그들은 칼럼 쓰기를 중단하지 않을까?

이쯤 되면, 그래서 필자의 견해는 무엇인지 묻고 싶을 것이다. 간단히 이렇게 말하고 싶다. 칼럼은 조선 시대 유생들이 시류와 정치를 논하고, 올바른 정책을 모색하고, 국론을 바로잡기 위해 논리를 세우고자 했던 비판적이고 단편적인 글쓰기의 전통과 연장선상에 있으며, 그런 글들을 엮어 발간한 문집文集은 요즘 말로 하면 사회과학적 에세이와 같은 유에 속한다고 말이다.

벼슬 유무를 떠나 세상을 논하지 않으면 선비가 아니었다. 그들은 모두 나름대로 독자적 정치관과 세계관을 펴고자 했으며, 뜻이 맞는 사람들이 스스럼없이 모여 학파를 형성했다. 반드시 격식을 갖춘 논문일 필요는 없었다. 방대한 논리, 풍부한 증거, 참고문헌의 철저한 고증이 필요한 저술에는 '-론論', '-해解', '-요要'와 같은 무거운 제목을 붙였지만, 단편적 에세이를 모은 문집에는 '-록錄', '-집集', '-기記' 같은 가벼운 제목을 달았다. 문집을 한 권도 내지 않은 선비는 선비 대접을 받지 못했다. 대량 인쇄 기술이 없어서 필사로 복사본을 만들어 뜻을 같이하는 문사들에게 배포했다. 글이 신문에 실려 대량 유통되는 요즘의 모습과 흡사하다.

조선 중기 명종 때 민본주의 정치사상을 편 이수광은 요즘 식으로 말하면 명칼럼니스트에 해당한다. 인조반정 이후 정통성 문제에 시달린 인조가 치세관治世觀을 널리 구하자 이수광은 12조에 걸친 〈조진무실차자條陳懋實箚子〉를 지어 올렸다. 그것은 덕치주의와 동시에 민본주의를 강조한 대단히 진취적인 글로, 당시 가장 탁월한 소장疏章으로 알려졌다. 아마, 12조목을 따로따로 발표했다면 각각은 논리가 선명한 칼럼이 되었을 것이다.

일종의 백과사전 격인《지봉유설芝峯類說》은 서양과 동양의 인문지리 소개서에 해당하는 저술인데, 이수광의 논리에 배어 있는 실사구시적 정신은 당시의 공론장에 커다란 영향을 미쳤다. 실사구시적 정신이 어떤 체계적 형태를 갖춘 것은 아니었지만, 그의 시선에서 뿜어 나오는 독특한 지향성은 마치 칼럼이 그러하듯 공론장에 강력한 긴장을 형성했다.

동시대를 살았던 유형원 역시 마찬가지다. 그는 방대한 지식을 바탕으로 역사, 지리는 물론 정치, 경제, 군사에 관한 개혁안을 고안하고자 했는데, 당시 제도의 단점과 폐해에 대한 비판적 글쓰기는 필수적 선행작업이었다. 잘 알려진《반계수록磻溪隨錄》은 본격적인 저술이고,《기행일록記行日錄》은 지리학적 관찰을 실은 칼럼집이라고 할 만하다.

숙종 때 실학의 기반을 닦은 이익. 그는 역사와 철학은 물론, 정치, 경제, 세제, 토지제도에 관해서도 방대한 저술을 남겼는데, 각각의 주제에 관한 단편적인 글과 논리들이 서로 일관되게 엮인 결과물이다. 《성호사설星湖僿說》은 본격적인 논문인 데 비해, 《성호선생문집星湖先生文集》은 당시의 세태와 대안을 논한 칼럼집으로 볼 수 있다.

정조 때 만방에 문재文才를 날린 박지원의 《열하일기熱河日記》는 중국 기행에서 얻은 관찰기로서, 예사로운 기록이 아니라 세태와 풍속을 풍자하고 대안을 논한 날카롭고 해학적인 단편 글 모음이다. 칼럼이 당대의 지배적 문법과 정신을 비판하고 새로운 논리를 펴고자 하는 것이라면, 박지원이야말로 조선 최고의 칼럼니스트라고 할 것이다.

공론장과 늑대

칼럼은 지식인의 현실 참여 창구다. 잘못된 시국에 비분강개했던 조선의 선비가 그러했듯, 왜곡을 바로잡고 정론을 세우며 자신의 입론을 펼치는 것이 칼럼이다. 그러나 필자들은 그 글이 발설되자마자 공론장으로 나간다는 사실에 긴장해야 한다. 칼럼은 자신의 입론이 혹시 현실 왜곡을 초래하지 않을까, 혹시 역사의 흐름을 방해하지나 않을까 자신의 모든 지혜와 양심을 동원해서 발설될 것을 미리 검열해야 하는 너무나 섬세한 글쓰기 장르다. 현실 독해讀解는 아무나 하는 것이 아니다. 잘못된 독해는 세상에 독이 되고, 왜곡된 독해는 적을 양산한다. 그것은 세상의 자연스러운 흐름을 훼방하고 역사가 의당히 가야 할 길을 지식의 오만과 편견으로 가로막는다. 칼럼 쓰기의 괴로움, 마음을 누르는 중압감은 여기에서 온다.

그러면서 학자는 긴 논문과 짧은 글을 동시에 썼다. 긴 논문은 본격적인 '론'으로, 짧은 글은 '집'으로 남겼다. 칼럼에 이런 거창한 의미를 부여한다면, 최인훈에게 소설이 운명이었듯, 칼럼도 글쓴이에게 운명적인 것일지 모른다. 그러나 소설과는 미학적 구조와 장르가 달라서 그야말로 사사로운 요소가 끼어들 여지가 많은 것도 사실이다.

사사로운 요소가 자주 끼어들면 칼럼은 '운명적'인 것이 아니라 '잡소리'가 될 위험에 직면한다. 아예 잡소리라고 생각하는 자조성 인식이 내로라하는 칼럼니스트에게까지 번져서 요즘의 칼럼이 조선 시대 여느 선비가 남긴 평범한 문집의 품격과 위신을 따를 수나 있을지 의문이다. 그렇지 않다면 선비의 후손인 교수들이 칼럼을 잡문 따위로 폄훼하는 풍조가 왜 널리 확산되어 있는가? 조심스러운 지적이지만, 그것은 즉흥적 문체와 논리로 문화 권력을 장악하고 싶은 불성실한 욕망 탓이다. 경제학적으로 표현하면 적은 투입으로 매우 큰 산출을 얻고자 하는 허황된 욕망의 결과이며, 푸코식으로 표현하면 협소한 식견으로 커다란 지식 권력을 차지하고 싶은 과욕의 결과다.

그렇다면 이 시대의 교수들이 조선의 선비만 못하다는 뜻인가? 조선의 선비가 고결했다면, 이 시대의 교수들은, 아니 지식인들은 권력을 좇는 세속적 집단이라는 뜻인가?

그게 아니다. 사정이 이렇게 된 가장 중요한 요인은 생산 방식의 차이에서 발견된다. 조선의 선비가 붓을 드는 것은 사랑채에서 문우들과 고담준론을 나누다가 감흥에 취했거나, 정국에 심각한 변괴가 발생해서 시국을 바로잡아야겠다는 사명감이 충천했을 때다.

조선 효종 때 당대의 문장가인 윤선도가 최고의 권력자 송시열을 비판하는 상소문을 밤새워 지은 것은 누가 시켜서가 아니다. 예송논쟁에 스며 있는 서인 세력의 지배욕과 왕권을 격하시키려는 정치적 음모를 천하에 고발하고자 함이었다.

강진에 18년간 유배된 정약용이 500여 권의 책을 집필한 것이 누가 시켜서였던가? 물론 찬찬히 따져 보면 집필 동기에 권력욕이 전혀 없지는 않았을 것이다. 사악한 세도가를 쓰러뜨리고 바른 권력을 세워야겠다는 정의감도 권력욕과 본질적으로 다를 바 없으므로…. 정약용 역시 조정의 부름에 대한 기약 없는 기대감이 집필 의욕을 북돋웠을 것이다.

그렇다면, 조선 최대의 시가詩歌인 〈어부사시사〉(1651)는 효종의 부름을 기대한 것이었는가? 아니다. 강진에 유배된 윤선도가 바다와 놀면서 흥에 취해 나온 작품이다.

조선 시대의 갈피갈피에 접혀 있는 주옥같은 시가와 시조, 중대한 정치적 국면에서 전국 유생들이 왕에게 올린 상소문, 각 지역의 서원書院에서 창작된 시론時論, 학론學論, 사발통문들은 말하자면 청탁에 의한 것이 아닌 '자작自作'이다.

그러나 이 시대의 칼럼은 '주문 제작'이다. 자작과 주문 제작의 차이, 이 생산 방식의 차이가 칼럼의 본질이자 그 본질을 훼손하는 주범이다. 그것이 이 시대의 교수들에게 '경박한 글쓰기'를 요구한다. 고고함을 유지하려는 일단의 교수들이 '매문'이라고 부르는 그 행위구조가 칼럼의 생산 과정을 관통한다.

칼럼은 시의성이 생명이다. 시간이 지난 쟁점은 마치 철 지난 바닷가처럼 아무도 관심을 갖지 않는다. 경기 부양에 관한 논설은 철을 타지 않음에 반하여(그 대신 독자들은 관심이 없다), 정치적 쟁점들은 절기에 매우 예민하다. '누가 대통령이 될 것인가'는 항상 최고의 쟁점이다. 칼럼의 주제와 쟁점은 시간이 결정한다. 변화무쌍한 한국 사회가 변화무쌍하게 생산하는 각종 화제와 주요 사건들이 칼럼의 대상이다. 그것들은 대체로 한국 사회의 변동 방향과 직간접으로 관련되어 있고 신문의 편집국에서 비상한 관심을 갖고 있는 것들이기에 칼럼의 주제로 즉각 설정된다. 주문 제작의 청탁서가 발부되는 것이다.

칼럼니스트들과 일반 지식인들이 그런 주제에 논리를 펼 준비를 항상 하는 것은 아니다. 청탁서가 날아들면 수락하거나 다른 적절한 집필자를 소개한다. 대체로 허용된 집필 기간은 2~3일에 불과하다. 이 기간에 하나의 정돈된 논리를 생산하는 것이 이들의 임무다. 그런데 이런 전통적 주문 방식에는 여러 가지 위험 요소가 개입된다. 생산자가 기한을 지키지 못하는 경우, 납품된 글이 불량품인 경우, 훌륭하지만 신문사의 이념과 배치되는 경우가 그것이다.

훌륭한 글이지만 이념과 배치되는 것을 해결하는 방법은 간단하다. 칼럼 끝에 "이 내용은 본지의 편집 의도와 배치될 수도 있습니다"라고 써놓으면 된다. 그래도 이것은 신문사로 보면 아까운 낭비다. 그래서 대체로 이념 지향성이 유사한 필자들의 리스트를 분야별로 확보해서 낭비를 최소화한다.

필자의 경우를 예로 들면, 10여 년 전에는 〈한겨레〉로부터 종종 청탁이 오고는 했는데, 언제부터인지 리스트에서 탈락된 듯하다. 아예 주문이 없다. 반면에, 메이저 신문에는 단골 필자가 되었다. 이념 성향이 같다고 판단했거나, 사시社是에 도움이 되는 논객으로 분류했을 것이다. 그 덕에 내가 보수 논객으로 분류되었다는 얘기를 듣기는 한다. 아무래도 상관없다.

두 번째 사례는 약간 골치 아프다. 과거에는 불량품을 신문사 데스크가 알아서 손질하는 경우가 종종 발생했는데, 자존심이 센 교수들과 일전을 감수해야 한다. 편집국이 납품된 원고에 손을 대는 데 비분강개하는 교수들은 대체로 일급 집필자는 아니다. 전공 논문과 칼럼 간에는 매우 중대한 차이가 있는데, 화를 낸다는 것은 칼럼의 특성을 제대로 이해하지 못했음을 스스로 드러내는 것과 같다. 주문자의 눈높이와 구미에 맞추는 것이 주문 제작의 생명이라면, 비분강개는 다시는 주문을 받지 않겠다는 선언이다. 그래 놓고도 또 다른 주문을 기다리는 어리석은 교수들이 있기는 하지만 말이다. 신문사에서는 이런 교수들이 기피 대상이다. 기한을 지키지 못하는 사람들과 함께 칼럼 시장에서 탈락된 자들이다.

청탁의 불안정성을 완화하기 위해 신문사가 채택한 전략은 집필진의 확보 및 집필진과의 6개월 계약제다. 집필진에게 게재 예정일을 알려 주고 집필을 사전에 준비하도록 하는 제도다. 주문 제작이라는 생산 방식은 달라지지 않았지만, 집필자와 신문사에 모두 안정적인 전략임에 틀림없다.

신문사들은 화려한 집필진을 확보하는 데 많은 노력을 기울인다. 화려함의 기준은 글발, 사회적 명성, 소속기관의 위상, 화제성 등이다. 연예인 중에도 의외로 글발 있는 필자가 많다. 가수 조영남이 대표적 예다. 그의 글 솜씨는 자신도 깜빡 속을 만큼 맛깔스러워서 예전에 일본을 과찬하는 책을 과감하게 냈다가 맞아 죽을 뻔했다. 재야 역사학자 조용헌은 학계에서는 콧방귀도 뀌지 않지만 독서계에서는 베스트셀러 작가로 통한다. 최근에는 이 콧방귀도 뀌지 않는 사학계의 권위 있는 교수들이 '인문학의 위기'를 선언하는 자리에 위엄과 권위를 갖추고 참석한 바 있다. 독서계의 일반 독자들이 콧방귀를 뀌었는지는 두고 봐야 할 것 같다.

주문 제작을 '매문'이라고 비난해도, 글쓰기에 생업을 걸고 있는 전업 작가에게는 훨씬 더 안정적인 제도적 인프라임에 틀림없다. 필자가 아는 소설가 중에는 자신의 작품은 적어도 10만 권 정도 팔릴 수 있다고 기대하고 전업 작가로 전향한 사람이 더러 있다. 그러나 시장은 냉혹한 법. 2천 권 팔리는 게 고작이었고, 이런 참패가 몇 번 지속되자 그는 전업주부로 반나절을 할애할 수밖에 없었다. 전업 작가는 이런 불안정성, 불확실성과 싸우면서 글쓰기에 존재를 털어 넣는다. 말하자면 자신의 청춘을, 자신의 가족을, 자신의 시간을, 자신의 세계관을 소설에 올인한다. 독자가 반응하지 않는다면, 그는 비장하게 선택한 그 유일한 직업에서 퇴장을 준비해야 한다.

평론가들은 문학이 점점 저질스러워지는 세태, 즉 '문학의 상업화'를 비난하고 우려하는데, 그것은 한편으로는 배부른 소리에 불과하다. 평론가들은 대체로 매우 화려한 직업인 교수가 본캐(일차 직업)다. 생업이 보장된 마당에 본질적인 것을 논할 여유를 이미 갖춘 집단이므로 본질적 비난을 해대는 데 아무런 거리낌이 없다. 그러나 전업 작가들에게는 '개구리에 돌 던지기'처럼 느껴지지 않을 수 없다. 오래전, 상복이 터진 김훈은 상금을 모두 외상값 갚는 데 썼다고 털어놨다. 그러고는 잘 팔려 나가는 그의 산문집 서문에 "사람들아 책 좀 사봐라, 자전거값 갚게"라고 썼다. 안쓰러운 외침이다.

칼럼 집필자의 사정은 어떤가? 그들은 대부분 화려한 직업을 갖고 있다. 앞에서 언급했듯이, 선발 기준이 그러하기 때문이다. 소속 없고 고급 면허증을 갖지 못한 프리랜서가 메이저 신문의 집필진으로 발탁되는 사례가 어디 있었던가? 글쓰기로 치면 매우 안정적인 조건을 갖추고 있어서 마치 조선 시대의 사대부가 생활고를 걱정하지 않아도 되는 것과 같다. 여기에 '거액'의 원고료가 지급되니 금상첨화다. 거액이라고 한 것은 소설에 올인하는 유무명의 전업 작가에 비해서 그렇다는 말이다.

소설 원고료는 마치 쇠붙이를 저울에 달아 엿가락을 주는 엿장수처럼 근으로 다는 방식이 아직도 지배적이다. 원고지 1매에 1만 원 정가가 보통이므로, 200매 중편소설은 200만 원정이다. 한국 문단이 세계에 자랑하는 장르인 단편소설 역시 1매 1만 원정이다. 그것도 문예지가 한정되어 있기에 게재 경쟁이 치열할 수밖에 없다. 어느 다산성 작가가 있더라도 200매 중편소설을 1년에 다섯 편씩 생산하기는 쉽지 않아서 전업 작가로서 그의 수입은 1천만 원을 넘기기 어렵다. 그런데 칼럼은 메이저 신문의 경우 한 편당 40~60만 원이 지급된다.

다만 칼럼 시장에도 급수가 존재한다. 앞에서 지적했듯이, 이미 신문사 데스크의 검열 과정에서 탈락한 사람들은 아예 급수가 없고, 그런대로 기준을 통과한 사람들에게도 비공식적 급수가 매겨진다. 일반 집필진은 글쓰기의 원칙과 칼럼의 규준을 대체로 습득한 필자로서 전공 분야별로 대량의 리스트가 확보되어 있다. 이들이 신문사에서 주로 애용하는 집필자군인데 대체로 서울 지역과 수도권에 위치한다. 지방에도 여기에 속한 사람이 많지만, 신문사와의 접촉 빈도가 낮고 거리가 멀어 집필자군에 과소 표집된 형편이다.

일반 집필진은 다시 그 유명세에 따라 메이저 신문과 군소 신문에 나눠 활용된다. 유명세는 독자들의 판단과 신문사 데스크의 평가를 종합한 점수다. 일반 집필진의 규모는 어림잡아 1~2천여 명이라고 하면, 유명세를 타는 일급 집필진은 100~200명도 되지 않는다. (물론, 이 규모를 헤아리려면 객관적 기준과 정확한 통계가 필요하다.) 지역별로 분산된 그들이 칼럼 기고를 통해 지방 여론을 주도하며, 중앙 여론은 바로 100~200명에 달하는 핵심 주도층이 이끈다.

신문사는 언제나 코드가 맞는 집필자를 핵심 주도층에서 골라 비상 연락망을 구축하고 있어야 한다. 중대한 사건이 터졌을 때 여론의 방향을 사전에 결정하는 특수기동대 역할을 이들에게 신속하게 맡겨야 하기 때문이다.

유명세를 타는 소수의 칼럼니스트라고 해서 항상 명품을 생산하는 것은 아니다. 그들도 종종 불량품을 납품하는 경우가 있다. 시간 투입이 적었거나, 기한 전날 거칠게 한잔했거나, 입지 선정이 불확실했을 때다. 소설을 쓰는 일과 마찬가지로, 칼럼니스트들은 주제와 시선을 만드는 데 많은 공을 들인다. 다른 작가와 유사한 주제, 스토리, 덤덤한 문장을 갖고는 문학 시장에서 좋은 상품이 되지 못하는 것과 같다.

명작 소설이 수많은 고뇌와 고통스러운 창작 과정을 거쳐 생산되듯이, 명칼럼도 정도는 다를지언정 같은 과정을 거친다. 우선, 쟁점과 주제 선정이 칼럼의 가치를 좌우한다. 하루에도 수십 개씩 쏟아져 나오는 칼럼과 차별성을 갖추는 것이 모든 집필진의 관심이다. 너 나 할 것 없이 써대는 현안에 다시 손을 대는 것은 위험하기 짝이 없다. 그것은 이미 자신의 글에 차별성을 포기한다는 것과 다름없다. 그러니 동시에 그 현안을 피하는 것도 위험을 안고 있다. 시국과는 상관없이 고담준론을 펴는 한가한 논객으로 치부되기 십상이다.

현안을 공략하되 차별성을 갖추는 것, 이 어려운 장벽을 뚫어야 한다. 이 장벽을 뚫는 가장 중요한 무기는 다름 아닌 감각이다. 감각이란 무엇인가? 사회적 사건의 흐름을 감지하는 일종의 센서이고, 그 배경을 읽는 안목이다.

"안광眼光이 지배紙背를 철徹한다"라는 고투의 독서법이 많은 것을 말해 준다. 이를 서양 어법으로 번역하면 현상학적 인목이지 시선이다. 현상을 뚫고 본질을 보는 것, 그게 어디 쉬우랴마는 그런 사람들, 말하자면 창조성이 넘치는 사람들이 있다.

1960년대 초, 김승옥이 〈환상수첩〉을 썼을 때 그것은 당시 안개에 싸여 모습을 드러내지 않는 젊은 세대의 중추신경을 정확히 건드렸다. 그것이 감각이다. 이후 그가 글쓰기를 접은 것은 더는 그 감각을 유지할 수 없었거나, 그 감각으로 시대의 변화무쌍한 흐름이 포착되지 않았던 까닭일 것이다.

대체로 시대의 중추신경은 상상력이 남다른 예술가와 문학가가 잘 건드린다. 일부러 그러려고 의도하는 것이 아니라, 그들 상상력 내부에 그런 촉각이 살아 있기 때문이다. 촉각에도 전공이 있어서 박완서는 소시민의 정서를 잘 포착하고, 황석영은 버려진 자와 소외된 자들로부터 저항의 심성을 읽어 낸다. 이문구는 걸쭉한 충청도 사투리의 세계에서 민초의 질박한 삶을 재구성해 냈다. 어떤 이는 상상력이 날카롭고 어떤 이는 진폭이 넓은 공명대를 갖고 있다. 역사를 끌어안을 만큼 진폭이 넓은 박경리는 삶의 애환을 포착하는 데도 남달라 700여 명에 달하는《토지》인물의 개별 심리를 일일이 생성해서 살아 있는 인물을 만드는 데 성공했다. 거대감각과 미세감각을 동시에 겸비한 작가인 것이다.

감각, 그것이 칼럼의 생명을 결정한다고 감히 말하고 싶다. 감각은 필자의 세계관, 역사관, 정치관, 철학관이 모두 총체적으로 작동해서 만들어진다. 그것은 전류를 머금고 옮기는 전도체와 같다. 감각이 남다르지 않은 칼럼은 읽히지 않거나, 읽힌 직후 사라진다. 생명이 고작 몇 시간에 불과하다. 울림을 주지 못하기에 잔영이 남지 않는다.

그렇다면 감각은 바로 글 쓰는 사람의 '존재' 자체다. 논리의 이념적 입지와 성향이 곧 '시선'이라고 한다면, 시선은 그의 인생관이자 정치관이다. 이 시선을 사물과 사회적 사건에 투사해서 특정 형태로 변용하는 것, 이 일련의 과정을 관장하는 것이 바로 감각이다. 감각은 살아 있는 생명체지만 비가시적 에너지다. 언제나 대상을 변형시키려고 꿈틀거린다.

소설을 '의식이 연기하여 꿈을 발생시키는 것'이라고 했을 때 이 일련의 과정을 관할하는 에너지가 감각이다. 바슐라르의 상상력의 미학은 다름 아닌 감각론이다.

문학적 상상력, 혹은 예술적 상상력은 그렇다 치더라도, '사회과학적 상상력'은 조금 다르지 않은가 반문할 수도 있겠다. 나는 '그렇지 않다'라고 말하고 싶다. 사회과학에 가까울수록 감각이 필요하다. 한국 사회에서 면허증을 가진 사회과학자를 대략 1만 명으로 추산하면, 그들이 1년 동안 써낸 2만여 편의 논문 중에서 '살아남는 논문'이 얼마나 있을까? '살아남다'의 기준은 여럿이다. 이른바 국제 수준에 맞는 SCI급 저널에 실리거나, 새로운 이론을 제시하여 학계에 회자되거나, 아니면 제자급 학생들이 귀중한 글로 대대로 읽고 존경심을 표하는 것 등이다.

그런 논문은 몇 편 되지 않는다. 감각이 남다른 논문이기 때문이다. 시선이 탁월하고 이를 뒷받침하는 과학적 증거도 풍부하다. 해석의 독자성, 자료의 동원 방식, 분석 방법, 증거 제시의 산뜻함 등은 모두 감각의 산물이다. 이를 갖춘 사례는 그다지 많지 않다.

아는 게 많은 것과 감각적으로 쓰는 것은 별개의 세계다. 지식이 매우 풍부한 교수, 이른바 '안다이 박사'가 한 권의 책도 못 내는 사례를 많이 봐왔다. 그들은 꼭 이렇게 말하는 습관이 있다. 죽기 전에 일갈一喝할 거라고, 대작을 쓸 거라고. 그러나 나는 그 말을 믿지 않는다. 대작은 졸작拙作 끝에 나오는 것이며, 졸작도 못 쓰는 것은 감각의 결핍을 호소하는 것 외에 아무것도 아니다.

아무튼 교수들은 대개 자신의 논문이 기념비적 업적이 될 것을 기대하고, 그만큼 품을 들인다. 그런데 현실은 비참하다. 한 편의 논문을 읽는 평균 독자의 수는 얼마나 될까? 30명, 40명, 아니면 100명? 필자의 전공논문은 독자가 100여 명에 불과하다. 학계에서 퇴장당하지 않은 것이 그나마 다행이다. 그러나 쓴다. 무척 공을 들여, 전공논문의 모든 규칙을 준수하여 고통스럽게 쓴다. 금시 사장될 것을 알면서도 쓴다. 써야 한다.

그러나 학문적 주제를 약간 대중적 스타일로 쓰면 독자가 금시 5천 명을 넘는다. 우리는 이것을 '인문학의 위기'라고 불러야 할까, 아니면 '감각의 결핍 현상'이라고 해야 할까?

명칼럼의 요건으로 주제와 감각을 얘기했다. 하나 남은 것, 그리고 가장 중요한 것이 있다. 바로 문장. 이 지점에 이르면 나는 긴장하지 않을 수 없다. 선학의 명문을 생각하면 침묵해야 하기 때문이다. 나는 칼럼에 문학적이고 예술적인 문장이 필요하다고 생각하지는 않는다. 그러나 적어도 작은 울림이라도 하나 있길 바란다.

문장은 문체이고, 그 사람의 스타일이자 감각이며, 거창하게는 필자의 인격이다. 연암 박지원은 문체를 통해 반란을 꿈꿨다. '너무 자유분방하다'는 느낌이 없지는 않아서, 결국 그는 엄격한 문법이 지배하는 제도권 학문세계에서 밀려났다. 그의 문장이 그의 인생을 결정한 것이다.

정약용의 문체는 간단명료하기 짝이 없어서 마치 냉혹한 그의 인품을 말해 주는 듯한 느낌이다. 그런 그도 감정 조절이 어려울 때가 있었는지 매우 감상적인 시를 여러 편 남겼다. 정약용은 아들에게 보낸 편지에서 "대장부의 시는 감상을 제거하고 비장한 기개가 있어야 한다"라고 늠름하게 호통쳤는데, 남쪽 해안마을에서 오랫동안 혼자 사느라 스스로 그 규칙을 어기곤 했다. 아무튼 그의 글은 매력적이지는 않지만, 학문세계는 깊고 중후하다.

칼럼 쓰기에서 문장은 감성의 높이와 과다를 조절하는 비행체다. 가끔은 높게 날고, 가끔은 급강하해야 할 때도 있다. 호흡 조절도, 리듬과 가락도, 정서의 표출도, 이미지의 창출도 모두 문장을 통해 이뤄진다. 유장함, 부드러움, 우아함의 세계로 독자들을 끌고 가다가 거친 회전이 필요한 때가 있고, 급류를 만난 듯 논리의 반전을 꾀해야 할 때도 있다. 잘못하다가는 비행체가 추락하는 사고가 발생한다. 흐름이 끊기고 필자도 더 감당을 못 하는 사태에 종종 직면하기 때문이다. 주제와 쟁점에 따라 거친 비행이 적합할 때가 있고, 아주 우아한 곡선 비행이 필요할 때도 있다.

그러므로 비행사는 이런 모든 형태의 비행 기술에 능숙해야 하고, 어떤 비행술과 항로가 적합한지를 사전에 기획해야 한다. 그 기획은 예비된 것이지만, 동시적이고 총체적이다. 감각의 영역에서 복합적으로 이뤄지기 때문이다. 이 구조를 밝히는 것은 마음의 구조, 생각의 구조, 뇌의 구조를 규명하려고 씨름하는 자연과학자의 몫인지 모른다.

아무튼, '주제'를 사회과학적, 인문학적 '논리'로 일관되게 분해한 것을 '감각'으로 버무리는 것이 바로 '문장'이다. 소설도, 사회과학 논문도, 칼럼도 모두 문장으로 표출된다는 점에서는 같다.

칼럼은 이런 복잡한 주문 제작의 과정을 거쳐 생산되는데, 이 일련의 과정에 자신의 존재를 쏟아붓는 것만으로 글쓰기의 임무는 끝난다. 사실, 거기가 끝이다. 시장으로 내보낸 것은 다시는 돌아오지 않기 때문이다. 이제 그 글에 책임을 다했다고 자부하면 그만이다. 그러나 집필자들은 자신의 생산물을 내보낼 때 하나를 더 보탠다. 권력욕이다. 그것이 시장에 나가 어떤 영향력을 발휘하기를 고대하는 것이다. 그 욕심을 지식 권력이라고 한다면, 칼럼은 지식 권력을 쟁취하는 유용한 수단임을 천하가 다 알고 있으니 집필자들이 모른 척할 수도 없다.

이 점에 대해 약간의 점검이 필요하다. 글과 권력의 문제 말이다. 그리고 그 권력 쟁취를 위해 집필자들이 얼마만큼의 노력을 들이고 있는지에 대해 말이다.

선명한 논리로 다듬어진 짧은 글이, 예컨대 100만 명의 독자에게 동시에 배달된다고 한번 생각해 보라. 100만 부가 넘게 팔리는 베스트셀러가 매우 드물다는 사실을 고려하면, 한 달에 한두 번씩 정기적으로 100만 명의 독자를 감흥시키는 칼럼니스트의 지식 권력은 실로 엄청나다고 할 수밖에 없다. 감흥시키는 데 한 번 실패해도 다시 기회가 돌아오지 않는가. 소설을 운명으로 여기는 진지한 소설가가 있나고 치자. 그가 6개월 동안 그의 미미한 존재를 쏟아부어 한 권의 소설을 썼는데 겨우 1천 권이 팔리고 서점에서 사라졌다고 하면, 집필에 겨우 서너 시간을 투입해서 100만 명의 독자를 장악한다는 것은 생각만 해도 신나는 일이다. 그것은 엄청난 문화 권력이자 지식 권력이다.

그런데 그 초라한 소설가와 비교해 칼럼니스트가 자신의 존재를 그만큼 쏟아붓고는 있을까. 항상, 끊임없이 발생하는 정치·경제·사회적 사건에 대하여 평소 배양한 작은 지식만으로도 이런 저런 논리를 펼 수 있고, 또 그것은 칼럼의 시의성에 꼭 맞아떨어진다. 교수들의 경우, 평소에 지식과 지혜와 교양을 갈고닦으므로 칼럼 쓸 준비는 되어 있다고 봐도 무방하다.

그러나 특정 사안에 대한 탐구 시간과 여타의 투입량이 절대적으로 적다는 데서 오는 '즉흥성', 자신의 입맛과 관련해 호불호를 너무 적나라하게 드러내는 '비非성찰성', 그리고 감정을 제어하지 않는 표현의 '난폭성'이 조선 시대의 문집과 품위 격차를 벌리는 주된 요인이다. 필자도 이런 점에서는 비난받아 마땅하고 칼럼니스트로서의 자격을 검증받아야 할지 모른다.

서정·서사·극시와 같은 문학 장르가 아닌 저널리즘의 한 형식이자, 학력 수준이 중간쯤 되는 평균 독자의 독해력에 맞춰야 하는 불문율이 굉장한 구속으로 작용하는 이 독특한 장르에 뭐 그렇게 장황하고 까다로운 요건이 필요한 것인지 반문할 수도 있겠다. 그러나 칼럼이 공론장에 미치는 영향력과 파괴력을 고려한다면, 그것은 무책임한 힐난이다. 특히 외환위기 이후 지금까지 필자는 그런 무책임이 횡행하는 모습을 수도 없이 봐왔고, 필자도 거기에 한몫했다는 반성을 하지 않을 수 없다. 민주주의 시대에 광장이 이념 갈등으로 얼룩졌고 앞으로도 공유와 공감이 형성될 전망이 어둡게 보이는 이유도 이런 언저리에서 나온다.

이 권력욕을 경계할 것, 권력을 원한다면 칼럼 쓰기에 예술작품 만들듯 모든 역량을 투입할 것, 존재의 올인도 부족하다는 사실을 인식할 것, 이것은 일반 칼럼니스트들에 대한 권고이자 나에 대한 경고다. 프랑스의 문학비평가인 줄리아 크리스테바가《사무라이》에서 문화 권력의 부침을 검객劍客들의 싸움으로 묘사한 것처럼, 칼럼니스트는 일상적 사건에 대한 지배담론을 장악하기 위해 격투하는 일종의 검투사처럼 보인다. 필자에게도 누군가 농 삼아 그런 말을 한 적 있다. 검객이라고. 거기에 황야荒野라는 수식어를 붙이면, 영락없이 '황야의 검객'이 된다.

그 말을 수긍한다면, 강호의 고수들을 제압해야 하는 중압감과 언젠가 황야에 석양이 질 무렵 날신 칼에 목이 잘려 죽어야 하는 숙명감도 수긍해야 한다. 그래서 그 진담 섞인 비유를 결코 수긍하지 않았다. 수긍이 아니라, 강력하게 부인하고 싶은 것이다. 누군가 나에게 '황야의 늑대'라고 했다면 고개를 끄덕였을 것이다. 늑대도 대체로 무리를 짓지만, 홀로 돌아다니는 늑대도 있다. 혼자 돌아다니고, 혼자 먹이를 구하고, 혼자 생존 방식을 터득한다. 혼자만으로도 벅찬 의식의 생성을 누가 말릴 수나 있을 것인가. 홀로 다니는 늑대는 남의 영토를 탐하지 않는다. 생존에 필요한 먹이 사냥 외에 쓸데없는 폭력을 쓰지 않는 유일한 야수다.[1] 자기 영역을 홀로 성실하게 지킬 뿐이다.

칼럼니스트는 흔히 말하듯 논객이기는 하지만 검객은 아니다. 폭력을 밀쳐 내야 하고, 폭력이 지향하는 권력을 멀리해야 하기 때문이다. 문화 권력의 맛을 조금이라도 달콤하게 생각하는 순간 그는 '운명으로서의 글쓰기'와는 결별하는 것이며, 해방이 아니라 또 다른 구속을 향해 줄달음치게 되기 때문이다. '의식이 연기하여 꿈을 발생시키는 것'으로서의 글쓰기가 아니라, '권력욕이 연기하여 의식을 조작하는 것'이 된다.

칼럼은 필자 자신도 모르게 작위성이 개입하기 쉬운 글쓰기 형식이다. 작위성, 이데올로기, 폭력은 동일한 범주에 속한다. 하루에 100만 부 발행되는 매체에 편승해서 자신의 검열을 충분히 거치지 않은 이데올로기적 폭력을 마구 휘두르는 것이야말로 잘못된 지식 권력의 극치가 아닌가.

한국의 공론장이 검투장처럼 변한 이유는 대부분의 칼럼니스트들이 이런 권력욕에 매달린 때문인지 모른다. 자신에게도 '자유민 되기'를 허용하지 못하는 글이 어떻게 공론장의 독자를 해방시킬 수 있을 것인가. 광장을 합류와 축제의 장소로 만들어 낼 수 있을 것인가. 이런 반성이 대부분 나 자신에게 향해 있음을 고백할 수밖에 없다. 그것은 칼럼 쓰기에 대해 '어쭙잖다'는 오래 묵은 느낌을 떨쳐 버릴 것을 우선 요구한다. 지난 글들을 내 자신이 먼저 찬찬히 읽어야 할 이유다.

2

르포

삶의 온기 찾기

생동감 있는 글쓰기로 르포를 따라갈 장르는 없을 것이다. 르포르타주reportage의 줄임말인 르포는 현장에서 진실을 퍼 올리는 현장 보고서다. 그것이 비록 편파적 사실일지라도 독자에겐 현실감과 생동감을 전달한다. 현신의 생생한 모습을 글로 이화하는 것이다.

10여 년 전, 필자는 세간에서 슬럼프라 부르는 증상에 빠졌다. 연구와 집필이 계속되는 생활에 회의가 들기 시작한 것이다. 이것이 진짜 내가 원했던 인생인가? 연구와 집필은 세상에 어떤 의미를 던지고 있는가? 어두운 곳에 불을 비춰 주는 등대의 역할을 하고는 있는가? 이런 의구심 말이다. 그런 가운데 베이비부머에 관한 신문 기사를 접했다. 베이비부머가 대거 퇴직하기 시작했다는 기사였는데, 대체로 평균 연령 55세 전후에 직장을 나와 집으로 돌아간다는 내용이었다. 55세? 아직 의욕과 체력이 왕성하고, 결혼과 졸업을 앞둔 자녀들을 더 부양해야 할 시기인데 집으로 돌아간다? 정신이 번쩍 들었다. 회의에 빠져 있을 때가 아니었다. 퇴직한 베이비부머를 찾아 나섰다.

대리기사를 만났다. 58년 개띠, 계룡산 부근 어느 마을에서 차남으로 태어나 대전에서 공업고등학교를 마치고 중견기업에 몸담았다가 갓 퇴직한 사람이었다. 인생 스토리가 하염없이 흘러나왔다.

어느 중년 가사도우미는 아직 건강해서 퇴직하지는 않았지만 마산 수출자유지역에서 보낸 젊은 시절을 회상하며 눈물지었다. 서울 변두리 작은 아파트에 둥지를 튼 전형적인 베이비부머 여성이었다. 마산에서 여고를 나왔고, 여공 생활을 10여 년 하다가 남편을 만나 서울로 올라온 후 천신만고 끝에 아파트를 장만하고 단란한 가정을 꾸미는 데에 성공했다.

서울 어느 중견기업에서 갓 퇴직한 늦깎이 부장은 재취업에 어려움을 겪고 있었다. 중견기업 부장 출신은 갈 곳이 마땅찮았다. 그의 경력에 걸맞은 일자리를 찾는 일이 쉽지 않았는데, 채용 공고를 낸 기업에서 고위 관리직을 기피하는 경향이 있다고 털어놨다. 그는 아직 대학 졸업과 결혼을 예정한 자식들을 부양하고 있었는데, 살아갈 걱정이 태산이었다.

생계를 잇는 것도 그렇지만 그가 평생 일궈 온 인적 네트워크가 퇴직과 함께 기능을 다하고 있는 현실에 섭섭함과 우려를 표명했다. 사회로부터 서서히 고립되고 있었던 거다. 학교 동기들과 아주 친근한 직장 동료들의 네트워크는 여전히 살아 있는데 직장생활에서 맺었던 인적 연결망은 급격히 사라지고 있었다. 고립을 모르다가 고립을 준비해야 할 시기에 진입했다는 사실에 그들은 적이 당황했다. 기존과는 전혀 다른 인생 경로에 들어선 것이었다. 무엇에 기대어 살 것인가? 직장을 나온 이들에게는 막막한 인생 경로를 어쨌든 걸어가도록 버텨 주는 세대 정체성이 필요했다.

생성과 가교, 이 책의 서문에서 밝힌 두 개의 개념이 그렇게 도출됐다. 농업사회에서 산업사회로의 성공적 이행을 실행했던 세대, 산업공단에서 새로운 상품과 서비스를 생산해 냈던 세대의 자부심이 필요했다. '생성'은 이들이 몸 바쳐 해냈던 상품 생산과 낯선 도시 환경에서 이루어 낸 새로운 관계 형성을 총칭하는 개념이다. '가교'는 부모 세대의 봉양과 자식 세대의 부양을 동시에 떠안고 그 막중한 임무를 군말 없이 수행한 세대의 정체성을 지칭한다. 부모 봉양이 아직 남아 있는 처지에 자식의 결혼까지 떠안은 베이비부머는 평생 일군 재산을 이리저리 분배하고 남는 한 조각 재물로 노후를 보내야 한다. 《그들은 소리 내 울지 않는다》 — 그 책 제목에 이런 뜻이 담겼다.

세대 르포였던 것이다. 베이비부머의 생애 경로를 추적하고 그들의 분투와 애환을 관찰 및 분석해 밝혀냄으로써 세대 정체성 개념이 다듬어졌다. 필자는 세대 르포를 집필하면서 슬럼프에서 서서히 벗어났다. 내가 속한 세대의 일반적 경험이 그러하건대 베이비부머의 맏형 격인 필자가 회의에 빠질 때가 아니라는 각성이 나를 일깨웠다.

르포란 무엇인가

르포는 우선 기자적 감각이 필요하다. 거기에 사회과학적 해석과 약간의 신선한 논리가 가미되면 금상첨화다. 언론방송에서 자주 내보내는 심층취재는 일종의 르포다. 기자의 눈에 포착된 사회적 현상과 사건 사고들의 배후를 파헤쳐 그 본질을 드러내는 프로그램은 넓은 의미에서 르포에 속한다. MBC의 〈카메라 출동〉, 〈PD수첩〉, 〈탐사기획 스트레이트〉, KBS의 〈추적 60분〉, SBS의 〈그것이 알고 싶다〉 등이 방송 르포에 해당하는데, 부조리하고 부당한 사태에 대한 즉각적 고발이 우선적 목적이다.

방송 르포를 담당하는 PD의 눈에 포착된 사건 사고들은 사회적 비난의 대상이 되기 일쑤다. 그 반향은 제법 커서 정치적 파장을 일으키기도 한다. 여론을 움직이는 방송의 힘은 주로 고발성 르포에서 나온다고 해도 과언이 아니다.

방송에 카메라가 있다면 신문에는 글이 무기다. 글로 현장의 생생한 모습과 의미를 잡아내야 한다. 고발·민원·폭로도 중요하지만, 취재 대상이 갖는 의미의 확대 조명도 르포의 생명이다. 돌이켜 보니 필자는 르포에 남다른 관심을 가졌던 것 같다. 현장답사를 바탕으로 여러 편의 논문과 책을 썼다.

1989년 봄, 학생들의 동맹 휴학으로 예기치 않은 여유가 생겼다. 필자는 당시 파업에 돌입한 마산 수출자유시역으로 향했다. 수출자유지역 공단에 입주했던 외자 기업들이 노동조합과 높은 임금을 피해 중국과 동남아시아로 빠르게 이전하고 있을 때였다. 노동조합 총연맹의 주선으로 파업하고 있는 공상을 견학할 수 있었다. 전자 부품을 생산하던 TC전자로 기억한다.

이미 이주를 마친 빈 공장에서 약 50여 명의 여공들이 노동쟁의를 하고 있었다. 밀린 임금과 수당을 지불하고, 향후 고용 대책을 세워 달라는 정당한 요구였다. 이미 중국으로 떠난 외자 기업은 십수 년간 젊은 여성의 노동력을 활용해 수익을 내고는 기업 환경이 나빠졌다는 이유로 무책임하게 떠난 후였다.

TC전자 노조위원장 김 모 씨는 26세의 여공이었는데 고향 집에 생활비와 동생 학비를 보내고 있었다. 1963년생, 베이비부머의

막내에 해당하는 그녀의 생애는 대체로 세대 상황을 대변했다. 1970년대 후반부터 산업공단으로 이동한 '공돌이'와 '공순이'의 동생뻘 되는 사람이었다. 산업공단의 전사들을 낮춰 부르는 이 경멸적 호칭은 베이비부머 세대의 70%에 적용됐다. 1989년은 민주화가 막 태동하고 전국에 노동조합이 결성되고 있던 때라서 공단에 입주한 기업의 개별 사정에 사회적 관심이 쏠리지는 않았다. 필자는 김 위원장을 비롯해 여러 명과 인터뷰를 했고, 파업에 돌입한 입주 기업의 노동자들을 여럿 만났다. "무적의 국가, 무적의 부르주아"— 그 결과를 집약한 르포 형태의 논문이 몇 달 후 출간됐다. 제목이 풍기듯 노동자의 관점에서 사회 정의를 찾으려는 사회학자의 의도가 담겼다. 그 논문을 쓰던 동안 TC전자의 김 모 씨가 전투경찰의 시위 진압에 항의해 공장 지붕에서 투신했다는 소식을 들었다. 다행히 위독한 상태는 아니었는데, 도시에 정착해 중산층에 진입했을 그녀가 그때의 일을 회상하며 가슴 아파할지 모른다.

한국 사회는 여러 가지 돌발적 사건이 급작스레 일어나는 전형적인 국가다. 1998년 초, 외환위기가 터졌을 때 여의도 금융가에서 30~40대 젊은 직장인들이 대거 해고돼 거리로 나왔다. 그들이 갈 곳은 마땅치 않았다. 그들은 퇴직금을 투자해 요즘 번성하는 치맥집의 원조가 됐다. 파산한 기업에서 쏟아져 나온 많은 직장인들이 서울역 광장을 근거지로 삼았다. 1960년대에나 볼 수 있었던 노숙자 무리가 서울역 광장에 진을 쳤다. 주머니에는 두둑한 퇴직금이 들어 있었지만 집에 갈 엄두를 내지 못했다. 거리에 주저앉은 그들은 지하도 귀퉁이에서 잠을 자고 술을 마셨다.

그들이 자신의 인생에 대해, 가족에 대해 어떤 생각을 하고 있는지, 아니면 자포자기 상태인지 궁금했던 필자는 허름한 차림으로 서울역 광장을 서성였다. 많은 사람을 만났다. 그들은 직장 생활의 애환과 갑작스러운 해직, 미래가 사라진 작금의 심정을 토로했다. 지하도 한구석에 앉아 술을 마시면서 그들과 일심동체가 됐던 필자는 한국 경제의 구조적 모순과 고용 불안정 문제를 집필했다. 그래도 희망을 버리지 않아야 한다는 기대와 격려가 섞인 제목으로 출간됐다. 《또 하나의 기적을 향한 짧은 시련》(1998)이 그것이다.

외환위기가 어느 정도 안정됐을 때 이번에는 의약분업 사태가 터졌다. 의사와 약사의 역할 분업, 즉 의사의 약품 판매행위 금지 조치였다. 이는 김대중 정권이 의욕적으로 추진했던 정책 중 하나였다. 의사는 처방, 약사는 조제 및 판매를 분리 원칙으로 규정한 의약분업 조치는 의사의 엄청난 저항을 불러왔다. 그전까지 의사는 처방전을 발행하고 동시에 약을 조제·판매해 왔는데 그 수익이 병의원 평균 이익의 40%에 근접했다. 수익을 대폭 줄이는 조치에 의사들은 대규모 저항 전선을 구축했다. 대형병원과 중견병원, 개원의가 함께 전국적 규모의 의료파업을 단행한 것이다. 진료와 수술이 중단되자 중환자들의 생명이 위협받았다. 의사 집단에 대한 사회적 비난이 폭발했다. 특히 '3분 진료'와 의사들의 불친절한 행동, 불필요한 고가 약 처방 등이 도마에 올랐다.

당시 김대중 정부에서 의약분업의 수장을 맡았던 의대 교수 출신 정책수석은 '내가 도둑을 길러 냈다'고 실토해 비난 여론에 불을 질렀다. 의사들이 가만히 있을 리 없었다. 의사들은 의료행위를 꼼짝달싹 못 하게 얽매고 있는 '3저 현상'을 지적했다. 저수가, 저부담, 저급여. 환자의 부담은 작고, 의사에게 지급되는 진료비와 수가가 형편없이 낮아서 병의원 운영이 어려운 현실을 호소했다. 정부가 항의를 외면하자 급기야 의사들의 사기가 급락했고 허탈감에 빠져 캐나다와 호주로 이민을 결행하기도 했다.

당시 필자는 여러 병의원을 두루 다니며 의사들의 심리상태와 운영 현황을 조사했다. 그 결과가《의사들도 할 말 있었다》(2001)로 출간됐다. 제목에서 알 수 있듯이 의사 편에서 의약분업의 급진성을 비판했던 현장 조사였다. 의약분업의 방향은 맞는데 의사들과 병의원이 새로운 정책 환경에 적응할 수 있도록 속도 조절이 필요하다는 요지였다. 그렇지 않으면 한국의 우수한 의료체제가 붕괴될 위험에 처한다는 경고도 잊지 않았다. 필자가 예상했듯이 이 책은 출간되자마자 세간의 뭇매를 맞았다.

수년 전에는 산업 현장에 관한 두 개의 현장 관찰기를 책으로 펴냈다. 현대자동차와 포스코 현장답사가 그것이다.

현대자동차는 기술혁신을 거듭해 세계 굴지의 자동차메이커로 도약한 한국의 대표적 기업인데, 노동조합 역시 민노총의 전위부대를 형성할 만큼 막강한 위력을 자랑하고 있었다. 강성 노조가 기업의 기술혁신에 동참하고 여타 다른 산업에 널리 퍼져 있는 저임금 노동자를 돌보는 후견인이자 동반자라면 좋으련만, 현대자동차 노조는 단위 노조원들의 배타적 이익 추구에 우선적 관심을 쏟는 집단이기적 성향을 보였다.

경영과 노조의 항시적 갈등이 정치적, 사회적 문제로 대두되던 2016년 필자는 현대자동차 내부로 진입했다. 생산 현장에서 어떤 일이 일어나는지를 관찰하기 위함이었다. 긍정적, 부정적 모습이 겹쳤다. 생산 현장 도처에 나붙은 대자보들은 투쟁 의식을 고취하고 있었고, 엔진 공장 입구에 걸린 현수막에는 기술혁신을 냉소하는 내용이 적혀 있었다. "전기차 시대가 와도 우리의 고용은 영원하다" — 이런 내용이었던 것으로 기억한다. 호전성과 생산 열기가 거의 엇비슷한 정말 이해하기 어려운 풍경이었다. 경영관리에도 문제가 많았고, 투쟁 지향적 노조의 행위에도 불가사의한 내막이 숨어 있었다.

"일은 적게, 돈은 많이, 고용은 길게"— 현장 노동자의 최대 관심사인 이 세 가지 목표로 어떻게 현대자동차가 굴지의 메이커가 되었는지를 설명해야 했다. 필자는 실패했다. 독점기능에 올인하는 노조가 전국 최고의 임금, 전국 최고의 복지, 완전 고용이라는 중산층의 꿈을 향해 질주하는 동안 현대차에 고용된 비정규직 노동자의 생활 향상은 가능한지, 나아가 민노총의 전위부대가 전국 노동자의 고용조건 개선에 관심이 있는지를 자문했지만 답은 없었다. 우울했다. 그런 상태에서 현대차 답사기《가 보지 않은 길》(2017)이 출간됐는데, 경영진은 환영했고 노동조합은 외면했다. 당연한 결과였다. 현대차의 미래에 대해 낙관적 기대를 접었다. 최근 현대차의 고속 성장과 변신은 그런 필자에게는 놀라운 모습이다. 아마 필자가 당시에는 보지 못한 무엇이 엄청난 잠재력으로 숨어 있었을 것이다.

한국 제조업의 미래를 우려하던 필자에게 이번에는 포항제철로부터 요청이 왔다. 현대차를 조사했듯이 포스코를 한번 둘러봐달라는 간곡한 부탁이었다. 필자는 약간 지쳐 있었다. 아니, 힘을 낼 수가 없었다. 거절과 요청이 반복됐다. 그러는 사이, 철강 산업에 대한 관심이 솔솔 일어났다. 더 늦으면 현장을 관찰할 관심과 여력이 사라질 것도 같았다. 혹시 한국의 제조업을 일으켜 세울 실마리가 발견될 수도 있겠다. 남은 힘을 모았다. 그러나 근거 없는 희망은 금물, 또다시 비판적 관찰에 심지를 돋우고 철강 산업의 현장으로 내려갔다.

영일만 횟집에서 저녁을 먹으면서 연기를 뿜어내는 제철소 야경을 한참 바라봤다. 굴뚝, 고로, 철탑이 즐비한 근육질 공장을 사회학적으로 분해할 지력智力을 모아야 했다. 마음의 준비에는 시간이 걸렸다. 한국의 중화학공업을 일으킨 저 근육질 공장에서 뭔가 희망의 실마리가 발견되지 않을지도 모른다는 두려움도 앞섰다. 그러나 나의 예상은 빗나갔다. 부정적 시선이 소멸되는 데에는 오랜 시간이 걸리지 않았다. 방문 횟수가 늘어날수록 부정적 시선은 긍정적 이해로, 긍정적 이해는 급기야 존경심으로 진화했다.

사회학자가 찬사를 늘어놓는 것만큼 꼴불견은 없다. 그런데 비판할 거리가 없는데 어찌하랴. '비판거리의 소멸' 앞에서 필자는 오히려 당혹스러웠다. 열연공장의 부서 책임자는 오폐수를 정화해 버들치를 키우고 있었고, 화초를 키우는 작업통제실이 많았다. 수조는 오폐수가 제대로 정화되었는지를 측정하는 장치였고, 화초는 통제실 직원들의 건강과 직결된 공기의 오염도를 가늠해 주는 예보관이었다. 작업 현장을 그렇게 지켜 내는 조금 이상한 사람들이었다.

부서원의 팀워크는 최고 수준이었고, 작업장의 몰입과 헌신은 단연 돋보였다. 스웨덴의 '생산성 동맹'보다 월등 나은 조직자본을 배양하고 있었다. 한국형 생산성 동맹이었다. 사실은 포스코의 작업현장 전체가 그렇게 작동하고 있었다. 거기에, 다른 대공장에서는 찾을 수 없는 사명감이라니! 필자는 시선을 아예 바꿨다. 포스코의 조직자본과 문화자본에 사회학적 개념을 입혀 수출하기로 말이다. 희망의 불씨가 거기에 있었다. 필자는 4차 산업혁명의 단초를 포스코에서 목격했다. 단초를 넘어 4차 산업혁명을 주도할 힘과 지혜, 실천력을 포스코 작업 현장에서 목격했다.

철강 산업은 최첨단 기술과 빅데이터, 정보화, AI가 최첨단 방식으로 융합되고 실행되는 산업 분야다. 고철 산업이 아니라 지식 산업이다. 철강공장의 노동자는 정보·지식노동자이고, 경영직 직원은 대체로 최고 명문대학을 나온 인재들이다. 경영직과 현장직은 다투지 않는다. 불신이 없다. 서로 배우고 토론한다. 연봉도 엇비슷하다. 정말 이상한 사람들이고 이상한 공장이다. 그들은 끊임없이 학습하고 협력한다. 생산성 동맹의 조직자본은 학습, 토론, 혁신의 연합체다. 그 안에서 '협력 경쟁'이 쉿물처럼 뿜어져 나온다. 그러니 철강 선진국이 150년 걸린 발전 과정을 50년 만에 압축했

고 이제 추월자로 우뚝 섰다. 포스코 현장답사기를 담은 책이《혁신의 용광로》(2018)다. 이 책은 경영자와 노동자로부터 동시에 환영을 받았다. 당사자인 그들이 자신들이 만들어냈던 노동 과정과 관리체계가 여타 산업체에 모범이 된다는 사실조차 모른 채 각각의 팀업무에 몰두하고 있었다는 점이 흥미로웠다. 혁신은 이미 공장 내부 도처에서 발견되었는데도 말이다.

포스코 DNA는 위기 상황에서도 빛을 발했다. 2022년 9월 6일 새벽, 태풍 '힌남노'가 포항 상공을 강타하자 인근 냉천이 범람했다. 범람한 물은 포스코를 덮쳐 공장의 주요 시설이 물에 잠겼다. 역사상 초유의 생산 중단 사태가 발생했는데, 기의 100일 만에 복구를 완료하여 고로가 가동되기 시작했다. 기적이었다.

이 복구 현장을 취재해 르포로 담았다. "100일의 시련, 100일의 기적".[1] 좀 길지만 그 르포의 일부를 여기에 인용한다.

> 포스코 직원들의 기계 사랑은 유별나다. '나의 기계'에 문제가 생기면 새벽에도 달려온다. 내 기계이고, 국민의 기계이고, 후손들의 기계다. 100일 동안 현장과 사무실, 집무실에서 새우잠을 잤다. 수십 킬로미터 전선 뭉치, 수천 개 전기설비와 변압기, 모터와

장비를 둘러보는 필자는 식은땀이 났다.

배수 작업의 공신은 이철우 경상북도지사. 침수 이틀째에 현장을 방문한 이 지사가 소방청에 긴급 지원요청을 했다. 대한민국에서 가장 용량이 큰 방사포 2대가 도착했다. 방사포를 가동한 소방관은 불과 이틀 만에 주요 공간의 물을 빼냈다. "대한민국의 경제 기둥이 살아야지요!" 소방관이 떠나면서 남긴 말이다.

복구 작업 100일간 연인원 140만여 명이 십시일반 힘을 보탰다. 휴일을 빼면 하루 1만 4,000명꼴. 김경석 노조위원장은 노조대의원들과 함께 음료수, 커피, 빵과 타월을 들고 작업 현장을 일일이 찾아다녔다. 절체절명의 위기 앞에 임원, 직원, 노조가 한 몸이 됐다. 침수된 '나의 기계'들이 속속 모습을 드러냈다. 공장 110만 평 침수, 모터 1만 3,500개 및 설비 수천 개 피해가 집계됐다.

손병락 전기 명장은 2열연공장 대형 모터 앞에 섰다. 170톤짜리를 포함하여 모두 13대. 압연 과정의 주동력이었다. 주기 모터를 응시하던 손 명장이 말했다.

"해보지요, 뭘."

평생 전기 모터를 다뤄 온 손 명장의 눈에는 살아날 것 같아 보였다고 했다. 며칠간 주기 모터의 부품을 뜯고 만지고 살핀 결과는 기적이었다.

시운전을 해보니 이전과 동일한 굉음을 내며 돌았다고 했다. 눈물이 돌았다. 상공정과 후공정의 대형 모터 45대와 전기설비, 제어 장비들이 그렇게 살아났다. 침수된 1만 3,500개 중 3퍼센트가 죽었는데 신속히 교체됐다. … 10월 중순경 자신감이 희미하게 움텄다고 했다. 마치 저승사자에게 불려 갔다가 온 것처럼 말이다.

이제는 모터를 돌리기 위한 대형 패널(전기제어판) 복구가 관건이었다. 그 패널은 일본 제품, 모터 작동에 필요한 대형 드라이브로 제작하는 데에만 6개월이 걸리는 첨단 장비였다. 매주 현장을 지휘했던 최정우 회장이 직접 나섰다. 다행히 일본 회사에 제작 중인 제품이 있었는데 목적지는 인도 철강회사(JSW스틸)였다.

최 회장이 인도 경영진에 긴급타전을 했다. 철강협회 부회장인 그는 고맙게도 최 회장의 절박한 요청을 들어줬다. 3일 후 패널을 실은 선박이 포항제철소 전용 부두로 긴급히 도착했다. 드디어 2열연공장에도 불이 들어왔다.

… 상공정 불빛이 다시 들어온 것은 9월 중순, 후공정은 그로부터 차례로 가동이 재개됐다. 후공정에도 차츰 불이 켜져서 침수 100일째인 12월 15일에는 전 공정의 90퍼센트가 정상 가동에 진입했다. 18개 공장 중 15개가 이전 수준을 회복했고, 나머지 공

장도 부분 가동을 시작했다.

STS 1냉연과 도금공장은 1월 말 완전 회복을 예정하고 있다. 제품 선적을 담당한 야적장에도 활기가 돌아왔다. 저 멀리 영일만 근해에 철광석을 실은 선박이 입항하고 있었다. 현장을 둘러보는 필자에게 직원들이 뿌듯한 표정으로 말을 건넸다.

"죽음을 경험했습니다. 이젠 자신이 있습니다!"

100일의 시련, 100일의 기적이었다.

다시 말하건대, 르포는 현장에서 발견된 사실들을 체계화해서 관찰 대상의 특성을 부각하는 생생한 보고다. 마치 방송 아나운서가 현장에서 생방송을 하는 것처럼 말이다. 그러나 차이가 있다면, 대상의 어떤 측면에 집중해서 어떤 특성을 부각할 것인지를 결정하는 데에 용의주도한 사전 관찰이 필요하다는 점이다. 방송의 기획 프로가 민원과 고발, 때로는 PD의 촉에서 출발해 커다란 반향을 일으키는 것에 목적을 둔다면, 르포는 연구자의 학문적 관심사와 사회발전과의 연관성에 더 큰 의미를 둔다. PD와 연구자의 촉과 문제의식은 비슷하지만, 르포는 사전에 대상에 대한 가치판단을 하지 않는다. 좋은 르포를 쓰려면 대상의 여러 가지 측면을 충분히 관찰하고 그 배경에 놓인 역사적 궤적을 우선 검토해야 한다. 충분한 이해, 이것이 좋은 르포의 첫 번째 요건이다.

관찰 과정에서 연구자가 가진 사전 평가가 달라질 수 있다. 현대차에 대한 사전 기대가 꺾인 것, 그런 절망감이 포스코에 대한 전반적 관찰 이후 급격히 희망으로 선회한 것이 그렇다. 연구자가 어떤 편견을 가질지라도 충분한 사전 관찰 기간을 거치면 수정될 수 있다. 또한 그래야만 연구 대상에서 초점을 찾아낼 수 있고, 그것의 긍정적, 부정적 측면을 동시에 파악할 수 있다.

둘째, 관찰 대상의 모든 측면을 두루 파악하는 가운데 어떤 점을 부각해야 할지를 중립적·균형적 시선으로 결정해야 한다. 모든 현상에는 긍정과 부정의 성격이 혼합돼 있다. 4 : 6의 비율이거나 8 : 2의 비율일 수도 있는데, 어느 측면을 부각할지는 연구자의 의도와 직결된다. 그럼에도 사전 조사에서 파악된 비율을 의도적으로 뒤집으면 편파성 논란에 휩싸인다. 긍정적인 현상을 부정 일변도로 묘사하거나, 그 역의 형태로 작성된 르포는 균형을 잃고 그 자체 비난의 대상이 된다.

셋째, 르포가 현장 보고서라는 관점에서 반드시 개선책이 따라야 한다. 긍정을 살리고 부정적 요소를 줄여 나가는 개혁적 처방이 르포의 생명이다. 이 점 또한 방송 고발 프로와 다른 점이다. 방송 프로는 고발 자체로 충분한 반면, 르포는 어떤 형태로든 개선책을 내놔야 한다. 취재 대상이 당면한 문제점을 해결하고 그와 연관된 사람들의 삶의 의욕과 생기를 북돋우는 방법을 찾는 것이 생명이다. 냉기를 줄이고 온기를 늘리는 방법, 그것이 완전한 해결책은 아니더라도 점진적 개선의 출발이 될 수 있다. 르포가 학문적 관심사로부터 출발해 사회발전에 기여하는 것을 목적으로 하기 때문이다.

이런 관점에서 필자가 쓴 두 편의 르포를 이 장 끝에 소개하고자 한다. 이것이 반드시 르포 쓰기의 전형은 아니라 해도 엄격하기 이를 데 없는 신문사 데스크의 검토를 거친 만큼 어느 정도 르포의 요건을 갖췄다고 할 수 있겠다. 신문 한 면 전체에 게재되는 르포는 200자 원고지로 20매, 글자로 4,000자 정도다. 더 길게 쓸 수도 있는데 일러스트와 중간 제목 공간이 협소해지는 등 편집상의 애로가 늘어난다. 여기에 소개한 르포가 대체로 그 정도의 분량인 이유다.

〈뉴욕타임스〉의 유명 칼럼니스트인 토머스 프리드먼은 세계를 다니면서 본 것과 경험한 것, 인터뷰 한 것을 토대로 글을 쓴다. 그의 칼럼은 거의 르포 형식을 띤다. 그래서인지 그의 글은 독자에게 현장에 가본 듯한 착각을 불러일으킨다. 독자는 그의 안내에 의해 세계 여러 곳을 두루 돌아다닌다. 《베이루트에서 예루살렘까지》를 읽으면 이스라엘 전역을 여행한 것 같고, 《렉서스와 올리브나무》를 읽으면 기술 혁신이 일어나는 세계 곳곳을 목격한 것 같은 인상을 받는다. 르포를 칼럼 형식으로 변환한 전형적인 글이다.

르포는 삶의 온기와 냉기를 그대로 퍼 올려 전해 주는 독특한 장르다. 현장성을 생명으로 하기에 사회학적 관찰이 가장 중요한 요소지만 그것만으로는 충분하지 않다. 문학적 감수성이 결여된 르포는 기록에 머물 뿐 독자를 붙잡지 못한다. 2015년 노벨문학상을 받은 스베틀라나 알렉시예비치는 르포 작가다. 2차 세계대전 참전 여성 200여 명을 인터뷰해 현장성과 사실성을 확보했는데, 독자들로 하여금 눈을 못 떼게 만든 것은 바로 감수성이다. '전쟁은 여자의 얼굴을 하지 않았다'라는 제목이 암시하듯, 전쟁에 휘말린 여성들의 삶을 통해 전쟁의 야만성과 전장의 폭력성을 생생하게 재현해 내 독자적 장르를 개척했다는 평가를 받았다. 온기와 냉기가 글 곳곳에 산재해 있지만 결국 독자로 하여금 인간적 삶의 따뜻함을 응시하도록 만든다는 점에서 르포는 인간애를 향한 '기자적 작가'의 장르라고 할 수 있겠다.

송호근의 제언 "1일 접촉 3명 제한… 열흘간 사회관계망 끊자"*

18일 밤, 포항발 서울행 KTX를 탔다. 기차는 동대구역에서 진주발 기차와 연결을 기다렸다. 승객들이 타고 내렸다. 어디선가 기침 소리가 났다. 마스크가 떨어진 나는 목도리로 입을 가렸다. 다음 날 아침, 대구 신천지 소식을 들었다. 며칠 뒤, 포항공대에 확진자가 발생했다. 내 연구실 바로 위층 연구원, 대구가 본가다. 건물은 봉쇄됐다. 비상 방역과 함께 총장 주재 대책위가 가동 중이다. 나는 춘천 집필실에 자가 격리했다. 여기도 확진자가 있고, 산 너머 화천에는 관광객들이 방문한다. 의사들이 자원해서 대구로 내려간다는 눈물겨운 소식에 도피 자괴감이 들었다.

* 이 르포는 코로나가 시작된 2020년 2월 20일 시점에서 필자가 겪은 바를 서술하고, 이후 며칠 동안 정부 당국의 대처 방안을 보면서 〈중앙일보〉(2020. 2. 27.)에 쓴 것이다. '사회적 방역' 개념을 제안했다.

1840년대 호열자(콜레라)가 전국을 휩쓸었다. 시신이 나뒹구는 촌락 어귀에 고양이 그림이 걸렸다. 쥐를 의심했지만, 죽는 수밖에 달리 방법이 없었다. 영주와 예천에서는 강릉으로 피신 행렬이 이어졌는데 역귀疫鬼가 산을 못 넘는다고 믿었다. 군주는 종묘에 나가 빌었고, 남산과 서강에서 무액제無厄祭를 올렸다. 헛된 일이었다. 10만 명이 죽었다. 1월 말부터 2월 중순까지 희망 메시지를 연발하던 정부의 행태가 그와 다르지 않았다. 지금도 미숙하기는 마찬가지다. JP모건은 한국 확진자 1만 명, 사망자 2백여 명을 예견했다. 한국은 중국 후베이성省이 됐다. 초기 단계, 최악의 사태를 방지하려면 대응책을 빨리 바꿔야 한다. 이른바 '사회학적 방역'이다.

바이러스의 '사회적 본능'을 끊는 데에 집중해야 한다. 코로나19 균은 고도의 초超네트워크사회에 제대로 편승하도록 진화한 놈이다. 숙주 살해에는 그리 관심이 없다. 다른 숙주로 옮겨 자체 증식하는 것이 최고 목표다. 감염 대상을 찾지 못하면 숙주를 공격한다. 생존본능이 더 큰 이놈은 숙주를 급사시키지 못한다. 자폭하기 때문이다. 치사율이 낮고 감염 속도가 빠른 것, 코로나19 균은 사회성 A+급이다.

내가 바이러스라면 무엇이 가장 두려울까. 이게 방역 대책의 으뜸 사안, 격리와 차단이다. 1980년대 시카고 사회학자들이 에이즈 연구에 뛰어들었다. 감염 경로를 찾아내 접촉을 차단했더니 에이즈 환자가 격감했다. 확진자를 2천 명 선 내로 제어하려면 코로나19가 가장 증오하는 것, 격리와 차단 정책을 '과격'하리 만큼 실행해야 한다. 대통령 권한을 위임받은 '누군가'가 국민에게 급진 차단을 발령해야 하는데, 그는 누구인가? 질병관리본부(질본) 본부장, 아니면 국무총리?

선진국에는 국민주치의Surgeon General가 있다. 의료 비상사태가 발생하면 그가 모든 권한을 위임받는다. 그 휘하에 비대위가 꾸려지고, 예컨대 질병관리본부의 권고를 받아 대응책이 발령된다. 누구도 토를 달 수 없다. 질본 정은경 본부장에게 힘을 싣는 누군가가 필요하다. 현행 체계로 봐서 국무총리다. 총리가 왜 대구에 내려갔는지 이해할 수 없다. 임금이 서강西江에 나가는 꼴이다. 그곳은 시장에게 맡기고, 총리는 전국망을 지휘해야 한다. 휘하에 전문가그룹을 편성하고, 질본의 권고를 받아 대국민 행동 수칙을 발령할 사령탑이 바로 총리다.

세계대전 당시 포화를 맞으면서 지휘한 사령관은 없었다. 사령관은 전선 현황을 살펴 군대를 투입하는 사람이다. 광화문 집회를 고집하고, 명단을 감추는 집단에는 국민건강권을 발동하여 강제할 사령탑이 총리다. 질본 본부장은 경제에 해로운 결단을 내리지 못한다. 그러니, 집단 활동을 해도 좋다, 겨울에는 모기가 없다는 웃기는 말이 나오는 것이다. 그러는 사이, 사회성이 강한 이놈이 냉소하며 창궐한다.

지정 병원과 응급실을 일원화해야 한다. 모든 의심 환자에게 응급실을 개방하면 의료체계가 붕괴된다. 경북 지역은 벌써 그렇다. 공공병원이 역부족이면 인근 대형병원을 징발해 환자를 집중 관리해야 한다. 사태가 진정된 후 정산 보상하면 된다. 사회성이 엄청난 이놈이 건너뛸 교량을 끊는 것, 이게 핵심이다.

후베이성이 안 되려면, '확진자 1만 명' 사태를 진정 피하려면, '관계망 한시적 차단'이라는 급진 처방을 권고한다. '가족원 제외, 1일 접촉자 3명 제한' 명령을 발하는 것. 접촉자란 2미터 내 사람으로 정의한다. 오늘부터 열흘간 한시적 긴급조치다. 우선 대구와 경북 지역부터 '사회적 관계망'을 일시 중지할 것을 권한다. 이미 대구 시민들 스스로 그러기 시작했다. 긴급조치이기는 하지만 민주시민의 자율적 통제다. 공무원, 의료인력, 교통과 유통, 자영업은 일단 제외할 수밖에 없다. 열흘간 차단 비용은 두 달 정도 지속될 코로나19 사태가 갉아먹을 총비용보다는 훨씬 작다. 질본 본부장 혹은 국민 닥터는 대책위 점검 회의를 통해 현장 사태를 종합하고, 그것을 바탕으로 매일 저녁 8시 현황 브리핑과 함께 국민행동수칙을 발령해야 한다. '관계망 차단 명령'은 어디든 적용된다.

전쟁이다. 적은 보이지 않는다. 다만, 비말飛沫과 접촉을 통해 스며들 뿐이다. 의학적 구제는 병원과 의료진에 맡기고, 우리는 사회적 전쟁의 전사다. 우선 우리의 복잡한 사회적 관계망을 한시적으로 차단하는 것부터 시작해야 한다. '사회학적 방역'이다.

국가, 기업, 14억 인구가 빚은 문명대혁명, '장강 AI제국'을 가다*

중국의 변신은 놀랍고 경이로웠다. 상전벽해, 천지개벽이란 용어로도 다 묘사할 수 없는 대역사大役事, 서양풍 마천루와 초현대식 건물에서 일어나는 현란한 혁명의 제조를 어찌 필설로 다 담으랴. 상하이를 품은 양쯔강과 항저우를 낀 첸탕강이 만나는 장강長江삼각주에는 '문명대혁명'의 아우성이 가득하다. 첨단과학 인재, 꿈에 부푼 청년군단, 벤처기업인, 글로벌 기업, 이들을 후원하는 금융기관과 당黨지도부가 함께 부르는 혼신의 열창 주제는 '문명혁명'이다. 도처에 '문명' 깃발이 나부낀다.

* 이 르포는 〈중앙일보〉가 주관한 평화오디세이 참관기다. 약 40여 명으로 구성된 평화오디세이단은 중국의 장강 삼각주에 추진되고 있는 중국형 AI 첨단과학 기지를 둘러봤다. 상하이와 항저우를 끼고 있는 장강 삼각주 첨단단지에는 미국과 대적할만한 기술기업과 인재들이 몰려 있는데, 한국 AI 기술의 미래와 발전 정책을 모색하는 것이 무엇보다 시급하다는 판단에서 참관인들의 관찰기를 〈중앙일보〉(2025. 7. 8.)에 연재했다. 이 글은 그 기획의 첫 번째로 실린 르포다.

'문화혁명'이 20세기 중국 인민의 가슴을 지배했다면, 문명혁명은 과학기술 패권을 향한 포효다. 장강삼각주의 중심인 장강과학성(첨단 산업기술 단지)은 이미 2050년 로드맵을 착착 실행하고 있다. 연구인력 50만 명, 이 중 해외 유학인력 20만 명이 2만 4,000개 입주기업에서 중국 인공지능AI 굴기의 칼을 갈고 있으며, 인큐베이터에서 배양 중인 2,580개 벤처가 유니콘 열망을 키운다. 목표는 명료하다, AI 패권. 미국 서부의 '실리콘제국'을 제압할 동양의 'AI 신제국'이 그 무서운 성채城砦를 드러냈다.

2017년 5월 바둑황제 커제柯洁가 알파고와 대국에서 3연패 끝에 눈물을 닦아 낼 때 중국 인민들도 통한의 눈물을 흘렸다. 그 눈물은 AI제국을 향한 대장정의 비장한 각오를 자극했다. 불과 8년 만에 AI 신제국의 위용을 갖춘 것이다. 반면, 한국은 알파고를 헷갈리게 만든 이세돌의 묘수에 열광했다. 그 결과는 두렵고 무섭다. 거인 중국은 멀찌감치 달아났고, 몸집 작은 한국은 추격자로 밀려났다. 중국은 1,300만 명에 달하는 대졸자가 AI첨단기지로 달려가는데 한국은 대학생 고작 40만 명, 그것도 의대와 법대에 몰린다. 이러니 어찌 문명 전투에서 살아남을까. 수도권에 집중된 AI기업과 인력은 장강삼각주의 50분의 1에도 미치지 못하고, 국가의 정책과 지원은 여전히 규제중심, 구멍가게 수준이다. 대오각성을 다 같이 외칠 때다.

AI와 반도체 패권을 지키려고 미국이 대중국 수출을 봉쇄한 지 5년이 지났다. 한국은 그 충격을 줄이려 몸부림을 치는 동안 중국은 자체 생태계를 구축하는 데에 매진했다. 중국의 대표 글로벌 기업인 화웨이Huawei는 고전 끝에 드디어 여유를 찾았다. AI 생태계 구축에 성공한 것이다. 칩 개발을 통해 엔비디아 의존에서 거의 벗어났으며, 자체 구동시스템인 어센드를 개발해 MS, 구글 체제와도 결별했다. 장강삼각주 서쪽에 신축한 롄추후練秋湖 R&D 캠퍼스에는 청년 3만 명이 밤낮없이 일한다. 평균 나이 31.6세. AI는 물론 무선통신, 반도체, 컴퓨팅, 장비 개발 등 AI 응용(AI+)의 광대한 영역을 결합하는 우수한 청년 두뇌집단의 놀이터다.

한국 AI벤처 선두 주자 솔트룩스 이경일 대표의 첫마디는 '무섭다'였다. 무엇보다 AI산업 전체를 조망하는 총체적 설계와 파운데이션(기초) 조성에 대한 기업가와 당 간부진의 굳건한 신념이 깔려 있다. '당장은 쓸모없이 보여도 결국엔 유용하게 되는 것', 장자莊子가 말한 무용지용無用之用이 봉쇄의 역설을 입증하는 현장이었다. 이 봉쇄의 역설 속엔 '위험 최소화'라는 자본주의의 약점을 돌파하는 사회주의적 시장개입 논리가 작동한다.

AI혁명은 장강삼각주를 비롯해 베이징, 선전, 우한, 난징, 쑤저우, 광저우 등 중국 전역에서 진행되는 중이다. 국가, 기업, 청년군단이 뿜는 합일의 열창이 무섭다. 한국이 시장리스크 앞에서 걸음을 멈추는 것과는 달리, 중국은 리스크가 명백함에도 '간다'는 것. 평화오디세이 방문단이 두려움을 공감할 때 청년 연구진들이 담소를 나누며 실험실로 돌아갔다. 롄추후 호수에 해가 뉘엿뉘엿 지는 시각이었다.

AI는 인류 생활의 한계를 돌파하는 신문명이다. 방문단은 AI가 인간의 눈과 입이 되고, 팔과 다리를 제공하는 현장을 목격했다. 안면인식의 선두 주자 센스타임Sensetime은 14억 인구의 얼굴을 정확히 판별한다. 영상 신원 확인이 개인의 경제적·사회적 행동을 허용하는 매개체다. 편의점과 카페에서 영상 확인으로 결제한다. 상점들은 구시대의 유물인 화폐를 취급하지 않는다.

센스타임이 만든 AI는 인류의 눈이다. 우주, 항공, 미사일은 물론 모든 움직이는 동체에 장착된다. 언어AI의 선구자 아이플라이텍iFLYTEK의 소프트웨어는 주요국 언어의 동시통역이 가능하고 휴대폰 화면에 번역문을 동시에 표출한다. 아프리카 원주민을 만나도 소통이 가능하다. 70억 인구의 입을 자처한다. 모든 인류의 말이 데이터로 비축된다.

항저우에 본부를 둔 브레인코BrainCo는 손발이 없는 장애인에게 천상의 선물을 제공했다. 첨단 스마트 의수와 의족이다. 뇌파 신호를 감지한 의수와 의족은 사용자의 의지대로 움직였다. 의

수로 피아노를 연주했고, 의족으로 정상 걸음이 가능했다. 브레인코는 집에 갇힌 장애인을 세상으로 불러내 비장애인과 섞이도록 하는 게 꿈이다. 이른바 AI+, 피지컬 AI로 불리는 응용 산업의 선두주자였다.

그것만이 아니었다. 딥로보틱스사 뒤뜰에는 2족, 4족 로봇이 뛰어놀았다. 인간의 힘든 노동과 정밀노동, 재난 구조를 대신하는 로봇 기술은 이미 세계 정상급에 올랐는데, 몇 달 전 북경에서는 로봇 마라톤대회가 개최되기도 했다. 중국형 챗GPT인 량원펑의 딥시크는 세계를 놀라게 했다. 항저우에 운집한 1만여 개 벤처기업 간 치열한 밀집 경쟁과 국가의 용의주도한 지원 정책이 낳은 항저우모델의 총아였다. 판교모델, 혹은 강남모델? 한국의 모델은 어디에 있는가?

이번 오디세이는 2025년《열하일기》가 됐다. 1780년 북학파의 거두 박지원은 건륭제 생일 축하 사절단에 끼었다. 가는 곳마다 신문물을 관찰했다. 성곽의 높이와 두께를 측량했고, 장터에 즐비한 마차 길이와 폭을 재고 제조 방법을 탐문했다. 만주족이라 얕봤던 청淸 문명은 학문의 나라 조선을 훨씬 능가했다. 평화오디세이 방문단은 연일 머리를 맞대고 모색했다. '2025년 열하일기'의 가장 절박한 문제의식은 무엇이어야 하는가? 규모와 자금, 인재풀의 측면에서 중국의 과학 굴기를 뛰어넘는 것은 어렵다는 사실을 인정해야 했다.

2024년 국가AI지수는 미국이 100, 중국이 54, 한국은 27 정도로 상당한 격차가 있다. '실리콘제국'에 대한 한국의 방책은 뛰어난 군마를 조달하는 갑마장甲馬場이 되는 것, 즉 고대역폭메모리HBM처럼 고집적 반도체의 제조국이 되는 것이다. 그렇다면, '장강AI신제국'에 대한 대응책은 AI+X, 즉 '피지컬 AI'(AI 응용 제조업)와 문화 및 바이오와 결합한 '버티컬 AI'에 집중하는 것이 되어야 한다. 제조업과 문화 강국인 한국은 이미 그런 조건을 갖췄다. 자율주행차, 가전, 휴대폰 같은 생활영역, 통신, 의료, 군사, 핵발전 등의 제조산업, 반도체와 칩 생산 등 AI 필수 부품 생산에 AI를 접목 응용하는 길이 미래의 해법이라는 데에 방문단은 합의했다. 거기에 한국이 대만, 일본 등 미들파워와 연합해 제조와 응용의 단단한 '니치 동맹'을 만들어야 한다는 조건을 덧붙였다. 모처럼 마음이 가벼워졌다.

미국의 '실리콘제국'이 자본 주도의 작품이라 한다면, 중국의 '장강AI신제국'은 국가, 자본, 14억 인구가 결합해 만든 초유의 혁명이다. 14억 인구는 인재풀, 제품 수요, 데이터 공급의 총괄 원천이다. 국가는 정책 설계와 지원을 책임지고, 기업은 정책 실행자, 시장은 성패를 알려 주는 심판자다. 당의 역할은 절대적이다. 큰

틀의 조정과 세부 영역별 경쟁 촉진이 결합된 이른바 혼합시장인데, 세계에서는 볼 수 없는 AI정치학이다. 핵심 당 간부들은 40일마다 열리는 AI학습과 토론회에 의무적으로 참가한다.

규제 천국인 한국이 '피지컬 AI 강국'이 되려면 대체 어떤 AI정치학이 필요한가? 거대 이웃 국가에서 미증유의 혁명이 일어나고 있는데 그것에 필적하는 대안은 무엇인가? 도전과 실험정신을 일깨우는 기업가적 국가, 민간의 밀집 경쟁과 창의적 기업을 결합하는 방식은 어디에 있는가?

중국의 AI굴기는 분명 한국에 '기회의 창'을 열고 있지만, 정부, 기업, 시장, 인재의 21세기적 기획 없이는 '절망의 늪'이 될지 모른다. 오디세이는 그 기회의 창을 활짝 열어젖힐 집단지성을 찾아 나설 것이다. 아직 늦지 않았다.

상상력과 변혁

이 책을 쓰면서 러시아 작가 보리스 파스테르나크의《어느 시인의 죽음》을 내내 생각했다. 그 책은 파스테르나크의 지적 성장에 관한 얘기다. 화가 아버지와 피아니스트 어머니를 둔 덕분에 어릴 적부터 예술적 환경에서 자랐으며 청년 시절에는 독일의 베를린, 마르부르크로 유학해서 철학과 예술에 관한 지식과 영감을 길렀다. 모스크바대학 재학 시절 만난 시인 마야콥스키와의 교유交遊, 그리고 그에 대한 존경과 흠모가 어떻게 자신을 작가세계로 안내했는지를 덤덤한 필체로 썼다. 과장 없이 그저 덤덤하게 썼다는 것이 나에게는 일종의 감동으로 다가왔다. 나로서는 거의 경험할 수 없는 지적, 예술적 세계였기 때문이다.

'어느 시인의 죽음'이란 제목은 사실상 20세기 초반 치열했던 유럽의 정신사적 풍토와 그 속에서 자신의 길을 찾아 가던 작가의 고뇌를 품고 있다. 일종의 자서전적 성장기이자 고백록이다. 그에 비하면《상상력의 불꽃》은 작고 초라한 세계임을 인정해야 한다. 그동안 많은 문인들과 알고 지내기는 했지만 그들의 정신세계까지 파고들 정도는 아니었으며, 그저 작품에 배태된 작가의 고뇌를 이해하는 것에 그쳤다. 그럼에도 작품에 대한 사랑은 간직했다.

필자가 학문세계에 적을 두고 있었기 때문이다. 몸을 대학에 담근 그 '안전한' 자세로 문학세계의 일렁이는 파도를 바라봤다고 하는 편이 정확할 것이다. 대학에 적을 두면 인생을 건 지적 모험은 언감생심이다. 대학교수들은 외부 세계를 향한 지적 모험을 자주 권하지만 정작 자신은 열외임을 이미 알고 있다. 예술가이기에는 재능이 모자라고 대학자大學者가 되기에는 능력이 부족함을 이미 터득한 바다.

65세 정년이 보장된 직업이기에 교수 업적평가를 충족하면 지적 생명은 유지된다. 승진심사에 통과될 만큼의 논문을 쓰면 그의 인생은 안전하다. 안전한 시간의 배경에 항상 뭔가 결핍감을 느낀다. 재능이 모자라고 능력이 부족해도 열정은 있다. 시대감각을 정확히 탐지하고 미래의 문을 열어젖히는 대작을 쓰고 싶은 욕망에 시달린다. 글쓰기를 멈추지 못하는 이유다.

이 책은 내가 왜 글쓰기를 멈추지 못하는지를 스스로 돌아본 일종의 자기 검열서다. 1부 1장 "글쓰기의 시원, 욕망"에 그 필연적 이유를 밝혀 보려 했는데 책을 끝맺는 지금도 막연하기는 마찬가지다. 욕망의 본질을 어떻게 밝히겠는가. 그냥 생성되고 소멸하는 것, 삶에 힘을 부여하다가 어느 날 낌새도 없이 소멸하는 그것을 어떻게 설명할 수 있겠는가.

글쓰기 욕망에 두 유형이 있다. 학문적 글쓰기와 문학적 글쓰기. 다시 말해, 학문과 창작.

논문과 저서가 학문적 글쓰기에 속한다. 학자의 생명을 유지해준다는 의미에서 기능적이고, 학문적 열정을 구현한다는 점에서 존재론적이다. 대체로 학자들은 존재론적 글쓰기를 원하지만 그것이 일종의 습관이자 의무로 변하면 기능적으로 된다. 학문세계가 인정하는 업적을 내기란 쉬운 일이 아니다. 학문에는 문법과 규칙이 존재한다. 특정 주제에 대해 이전의 모든 연구 성과를 검토하고, 약간이라도 새로운 해석과 발견을 내놓아야 한다. 기존의 연구를 일별하는 것은 리뷰review이지 논문이 아니다. 논문이 되려면 자신의 문법과 고유한 발견이 필요하다. 자신의 고유한 영토를 구축한 학자가 얼마나 될까. 심정적으로 말하자면, 소수에 불과하다. 독자적인 저서 한 권을 못 낸 채 퇴직하는 교수들이 부지기수다. 마음이 멍든 채로 말이다.

마음에 멍들지 않으려고 나는 책을 수십 권 출판했다. 정신의 성화를 견뎌 준 육신이 고맙다. 그런데 흔히 말하듯 일가一家를 이루었는가? 아니다. '탄생 시리즈' 3부작처럼 학계가 인정해 주는 업적이 없지는 않지만 원로학자들이 그러했듯 막힌 출구를 뚫은 것은 아니다. 그들은 잡풀이 무성한 탄광에 갱도를 뚫어 번쩍이는 금맥을 발견했고 그것을 캐내 세공했다. 굴착과 세공이 학문적 글쓰기의 기본 요건이다. 주관적 판단은 금물, 객관적 증거와 명증한 논리가 필요하다.

학문이 규칙을 따를 것을 명령한다면, 문학은 그것을 거부한다. 어떤 것에도 구애받지 않는 자유로운 글쓰기다. 인과관계를 금과옥조로 하는 학문이 손을 못 대는 영역에 문학이 움튼다. 예술도 마찬가지다. 아니 문학과 예술은 학문적 성과 자체를 안개처럼 휘감아 그 본질을 가려 버리는 신비한 오라도 뿜어낸다. 학문이 포착하지 못하는 시대의 내적 긴장과 신경증을 회화적 이미지와 문학적 상상력으로 형상화할 수 있다. 그 사례는 얼마든지 널려 있다. 아르놀트 하우저의 《문학과 예술의 사회사》에는 학문세계의 바깥에서 주조鑄造된 시대정신과 영감이 학문 자체를 뒤바꿔 버린 수많은 사례가 진열돼 있다.

학문은, 가령, 꽃이 하는 말을 듣지 못한다. 필자의 소설집 《꽃이 문득 말을 걸었다》(2022)는 꽃에서 느낀 감성이 문학적 상상력의 공간에서 한참을 머물다 변주된 스토리다. 나이기도 하고 내가 아닌, 예전에 만난 사람이기도 하고 낯선 사람이기도 한 그런 인물들이 등장한다. 작가의 심리를 정신분석학적으로 분석할 수는 있겠으나 그 심상이 창조한 세계는 설명하지 못한다. 인과관계를 들이대서 무엇을 건지겠는가? 문학은 무엇에도 구애받지 않는 글쓰기, 어쩌면 질곡을 벗어던지는 글쓰기다. 이런 의미에서 문학은 전복의 글쓰기라고 할 것이다.

이 책은 학문과 창작 사이를 오간 필자의 체험적 고백이다. 세월이 가니 '부캐'가 '본캐'를 압도하고 있다고까지 말했으나, 학문적 글쓰기 욕망 또한 여전히 꿈틀거린다. 그런데 삶의 시야를 가로막는 벽을 부수고 싶은 본질에 있어 학문과 창작은 일란성 쌍생아다. 상상력에 논리를 부여하면 사회학이 되고, 감성을 쏟으면 문학이 된다. 사회학이 대상화하는 개별 인간은 집단화된 인간이다. 한 시대의 집단의식과 양심을 표출하는 통로로서의 인간이다. 반면 문학에는 집단보다 개인이 있다. 집단의식의 압력에 짓눌린 개인, 혹은 그것을 벗어던지고 싶은 개인이 주인공이다. 사회학은 지도를 그리고, 문학은 길 위의 인생을 그린다. 칼럼과 르포는 그 중간에 위치한다. 지도를 들고 구체적 삶을 들여다보거나 개별적 삶의 관점에서 시대와 사회에 시비를 건다. 그런 의미에서 칼럼과 르포는 종횡무진이다. 왜 어떤 규칙이 없냐고 누가 탓하지도 않는다.

필자가 걸어왔던 창작의 세계를 들여다보는 과정에서 청년 시절의 깨달음이 아직도 푸른 불꽃으로 타오르고 있음을 인지한 것은 큰 선물이었다. 그것은 필자가 23세 때 쓴 평론의 끝 문장이다.

> 문학적 상상력은 그 이온ion화의 결과로 작품을 사회에 남기고 작가 자신에게 돌아온다. 이때 작가의 '타락한 세계'는 동적 에너지를 받아 '진정한 세계'로 변형되는 것처럼 보인다. 그것은 이청준의 말을 빌리면, 문학적 상상력이 새로운 시정視程을 발견케 하고 실재 세계에 새로운 질서를 부여해 주기 때문이다. 그러나 창조된 세계가 고정화되면 작가는 그 세계를 부정하고 또 다른 모색에 나선다. 작가는 그래서 '운명적으로 이상주의자'다. 문학적 상상력은 억압으로부터의 해방이다. 해방이란 본래의 자유롭고 화창한 삶으로의 환원이며 새로운 질서의 인식이다.

문학적으로는 존재의 변형, 학문적으로는 사회질서의 변혁을 향해 줄달음쳐 왔던 세월이 그곳에서 비롯되었다.

서문

1 《그들은 소리 내 울지 않는다》, 이와우, 2013. 이 책은 전국 인구의 평균 퇴직 연령이 50대 중반이라는 신문기사를 읽고 그들의 심정이 어떠한지를 찾아 나선 결과물이다. 퇴직한 사람들은 대체로 필자와 비슷한 연령대였다.

2 2002~2003년 〈조선일보〉 "문학의 숲"에 연재했던 글들이다. 당시 장영희 교수와 번갈아 격주마다 썼던 글인데, 장 교수가 지병으로 세상을 떠났다. 필자는 그녀를 지면으로밖에 보지 못했다. 영문학 전공자인 장 교수의 글과 품격을 맞추느라 애썼던 기억이 난다.

1부

1장 글쓰기의 시원, 복방

1 단편소설보다 짧은 손바닥만 한 소품. 장편掌篇소설로도 불린다.

2 박기동, 《아버지의 바다에 은빛 고기 떼》(문학과지성사, 1979)에 실린 첫 작품, 〈창공에 빛난 별 물 위에 어리어〉의 끝 문장.

3 작가 박기동은 '작가 후기'에서 이렇게 토로했다. "이미 커서 어른이 되어 버린 사람들, 다시는 아이들의 시대로 돌아갈 수 없는 사람들에 대해서 쓰려 한다. 그런 사람들에 대해서 써야 할 의무를 지고 있다." 그의 의무는 왜 생겼을까?

4 정과리, 《한국 근대시의 묘상 연구》, 문학과지성사, 2023, 39쪽.

5 필자가 원장으로 재직하는 한림대 도헌학술원 주관 행사로 학기마다 6회, 1년 12회 정도 열린다. 주제를 가끔 바꾸는데 첫 두 해 주제는 '나의 삶, 나의 작품'이었다. 저녁 시간에 열리는 매 강연에 시민들이 150여 명 참여한다.

2장 상상력의 미학

1 바슐라르에 대한 소개와 연구는 대체로 1970년대 후반과 1980년대에 이뤄졌다. 인식론과 미학을 깊이 파고든 바슐라르의 이론을 문학 연구에 적용하려는 시도가 더러 있었는데 1990년대 들어 포스트모더니즘에 자리를 내줬다. 이 내용은 곽광수·김현, 《바슐라르 연구》(민음사, 1976)를 참조했다. 이 저술은 두 챕터로 구성되어 있는데, 특히 전편인 곽광수의 "바슐라르와 상상력의 미학"이 길잡이가 됐다. 후편인 김현의 "행복의 시학"은 바슐라르의 인식론에 대한 깊이 있는 분석이다.

2 위 책, 24쪽.

3 위 책, 34쪽.

4 위 책, 45쪽.

3장 문학적 상상력

1 죄르지 루카치 (김경식 역), 《소설의 이론》, 문예출판사, 2007.

2 죄르지 루카치 (반성완·심희섭 역), 《영혼과 형식》, 심설당, 1988, 16쪽.

3 위 책, 13쪽.

4 김주연 (김태환 편), 《예감의 실현》, 문학과지성사, 2016, 222~223쪽.

4장 문학적 상상력의 사회학적 구조

1 당시 심사위원장이었던 국문학과 김윤식 교수는 필자의 그런 심정을 눈치챘는지 심사평을 이렇게 썼다. "평론이 일정한 지식을 전제로 한다는 사실 자체에 파탄의 원인이 잠복될 수도 있을 것이다. 그것은 '왜 쓰는가'라는 근원적 물음에 관련된다. 사람은 시인이나 소설가 되듯 평론가로도 될 수 있는 것인가라는 물음을 떠난 자리에서 평론이 씌어진다면 그것은 참으로 해괴한 일이 아닐 수 없다. '어떻게 사냐'와 '학문을 한다는 것'이 분리될 수 없듯이 평론을 한다는 것은 주체 측의 삶의 이유와 분리되지 않을 것이다." 그것이 평론이어도 평자의 절절한 문제의식이 투영되어야 한다는 충고다. 문학적 열정을 간직하라는 이 말을 필자는 어겼거나 '다른 방식으로' 지켰다고 할 수 있겠다.

2 아르놀트 하우저 (백낙청·염무웅 역), 《문학과 예술의 사회사》 4권, 창작과비평, 1999, 28쪽.

3 뤼시앵 골드만, "소설사회학을 위한 서론", 《세계의 문학》 1권, 1976.

4 미셸 제라파 (이동렬 역), 《소설과 사회》, 문학과지성사, 1977.

5 괄호 안의 문장은 필자가 현재의 시점에서 덧붙였다.

5장 나의 수업 시대: 패러독스

1 김윤식, 《한국근대문학사상비판》, 일지사, 1978.

2 김윤식, 《운명과 형식》, 1992.

3 위 책.

4 김윤식, 《임화연구》, 문학사상, 1989.

5 필자는 생애 최초의 저서를 1983년에 출간했다. 《칼 만하임의 지식사회학 연구》(홍성사)가 그것이다.

2부

1장 무력과 구원: 《강화도》

1 송호근, "토지 1~4", 《나타샤와 자작나무》, 하늘연못, 2005, 박경리와의 대화.

2장 김사량을 위한 변명: 《다시, 빛 속으로》

1 오오누키 에미코 (이향철 역), 《사쿠라가 지다 젊음도 지다》, 모멘토, 2004.

2 김윤식, 《해방공간 한국 작가의 민족문학 글쓰기론》, 서울대출판부, 2006, 92쪽.

3 김사량 (책임편집 이상경), 《노마만리: 김사량 작품집》, 동광출판사, 1989, 350쪽.

4 위 책, 263쪽.

5 위 책, 326쪽.

6 위 책, 288쪽.

7 위 책, 302쪽.

8 북한 문학계와 예술계에 대한 서술은 김윤식, 앞 책, 2장과 3장 참조.

9 안우식 (심원섭 역), 《김사량 평전》, 문학과지성사, 2000, 347~348쪽.

3부

1장 칼럼의 유혹: 검객과 늑대

1 한 캐나다 동물연구자는 순록 감소가 늑대의 짓이 아니라는 사실을 밝혔다. 늑대는 병든 순록만을 겨냥했다. 팔리 모왓 (이한중 역), 《울지 않는 늑대》, 돌베개, 2003.

2장 르포: 삶의 온기 찾기

1 〈매일경제〉, 2022. 12. 25.

나남출판 원고지